BITCOIN

A UTOPIA TECNOCRÁTICA DO DINHEIRO APOLÍTICO

© **Autonomia Literária**, para a presente edição.

AUTONOMIA LITERÁRIA

Coordenação editorial:
Cauê Seignemartin Ameni, Hugo Albuquerque
& Manuela Beloni

Conselho editorial:

Carlos Sávio Gomes Teixeira (UFF), Edemilson Paraná (UFC/UnB), Esther Dweck (UFRJ), Jean Tible (USP), Leda Paulani (USP), Luiz Gonzaga Belluzzo (Unicamp/Facamp), Michel Löwy (CNRS, França), Pedro Rossi (Unicamp)

Revisão:
Márcia Ohlson

Edição:
Cauê Seignemartin Ameni

Capa:
Rodrigo Corrêa

Diagramação:
Rodrigo Corrêa e Manuela Beloni

Dados Internacionais de Catalogação na Publicação (CIP)
(eDOC BRASIL, Belo Horizonte/MG)

Paraná, Edemilson.
P223b
Bitcoin: a utopia tecnocrática do dinheiro apolítico / Edemilson Paraná. - São Paulo, SP: Autonomia Literária, 2020. 344 p. : 14 x 21 cm

ISBN 978-65-990339-1-9

1. Bitcoin. 2. Bancos – Inovações tecnológicas. 3. Blockchains (Base de dados). 4. Economia. 5. Transferência eletrônica de fundos. I. Título.

CDD 332.178
Elaborado por Maurício Amormino Júnior - CRB6/2422

BITCOIN

A UTOPIA TECNOCRÁTICA DO DINHEIRO APOLÍTICO

EDEMILSON PARANÁ

AUTONOMIA LITERÁRIA
2020

SUMÁRIO

Agradecimentos 7
Apresentação – Ruy Braga 9
Prefácio – Eleutério F. S. Prado 11

1. Introdução 17

Parte I – Do Bitcoin ao Dinheiro

2. Dinheiro e hegemonia neoliberal: os antecedentes do Bitcoin 27

Capitalismo em transição: do consenso keynesiano
à "revolução" neoliberal 28
Definindo o neoliberalismo 37
Dinheiro e Estado neoliberal 46
Neoliberalismo: ideologia e política 56
Enfim, a crise do neoliberalismo? 68

3. Bitcoin: a utopia tecnocrática do dinheiro apolítico 72

Contexto geral e condições de possibilidade
das criptomoedas 72
Um panorama do Bitcoin: definição, histórico
e modo de funcionamento 83
O conteúdo social e ideológico do Bitcoin 102
A Economia Política do Bitcoin 121
Bitcoin como dinheiro? 145
Um filho "rebelde" do neoliberalismo? 166

Parte II – Do Dinheiro ao Bitcoin

Prelúdio: O Dinheiro entre a Economia e a Sociologia — 178

4. Valor, dinheiro e capital — 195

O dinheiro como relação social em Marx — 198
Das funções do dinheiro e sua complementariedade contraditória — 213
A teoria monetária de Marx ontem e hoje: mercadoria, valor e dinheiro inconversível — 222
Para uma concepção não-substancialista de dinheiro — 230

5. Dinheiro, Estado e Poder — 241

Dinheiro, fetichismo e ideologia — 243
Estado e capital — 267
Dinheiro, Estado capitalista e lutas de classes — 284
A materialidade social do dinheiro — 299

6. Considerações finais: Bitcoin, Blockchain e o futuro do dinheiro — 305

Posfácio – Fernanda Sobral — 317

A burguesia não pode existir sem revolucionar incessantemente os instrumentos de produção, por conseguinte, as relações de produção e, com isso, todas as relações sociais. [...]. Essa subversão contínua da produção, esse abalo constante de todo o sistema social, essa agitação permanente e essa falta de segurança distinguem a época burguesa de todas as precedentes.

(Karl Marx & Friedrich Engels)

Agradecimentos

Este livro é produto de pesquisa de doutorado, realizada no Programa de Pós-graduação em Sociologia da Universidade de Brasília (UnB), defendida no dia 20 de junho de 2018. Sua condução contou com o auxílio material, em modalidades distintas, do Conselho Nacional de Pesquisa Científica (CNPq), da Coordenação de Aperfeiçoamento de Pessoal de Nível Superior (Capes) e da Fundação de Apoio à Pesquisa do Distrito Federal (FAP/DF).

A tese foi orientada por Michelangelo Giotto Santoro Trigueiro (Sociologia/UnB) e co-orientada por Maria de Lourdes Rollemberg Mollo (Economia/UnB), com a tutoria de Alfredo Saad-Filho (à época na SOAS/University of London, atualmente no King's College London), durante o período de pesquisas realizado em Londres. Compuseram a banca de defesa do trabalho entitulado "Dinheiro e poder social: um estudo sobre o Bitcoin" os professores Eduardo da Motta e Alburquerque (Economia/UFMG), Luis Felipe Miguel (Ciência Política/UnB) e Fernanda Sobral (Sociologia/UnB).

O desenvolvimento das ideias aqui apresentadas se valeu ainda de diálogos com os professores Costas Lapavitsas e Jan Toporowski (ambos da SOAS/University of London), Tomás Rotta (Goldsmiths, University of London), Ralph Fevre (Cardiff University), Bruno Therét (Université Paris Dauphine), Robert Guttmann (Hofstra University/Université Paris XIII), André Orléan (École des Hautes Études en Sciences Sociales), François Chesnais (Université Paris XIII),

Odile Lakomski-Laguerre (Université de Picardie Jules Verne), Luiz Gonzaga Belluzzo (Unicamp/Facamp) e com os parceiros de trabalho Lucas Trindade da Silva (UFRN) e Alexandre Marinho Pimenta.

Agradeço a todos pela generosidade dos diálogos e pelos aprendizados. Dirijo meus agradecimentos também aos profissionais da Autonomia Literária pelo esforço empenhado na edição e publicação deste material.

Apresentação

Ruy Braga
Departamento de Sociologia – Universidade de São Paulo (USP)

A crítica da economia contemporânea transformou-se em uma arte cada dia mais difícil. Novos fenômenos econômicos emergem substituindo aqueles que, há pouco tempo, pareciam portar soluções definitivas para fenômenos complexos. Muitas vezes, os analistas naufragam em meio a tantas novidades enlaçando novas tecnologias, reconfigurações do mercado e alterações políticas repentinas. O ritmo da crise contemporânea desafia a ciência social a decifrar promessas utópicas, assim como exige que nos afastemos dos modismos teóricos a fim de pisarmos em terreno seguro no meio do turbilhão do presente.

O livro que o leitor tem em mãos demonstra que é possível capturar o sentido do novo por meio de um olhar balizado pelo melhor pensamento clássico. Edemilson Paraná propôs-se uma tarefa realmente difícil: decifrar o atual ciclo de operação da finança digitalizada a partir da análise do Bitcoin. Para tanto, focou nos nexos entre o Estado, o dinheiro e o poder social a partir de uma abordagem interdisciplinar e multidimensional cuja força heurística devassou a íntima relação existente entre um neoliberalismo triunfante e o fenômeno ambíguo da utopia tecnocrática do dinheiro "apolítico". Para poder dar conta da singularidade desse fenômeno típico da atual etapa de financeirização capitalista, ele recorreu à teoria marxista do dinheiro, resgatando debates fundamentais há tempos negligenciados por economistas e sociólogos críticos.

O notável esforço intelectual de Edemilson Paraná iluminou o movimento imanente das criptomoedas, em especial, o Bitcoin, inserindo-o em um contexto social e histórico cujo modo de reprodução crítico tem semeado soluções autoritárias em diferentes partes do globo. Nesse sentido, ele argumentou muito corretamente que o atual ciclo de operação da finança digitalizada, a despeito da promessa, não é capaz de configurar uma alternativa segura para o quadro de instabilidade monetária que assola o mercado mundial. Ao contrário, sua dinâmica imanente aponta para uma frustração generalizada com o baixo volume e alcance de circulação, a grande incerteza frente ao dinheiro estatal e a acentuada concentração de poder político e econômico entre os usuários de criptomoedas. Trata-se de mais uma demonstração de que não existem soluções "técnicas" ou "apolíticas" para as contradições da economia capitalista.

No âmbito teórico, este livro constrói uma análise rigorosa da relação entre Estado, sociedade e poder econômico de modo a problematizar o estatuto do dinheiro na atual fase do capitalismo contemporâneo. Na realidade, o caso do Bitcoin serve como ponto de ancoragem de um estilo interpretativo globalizante e aberto às indagações sobre o futuro do capitalismo. Além disso, ao esforçar-se para superar a divisão do trabalho intelectual entre a economia e a sociologia, Edemilson Paraná revelou a mútua dependência de domínios sociais conexos, enriquecendo tanto o campo de estudos da economia monetária quanto da sociologia do dinheiro.

Em síntese, estamos diante de um livro capaz de interessar tanto àqueles engajados em compreender o novo fenômeno das criptomoedas, quanto àqueles empenhados em refletir sobre as transformações mais amplas pelas quais tem passado o dinheiro na economia contemporânea. Analista refinado e crítico social experiente, Edemilson Paraná nos brinda com um dos livros mais instigantes já publicados no Brasil sobre as metamorfoses do dinheiro em uma sociedade que, aparentemente, naturalizou a crise econômica. Assim, ele nos relembra que a luta por uma economia mais justa é inseparável da crítica ao fetichismo do dinheiro.

Prefácio

Eleutério F. S. Prado
Departamento de Economia – Universidade de São Paulo (USP)

O livro que os leitores têm em mãos investiga criticamente as razões sociais e históricas do advento das criptomoedas que se tornou possível devido ao desenvolvimento recente das tecnologias da informação digitalizada. E se tornou realizável em face do derradeiro avanço da mundialização do capital a partir dos anos 1980, momento em que também se difundiu a ideologia, a racionalidade e a governança neoliberal.

Apesar de existirem centenas de criptomoedas em circulação pelo mundo, o trabalho se concentra adequadamente na jovem *bitcoin* que foi criada apenas em 2009 com base em um projeto de autor desconhecido. Eis que ganhou proeminência devido às suas características especiais já que funciona descentralizada e anonimamente, estando imune em princípio a fraudes e manipulações arbitrárias. Como se sabe, ela foi instituída por meio de um *software* criptografado denominado *Blockchain*, o qual foi e está instalado em dezenas de computadores que trabalham em rede. Para imitar o dinheiro-ouro, as "moedas" de *bitcoin* passam a existir após serem "mineradas" pelos próprios usuários do sistema, os quais, com esse objetivo, precisam gastar tempo de máquina para resolver problemas matemáticos cada vez mais complicados.

Segundo o autor deste livro, sua criação contemporânea se inspira em humores políticos libertários, mas advém de um sonho tecnocrático: excluir os Estados nacionais e os bancos privados da emissão e gestão do dinheiro, pois, por meio dela, este se tornaria uma criatura não só transnacional, mas sem pátria. Ainda que construído por um criador ou criadores que habitam a face da terra, ele funcionaria como resultado não intencional de ações particulares, privadas e intencionais de agentes que visam os seus próprios interesses. Diferentemente da mão invisível smithiana que surgiu certamente por meio de um processo histórico realmente anônimo, a anonimidade da *bitcoin* foi arquitetada e posta a existir propositalmente.

É assim que se torna um cinismo realmente existente: não esconde o seu caráter de artefato que parece dinheiro mas não é. Aliás, essa característica está impressa em quase todas as instituições criadas pelo neoliberalismo: são construções societárias que visam repor ou pôr uma "ordem espontânea" típica dos mercados para impor às pessoas a lógica concorrencial, o espírito da competição, o "cada um por si", onde existira no passado ou mesmo onde é julgado que deve existir doravante. Os operadores neoliberais sabem o que estão fazendo, que favorecem os mais fortes economicamente em detrimento dos mais fracos, os mais ricos em dano dos mais pobres, mas o fazem assim mesmo. E, pior, fazem-no sustentando que lutam contra a pobreza, os privilégios e o "*rent seeking*".

O livro informa ainda que essa criptomoeda tem um uso bem limitado enquanto meio de circulação ou meio de pagamento; eis que serve para comprar algumas poucas mercadorias e para saldar um número restrito de dívidas na própria internet. Constitui-se, de fato e verdadeiramente, como um meio de especulação adicional que dá guarida a uma parte não muito significativa – é verdade – da riqueza monetária, ou seja, mais rigorosamente, do capital fictício que circula atualmente nas esferas financeiras do modo de produção capitalista – sistema esse cujo centro dito mais desenvolvido, como se sabe, tem perdido nas últimas décadas, cada vez mais, o dinamismo industrial e, assim, a força produtora de valor. Também se sabe, que a *bitcoin* tem sido usada para praticar crimes de extorsão na internet, assim como para fazer a lavagem de dinheiro provindo da corrupção orgânica ao próprio sistema ou da criminalidade que prospera no entorno das atividades legais.

A conclusão principal do estudo que agora chega aos possíveis interessados de forma mais ampla, é que a ambição esotérica e enraizada no neoliberalismo de substituir as formas de dinheiro instituídas pelos Estados nacionais e que funcionam como formas privilegiadas da relação de capital "não é factível". A *bitcoin* não pode assumir a posição de equivalente geral ou de mesmo de signo do ouro ou ainda de dinheiro fictício e, assim, não pode funcionar no processo social concreto que subordina o trabalho ao capital. Em outras palavras, não pode atuar na sequência das formas do capital industrial, isto é, em D – M – D', mesmo se atua efetivamente na forma D – D', assim como o fazem muitos outros instrumentos financeiros. Como ela na prática serve à especulação e à corrupção, apresenta-se aos investidores capitalistas como uma opção cujo valor monetário (em dólar por exemplo) se afigura como muito volátil.

Ao escolher as palavras do próprio Edemilson Paraná que melhor sintetizam a sua contribuição para o entendimento do fenômeno "*bitcoin*", a qual se desenrolou por quase três centenas de páginas teóricas, tem-se estas: "*a sua pequena importância relativa e alta volatilidade denunciam a inviabilidade material da utopia tecnocrática de um dinheiro apolítico, controlado tecnologicamente*".

Mas, como chegou a essa conclusão que avulta em seu texto como uma contestação da pretensão do pensamento neoliberal de libertar o dinheiro do Estado, em nome de uma espontaneidade que apenas poderia passar a vigorar na sociedade se for devidamente construída tecnocraticamente? Bem, ele próprio declara que um projeto radical animou desde o início a sua pesquisa: tratou-se sempre de fazer a crítica das criptomoedas com base em um conhecimento do dinheiro como o *nervus rerum gerendarum* da sociabilidade e, portanto, da sociedade capitalista como um todo. Para tanto, esforçou-se continuamente para superar a divisão do trabalho intelectual, principalmente entre economia e sociologia, a qual tem dominado no tratamento do tema, mas tentando abarcar também os domínios conexos do direito, da ciência política e da filosofia. Como esse objetivo, fez uma pesquisa bibliográfica bastante impressionante.

Tal como a parte II, a parte I do livro compõe-se de dois capítulos. No primeiro deles, Edemilson Paraná condensa a história do capitalismo contemporâneo para mostrar a emergência do neoliberalismo nos anos 1980, assim como examinar a sua crise a partir do início do que é às vezes chamado de "grande recessão", em 2008. Nutrindo-se de uma noção desenvolvida pela escola francesa da regulação, interessa-se por abordar o neoliberalismo como se este significasse a emergência de um novo regime de acumulação e que, portanto, implica no surgimento de diferentes instituições às quais remodelam o modo de se desenvolver da relação do capital, transformando aspectos do Estado e da sociedade civil. A *bitcoin* se torna possível porque, como diz, as amarras, regulações e controles que constrangiam a expansão dessa relação no espaço do mundo como um todo foram largamente suprimidos.

Na parte II, o autor investiga primeiro o conceito de dinheiro diretamente na obra de Karl Marx. Como se sabe, esse pensador clássico trata esse ente como uma objetividade social que une um suporte material específico (metal ou papel) e uma forma social, a qual expressa de modo reificado uma relação social determinada, a relação de dinheiro. Assim, acompanha de perto a exposição desse pensador que deriva o dinheiro como equivalente geral e que versa sobre as diversas funções do dinheiro, considerando que elas se combinam e contradizem na prática social. Em sequência, entra no debate recente em que se discute a natureza do dinheiro tendo em mente que o dinheiro contemporâneo parece totalmente independente do dinheiro-mercadoria (ou seja, do dinheiro-ouro). Após expor as teses concorrentes desenvolvidas, ele opta por pensar esse objeto mediador como algo que não porta necessariamente valor intrínseco.

Se, até esse ponto, trata o dinheiro do ponto de vista econômico, agora vai pensá-lo como objeto social específico no interior da disciplina sociológica. Ainda na parte II, encara, assim, as relações complexas entre o dinheiro, o Estado e o poder. Partindo da tese de que esse objeto é uma forma social, dedica-se longamente a mostrar o seu caráter de fetiche que dá sustentação a toda uma representação e mesmo uma ideologia necessária ao existir do próprio capitalismo. Nesse sentido, atém-se também à questão da luta de classes já que a forma salário é uma expressão disfarçada da relação de compra da força de trabalho como se fosse simplesmente aquisição do próprio trabalho. Como se sabe, essa distinção crucial dá originalidade à compreensão da exploração – termo que, em Marx, tem mais o caráter de fato objetivo do que de avaliação moral. Trata-se de um percurso investigativo de largo escopo no qual o autor ampara seu enfrentamento ao problema teórico de compreender as criptomoedas, em particular, a *bitcoin*.

O resultado mais geral de seu esforço já foi mencionado na introdução desse prefácio. Agora, só resta recomendar aos possíveis leitores que dediquem uma leitura atenta a essa obra, pois ela enriquece o conhecimento tanto do campo da economia monetária quanto da sociologia do dinheiro.

1. Introdução

Apesar de guardar características gerais e abstratas que o definem enquanto tal, o capitalismo não é um modo de produção rígido, estanque e invariável ao longo da história, antes o contrário: se transforma e evolui. Como o mais "revolucionário" modo de produção até então, aprendemos com Marx, o capitalismo vive da constante revolução de si mesmo. No que se refere ao problema específico abordado por este estudo, trata-se de investigar, então, a natureza ao mesmo tempo transformada e transformadora que o dinheiro vai assumindo *vis-à-vis* às constantes reconfigurações do capitalismo e, particularmente, de que modo tal relação pode ser compreendida na atual conjuntura histórica. Ou seja, pensar o dinheiro a partir do capital(ismo) contemporâneo, e pensar esse capital(ismo) a partir do dinheiro. O que nos traz, portanto, às transformações recentes que ocorrem neste modo de produção – transformações que abrem o cenário para a emergência de novos fenômenos monetários, como o Bitcoin.

Da transnacionalização da produção industrial e da globalização financeira ao novo mundo das grandes empresas do Vale do Silício, testemunhamos, nas últimas cinco décadas, importantes mudanças culturais, sociais, políticas e econômicas. Para mencionar apenas algumas dentre as mais significativas: o fim do bloco socialista e da Guerra Fria, a criação da comunidade do euro e outros blocos econômicos regionais em todo o mundo e o estabelecimento do que parecia ser um novo inquebrantável consenso em torno do par democracia representativa – economia liberal de mercado. Grosso modo, é possível dizer que este período pode ser definido por dois processos estruturais correlacionados: a financeirização neoliberal de um lado e uma nova rodada de "ascensão" das máquinas (informatização, robotização) do outro.

O rápido processo de automação e robotização faz parte, desse modo, de um cenário mais amplo de mudanças sociais significativas. Particularmente, como consequência do desenvolvimento das tecnologias da informação e da comunicação (TIC), que ajudou a criar condições para uma grande reestruturação produtiva, abertura e integração dos mercados nos anos 1970 e 1980 e evoluiu, através do computador pessoal e da internet, nos anos 1990, para o mundo atual, em que *smartphones*, processamento de dados em massa e algoritmos estão por toda parte – das altas finanças às atividades pessoais mais básicas e íntimas.

Nessa via, há não muito tempo atrás, a natureza "progressiva" do capitalismo vinha se expressando em duas grandes tendências: de um lado, a integração econômica, através dos novos mercados de produção, trabalho e consumo, de grandes setores da população mundial (particularmente nos chamados países em desenvolvimento, com destaque para o sudeste asiático) e, de outro, na relativa manutenção do poder de compra e padrão de vida nos países desenvolvidos por meio da expansão do crédito, da importação massiva de produtos baratos e do crescimento do setor de serviços; processos que, unidos, vieram a ser definidos pela simpática alcunha de "nova economia". Em meio a isso tudo, de um lado a outro, os processos de privatização, liberalização e desregulamentação dos mercados (mercados de trabalho incluídos) mantiveram seu ritmo, não sem contar, em certas localidades, com algum apoio popular, materializado na consolidação de uma ideologia ou "razão" neoliberal, ou seja, na construção ativa de um ambiente político favorável ao neoliberalismo. Nesse contexto, a reestruturação produtiva, a expansão financeira e a crescente digitalização dos mercados financeiros foram realizadas em um ambiente desregulamentado, em que os lucros aumentavam na medida da escalada dos riscos.

Apesar do susto gerado pelo estouro bolha das *pontocom*, em 2001, esse "progresso" parecia seguir uma trajetória entusiasmante, ao menos até a grande crise financeira de 2008, quando um mundo atônito descobriu enormes rachaduras na ordem econômica global: o passo de uma expansão financeira sem precedentes não estava sendo seguido pelo lado produtivo das economias. A redução da demanda agregada, as disparidades entre poupança e investimento e o aumento das desigualdades tornaram-se evidentes, com graves consequências.

Desde então, as coisas vêm se afastando, em diferentes ritmos e direções, daquele cenário de excitação. Depois de uma primeira resposta positiva à crise, o processo de integração econômica das periferias do capitalismo começa a apresentar seus limites, com declínio do crescimento e das expectativas em grande parte destas; enquanto o centro enfrenta problemas como baixo crescimento, precarização do trabalho, enfraquecimento da proteção social e crescente desigualdade frente às políticas de austeridade. A dissipar ainda mais as expectativas alvissareiras, novas correntes migratórias e um novo modo de guerra descentralizada (no qual se incluem as redes globais de terrorismo) demandam soluções; e certas variantes de radicalismo político, que se pensou terem sumido para sempre, voltam a se fazer vistas. Somando-se a outra dimensão obscura, a própria ideia de existência humana, no já problemático modo de vida presente, se vê ameaçada pelas consequências inevitáveis da mudança climática.

Em meio a tal contexto, o desenvolvimento tecnológico, no entanto, segue, curiosamente, como uma das esferas ainda depositárias de esperança no prospecto de um futuro melhor. Certo ou errado, é razoável imaginar que o avanço tecnológico continuará, no futuro próximo, relacionado a mudanças importantes na natureza do trabalho, na estrutura de produção e nas formas de sociabilidade.

Nas últimas décadas, as tecnologias da informação e da comunicação possibilitaram expandir e intensificar as cadeias de produção globais, ampliando a competição entre os trabalhadores em diferentes regiões do mundo. A objetivação das habilidades dos trabalhadores em máquinas foi acelerada com o advento das TIC, bem como com o uso dessas tecnologias para a continuação do processo produtivo na eventualidade de greves e interrupções. Assim é que, no ambiente de trabalho, as maravilhas da "nova economia" tomaram a forma de um monitoramento eletrônico em larga escala dos trabalhadores/consumidores, o que possibilitou aprofundar as formas de exploração.

À medida que as dificuldades provenientes da sobreacumulação persistem na economia mundial, a pressão pelo aumento dos lucros por meio da exploração do trabalho se intensifica. De outro lado, a especulação nos mercados financeiros segue a toda força, uma vez que as cirandas financeiras geralmente oferecem maiores oportunidades de retorno rápido do que os investimentos produtivos (sobretudo em relação àqueles setores que já sofrem com excesso de capacidade). Sob a "nova economia", o setor financeiro se destaca, então, como aquele em que se verificam os maiores investimentos privados em tecnologias da informação, as maiores concentrações de trabalhadores do conhecimento e as taxas mais rápidas de inovação de produtos.

Tomando as projeções e evidências que emergem no início deste século, os próximos anos podem trazer um crescimento dos investimentos em automação, robótica e inteligência artificial, nanotecnologia e biotecnologia, novos materiais e aceleração do desenvolvimento tecnológico multidisciplinar, com aplicações cada vez mais integradas. Além das buscas, já em marcha, por carros sem motorista, lojas sem trabalhadores e, de modo mais amplo, pelo desenvolvimento da inteligência artificial, avança neste contexto a aposta em tecnologias financeiras como forma de contornar as incertezas da economia global e de reconfigurar a relação sistêmica entre bancos, governos e sociedades – destaque para o frenesi em torno das chamadas *fintechs* (*startups* em tecnologia financeira e bancária).

Nesse cenário, a disruptiva expansão do setor financeiro está na ponta de lança da globalização tecnológica, com destaque para o *boom* das telecomunicações e da internet nas últimas décadas. É nos mercados financeiros de todo o mundo, então, onde as fronteiras da negociação automatizada em altíssima velocidade, processamento ubíquo de dados, inteligência artificial, realidade aumentada, entre outras, vêm sendo expandidas na prática. É o caso do *Blockchain*, a tecnologia que serve de base ao Bitcoin, o mais novo ativo-sensação do mundo financeiro, objeto deste livro. O processo de informatização, que ganhou inúmeras esferas da vida social, não poupou o dinheiro, com consequências que ainda estão por ser devidamente compreendidas.

A este respeito, cabe destacar que a maior parte do dinheiro circulante atualmente no mundo existe apenas em formato digital, como dígitos em contas bancárias, depósitos e transações por meios os mais variados. O dinheiro, em razão desses fatos, por surpreendente que pareça, *já é digital*. Uma forma particular de dinheiro digital, o Bitcoin é, na verdade, uma criptomoeda; a primeira, a maior, em termos financeiros, e a mais importante, em termos técnicos, dentre as milhares de outras existentes – todas as demais criptomoedas existem como variações do conceito pioneiro desenvolvido com o Bitcoin. Uma criptomoeda é um meio de troca que se utiliza de criptografia e rede distribuída de computadores (*peer-to-peer*) para levar a cabo as transações entre seus usuários, algo que ocorre de modo pseudoanônimo (os usuários têm suas identidades atribuídas por números que, supostamente, não podem ser diretamente relacionados a uma pessoa física). Detalharei, à frente, como surgiu, o que é e como funciona o Bitcoin, essa proeminente criptomoeda. Por ora, cumpre elucidar, de passagem, o que motiva exatamente esta investigação.

Diante do estado presente do capitalismo, brevemente descrito acima, sabemos que, de modo geral, a esquerda política vem, em grande parte, combatendo os problemas mencionados por meio de uma agenda de reativação do Estado social e de rearticulação da regulação direta por parte dos governos; recorrendo, para isso, à busca por um resgate dos compromissos de classe de outrora. Ocorre que, apesar das boas intenções de tais esforços, a globalização do capital parece ter dinamitado as bases desse compromisso: os problemas mudaram e as forças sociais em disputa não são mais as mesmas.

Assim é que, em meio a tal (re)composição da luta social, tal retorno do Estado, quando ensaia ocorrer, tende a vir em chave gerencial, empresarial e, não raro, autoritária – com ganhos aquém do necessário, quando verificáveis, para as maiorias sociais e minorias políticas. A questão, portanto, não é como impor ao capital e suas elites econômicas e políticas uma volta ao compromisso anterior ao neoliberalismo, mas como sair desse quadro atual a partir de novas ideias e agendas. Daí porque endereçar fenômenos emergentes, por problemáticos que sejam, como o Bitcoin.

Frente a este propósito, as questões que emergem, de modo prático, são as seguintes: as criptomoedas são realmente alternativas aos regimes financeiros estabelecidos ou estão na vanguarda de novas formas de especulação financeira? As criptomoedas servem como ferramenta contra a vigilância e controle do Estado ou fazem reproduzir e aprofundar a dinâmica neoliberal? Articuladas em chave teórica, tais perguntas se desdobram nos seguintes questionamentos: o que é dinheiro, e o que suas mutações e evoluções recentes oferecem para repensarmos essa definição? Objetivamente: no contexto do capitalismo neoliberal e financeirizado, de que modo a teoria (marxista) do dinheiro nos ajuda a entender fenômenos monetários como o Bitcoin e, na volta, como a análise de fenômenos como o Bitcoin nos permite (re)pensar o que é (teoricamente) entendido por dinheiro?

Nessa chave, estudar o Bitcoin não configura, portanto, uma tarefa simples. O fenômeno em si é relativamente novo, de modo que muitos dos números, informações e desenvolvimentos, os mais diversos, a respeito estão em constante e acelerada transformação. Conforme detalharei à frente, o desenvolvedor de seu algoritmo é desconhecido e grande parte daqueles que dão suporte ao sistema tendem a preferir canais informais, *blogs* e fóruns da internet para discutir os pormenores do sistema e sua evolução técnica. A maior parte da literatura sobre o assunto, por seu turno, quando não é puramente técnica (sobre plataformas, ferramentas, códigos, propriedades da rede e proteção do anonimato), tende à ingenuidade teórico-política e ao celebracionismo tecnológico propagandístico.

Mas, a despeito da dificuldade, o desafio deve ser aceito, sobretudo porque a existência do Bitcoin nos oferece, conforme veremos, uma forma produtiva de recolocar o papel do dinheiro no capitalismo contemporâneo, contribuindo, inclusive, para destacar certos aspectos (a dimensão ideológica do dinheiro, por exemplo) que parte considerável da teoria monetária tende a negligenciar.

Embora seja ainda economicamente muito pequeno em termos absolutos, a emergência do Bitcoin, que busca realizar as visões políticas de ciberlibertários e criptoanarquistas de mercado, impõe desafios consideráveis a reguladores e autoridades financeiras e jurídico-estatais de todo o mundo, bem como às instituições econômicas tradicionais. Ao trazer à cena, de maneira especialmente didática, as inúmeras contradições que caracterizam o dinheiro capitalista, o Bitcoin acaba, ademais, por expor e ilustrar as formas de exploração, risco e até mesmo de violência inerentes ao sistema atualmente vigente do dinheiro de crédito garantido pelo Estado.

Tudo somado, e embora esteja relacionado, como veremos, a uma série de efeitos econômicos e políticos deletérios, típicos da fase atual do capitalismo, a rápida ascensão (e provável declínio futuro) do Bitcoin constitui uma oportunidade ímpar para o estudo social do dinheiro e dos mercados; uma experiência, quase em tempo real, de uma audaciosa forma de oposição a algumas das principais instituições e práticas sociais que sustentam a moderna economia de mercado capitalista. Assim é que, em resumo, ao buscarmos uma análise rigorosa do Bitcoin, podemos: I) (re)acessar e investigar o estatuto do dinheiro no capitalismo contemporâneo – sua relação com o Estado, a política e a ideologia; II) explicar, em termos estruturais e sistêmicos, o fenômeno do Bitcoin; III) apontar, a partir de tal explicação, os limites e potencialidades do Bitcoin frente aos constrangimentos do capitalismo presente, levando em conta o que foi revelado no ponto I). É o que espero ter alcançado com este trabalho e, em consequência, oferecer aos leitores deste livro.

* * *

Conforme mencionado anteriormente, este livro provém de pesquisa acadêmica materializada na tese de doutorado "Dinheiro e poder social: um estudo sobre o Bitcoin", defendida em junho de 2018, no Programa de Pós-graduação em Sociologia da Universidade de Brasília (UnB). Os dados, que, na tese, chegavam até abril de 2018, foram atualizados, no livro, até maio de 2019. Tal atualização não ensejou qualquer necessidade de reconfiguração da análise apresentada, tendo feito, ao contrário, reforçar os argumentos aqui mobilizados. Sempre que possível, buscou-se simplificar, abreviar e tornar mais acessível o texto, aliviando as exigências e restrições típicas do formato e linguagem acadêmicos, algo que se objetivou em supressões, atualizações e adições que igualmente não alteraram, em termos estruturais, a economia dos argumentos mobilizados.

Para além da supressão integral de um longo subcapítulo do trabalho original, focado em pormenores de um denso debate conceitual de relevância reduzida para o público não especializado, a mudança mais significativa refere-se à inversão na apresentação das duas seções do texto. Por escolha dos editores, optou-se por apresentar primeiro a parte referente à análise concreta do Bitcoin – de maior apelo imediato para o público ampliado, para, apenas posteriormente, expor os resultados da investigação, mais geral e abstrata, em torno do dinheiro capitalista, sua conceituação, definição, significados e sentidos. Com base nesta mudança, o livro está construído de uma tal forma em que a leitura pode ser iniciada, a critério do leitor, e sem prejuízo para o entendimento, a partir de qualquer uma das duas partes. Esse modo de exposição reflete a estrutura circular (ou melhor, espiral) do modo de investigação, que vai, como se disse, do estatuto do dinheiro capitalista à analise crítica do Bitcoin e desta de volta à reflexão sobre a natureza do dinheiro no capitalismo. Este trabalho se pretende, ao fim, tanto um estudo cuidadoso sobre o Bitcoin quanto uma investigação rigorosa sobre a materialidade social do dinheiro no capitalismo contemporâneo – duas tarefas, a meu ver, lógica e explicativamente inseparáveis.

Quanto ao percurso expositivo deste livro, seu modo de apresentação, após esta introdução, são analisadas, na Parte I ("Do Bitcoin ao Dinheiro"), as criptomeodas e, particularmente, o Bitcoin – seus antecedentes históricos, ideias-força e condições de possibilidade. Considerando que sua lógica operacional está em grande medida baseada em ideias provenientes da teoria econômica ortodoxa, procedo a uma crítica mais apurada desta corrente e, de modo mais amplo, do neoliberalismo como modo de regulação capitalista. Ao que se sucede uma análise abrangente e multidimensional do Bitcoin como artefato técnico e monetário. Concluído o exercício de descrição e explicação das principais características e propriedades deste pretenso novo tipo de moeda, seu alcance e desdobramentos concretos, podemos nos perguntar de que modo este empreendimento permite confirmar, negar ou refinar o ferramental teórico-conceitual mobilizado – (re)construído e avaliado criticamente na Parte II – e, mais amplamente, quais elementos esta leitura crítica do Bitcoin pode oferecer à continuidade das reflexões sobre o estatuto do dinheiro no capitalismo contemporâneo.

Na parte II ("Do Dinheiro ao Bitcoin"), procedo a uma pesquisa teórica, resgatando, para tanto, os debates em torno da natureza do dinheiro nos trabalhos de Marx e de marxistas subsequentes. Neste momento, busco demonstrar que o dinheiro é, antes de tudo, uma relação social. Esta reflexão é então mobilizada como matéria-prima para a construção de uma definição particular, e mais concreta, de dinheiro, que informou, desde o início, minha investigação empírica sobre o Bitcoin (apresentada na Parte I) – ao mesmo tempo em que também foi por esta informada. Feito isso, e partindo de tal acúmulo, procedo à qualificação de algumas consequências deste diagnóstico, tematizando o dinheiro no capitalismo presente a partir de seu estatuto frente ao capital, o Estado e os conflitos sociais; o que me leva a tratar, por fim, a dimensão ideológica do problema.

Privilegiei sempre, ao longo de todo trabalho, a relação entre dinheiro e poder. Mas, em cada caso, tratou-se de apresentar e analisar níveis ou instâncias particulares dessa relação complexa; instâncias que, do ponto de vista concreto, são, em verdade, inseparáveis. É em torno da construção lógica de tais etapas sucessivas que busco articular, assim, a exposição na segunda parte do livro. A busca, aqui, foi por uma definição de dinheiro que seja não apenas a mais bem-acabada ou internamente coerente em termos lógico-conceituais (ainda que isto represente, é claro, uma tarefa inarredável), mas, sobretudo, aquela que melhor nos capacite a analisar o dinheiro contemporâneo e, em especial, as formas monetárias emergentes, como o Bitcoin.

Realizado este percurso, e com um conceito, ao mesmo tempo rigoroso e operacional, de dinheiro em mãos, bem como uma análise realista e crítica sobre o fenômeno do Bitcoin, podemos nos aventurar, por fim, nas considerações finais, a reflexões e apontamentos mais gerais e especulativos sobre Bitcoin, *Blockchain* e o futuro do dinheiro.

Parte I
Do Bitcoin ao Dinheiro

2. Dinheiro e hegemonia neoliberal: os antecedentes do Bitcoin

> [...] *a ideia de um mercado autorregulável implicava uma rematada utopia. Uma tal instituição não poderia existir em qualquer tempo sem aniquilar a substância humana e natural da sociedade*
>
> Karl Polanyi

Começarei nossa discussão sobre o Bitcoin examinando o *neoliberalismo*; as transformações no estatuto das relações entre capital, Estado e sociedade levadas a cabo com a emergência de um novo regime de acumulação (flexível, com dominância da valorização financeira) e suas novas formas sociorregulatórias e ideológicas correspondentes.

Trata-se de um esforço que não responde apenas ao que seria uma legítima curiosidade teórico-especulativa, mas antes às demandas que emergem em meio ao processo de investigação empírica: veremos que o Bitcoin é um produto do neoliberalismo – resultado de seu desenvolvimento e intensificação, por um lado, e de seus problemas, limites e contradições, por outro. Sob a hegemonia neoliberal, as amarras, regulações e controles parciais que constrangiam o poder do dinheiro na fase anterior são paulatinamente retirados. Isso leva a um aumento de sua importância relativa frente às dinâmicas de acumulação, ao Estado e à sociedade. Como utopia tecnocrática de uma moeda sem política, deixarei evidente, o Bitcoin não pode ser pensado fora dos limites dessa nova rodada de "ascensão" do dinheiro sob o neoliberalismo.

Procederei, então, nesta parte, a um breve panorama da transição pela qual passa o capitalismo entre as décadas de 1960 e 1980, que se desdobrará, em seguida, em um debate sobre o neoliberalismo – o que o define e o caracteriza, em linhas gerais, como tal. Daí passarei a discutir o que essa nova fase oferece de singular quanto às relações entre dinheiro, Estado e política econômica. Por fim, destacarei alguns aspectos políticos e ideológicos do processo de neoliberalização da sociedade, algo que nos ajudará, dessa forma, a melhor compreender o contexto e os antecedentes que possibilitam a emergência do Bitcoin.

Capitalismo em transição: do consenso keynesiano à "revolução" neoliberal

No ocaso da hegemonia britânica e nos desdobramentos da catastrófica experiência da crise de 1929, ganham força os argumentos em torno da necessidade de uma regulação externa ao sistema econômico de modo a melhor garantir seu funcionamento. São ideias que avançam em prestígio especialmente a partir de 1936, com a publicação de *A Teoria Geral do Emprego, do Juro e da Moeda*, de John Maynard Keynes (1996) – obra que desenvolve uma nova matriz teórica para a prática intervencionista do Estado no Ocidente capitalista.

Findada a Segunda Guerra Mundial, e com o avanço paulatino desse "novo consenso", o crescimento econômico nos países capitalistas desenvolvidos se estrutura sob a forma de economias mistas, em que mercados e regulamentação, setores público e privado, atuam de modo mais ou menos coordenado: o mercado tem papel central, mas não menos importantes são o Estado, o planejamento, as políticas públicas. A intervenção do Estado assume, assim, um caráter legítimo, não apenas para a mobilização dos recursos materiais necessários em tempos de guerra, mas também de modo a sustentar e impulsionar o crescimento econômico em tempos de paz.

Nessa "era keynesiana", as despesas do Estado não somente crescem em relação ao Produto Interno Bruto, como mudam em significado. Conforme recorda Susanne de Brunhoff (1991), é precisamente esse o momento do advento da ideia de política econômica, rótulo que assume o conjunto de medidas discricionárias por meio das quais se dá a intervenção do Estado na economia: as políticas fiscal (orçamento), monetária (ação sobre o crédito e a taxa de câmbio) e social (regimes de seguridade proteção social, regulamentação da relação salarial, etc.). Ao Estado cabe regular o mercado, determinando a alocação de recursos e a distribuição de renda, bem como a relação entre poupança e investimento.

O padrão de concorrência capitalista característico desse período, por seu turno, conforme explica Luiz Gonzaga Belluzzo (2013), articula-se na estabilidade das estruturas de mercado oligopolizadas (oligopólios concentrados, que prevalecem na produção de bens homogêneos, e oligopólios diferenciados, dominantes nos setores intensivos em inovação tecnológica) – o que mais tarde viria a ser teorizado, por autores como Paul Baran e Paul Sweezy (1974), como ponto nevrálgico daquilo que denominaram "capitalismo monopolista". Correlata a esse modo de concorrência, uma organização empresarial burocrática e severamente hierárquica, "fruto da separação entre propriedade e controle, iniciada nas três últimas décadas do século XIX" (Belluzzo, 2013, p. 29)[1].

No interior desse paradigma, materializado no controle keynesiano da demanda efetiva, na regulação fordista do sistema produtivo e no Estado do bem-estar social, o capitalismo cresce de modo sustentado por cerca de três décadas – os chamados "anos dourados". Era como se, finalmente, após grandes crises e guerras catastróficas, o ponto de equilíbrio entre planejamento econômico e livre iniciativa

---

[1] "O *administrador profissional* era o principal protagonista do processo de gestão ancorado na burocracia. A *administração por objetivos* surge como a forma de conferir aos administradores as condições adequadas para a tomada de decisões. Nas camadas inferiores da pirâmide burocrática, a definição de *carreira* – incluída a escala salarial – era guiada por critérios meritocráticos. A ascensão aos cargos superiores desempenhava papel de mecanismo de controle, disciplina e, ao mesmo tempo, de incentivo aos funcionários dos escritórios e aos trabalhadores do chão de fábrica" (Belluzzo, 2013, p. 29, grifos do autor).

tivesse sido encontrado. Em meio à Guerra Fria, o "perigo vermelho", sempre à espreita do outro lado do muro, servia como alerta e ameaça para uns e horizonte político de possibilidade para outros; razão adicional, em qualquer caso, para ações permanentes de garantia das condições de vida dos trabalhadores e das maiorias sociais.

Mas a despeito da fé no poder do Estado para civilizar o capital, nenhuma política econômica foi capaz de evitar a crise de grandes proporções que, em 1974-75, atingiu, mais uma vez, os países capitalistas desenvolvidos. O crescimento sustentado e expressivo do pós-guerra, em verdade já constrangido desde meados da década de 1960 por uma baixa rentabilidade do capital, abriu as comportas para um período de "estagflação" (aumento do desemprego acompanhado de alta dos preços).

Sobre este período, François Chesnais (1998) nos oferece apurada explicação das transformações que, a partir de então, criam as condições objetivas para uma paulatina superação do paradigma keynesiano-fordista em crise, e a consequente emergência de um novo arranjo: o neoliberalismo.

Frente a um crescimento mais ou menos controlado, nas dimensões monetária e financeira, pelo sistema de governança internacional que se estrutura a partir dos acordos de Bretton Woods[2], começam a se fazer perceber algumas dificuldades de valorização do capital investido no processo produtivo. Assim, já em meados dos

---

[2] Sistema de regras, instituições e procedimentos estabelecidos no fim da segunda guerra mundial para regular o sistema monetário-financeiro internacional. Tais acordos instituíram o Banco Internacional para a Reconstrução e Desenvolvimento (International Bank for Reconstruction and Development, ou BIRD) e o Fundo Monetário Internacional (FMI). As principais disposições do sistema Bretton Woods, firmado em 1944, foram a obrigação de cada país adotar uma política monetária que mantivesse a taxa de câmbio de suas moedas dentro de um determinado valor indexado ao dólar, cujo valor, por sua vez, estaria ligado ao ouro numa base fixa de 35 dólares por onça (conversibilidade garantida pelo tesouro estadunidense), e a provisão, pelo FMI, de financiamento para suportar dificuldades temporárias de pagamento dos país.

anos 1960, uma massa de capitais que busca valorizar-se centralmente a partir da esfera financeira começa a ganhar amplitude.

Neste quadro, os lucros de grandes transnacionais (como as estadunidenses, por exemplo) não repatriados, mas tampouco reinvestidos na produção, são depositados, em *off-shores*, na *City* londrina. Esse capital represado serve de base ao primeiro grande impulso do mercado de eurodólares[3]. O choque do petróleo (e o movimento dos chamados petrodólares), bem como a mencionada recessão de 1974-75 reforçam a tendência de busca por valorização financeira. Conforme adiciona Leda Paulani (2005, p. 134):

> Ao longo de todo esse processo, que durou quase uma década, foram evidentemente aumentando as pressões tanto por uma política monetária mais favorável aos credores (leia-se, juros reais elevados) quanto por uma maior liberalização financeira, sem o quê esses capitais, móveis por definição, ficavam sem a liberdade necessária para aproveitar, em cada momento, a melhor opção de valorização.

Em meio a esse contexto, a pressão e ameaça aberta ao papel do dólar estadunidense como meio de pagamento internacional precipita-se, pela via de uma resposta comandada por Paul Volcker, no abandono da paridade ouro-dólar e na posterior alta dos juros estadunidense e mundiais. É por meio desse choque monetário que os países em desenvolvimento, à altura endividados em dólar, são vítimas de uma brutal crise da dívida, que assola especialmente os países latino-americanos (e cabe, aqui, a rápida lembrança de que é justamente em resposta a tal crise que essas acuadas nações serão levadas a aplicar uma agenda de ampla e rápida liberalização e abertura de suas economias). Assim, contando com somas expressivas transferidas pelos países pe-

---

[3] Mercado de dólares negociados fora dos Estados Unidos, inicialmente na Europa. Por não estarem sendo negociados nos EUA, tampouco portarem a condição de moeda local na Europa, esses dólares são negociados sem os controles cambiais usualmente aplicados às transações.

riféricos aos países centrais sob a forma de pagamentos de juros pelos créditos obtidos, a esfera financeira avança em seu cortejo[4].

Mas a transformação estrutural pela qual passa o capitalismo nas últimas décadas não ocorre exclusivamente, sequer primariamente, no mundo das finanças. Trata-se antes, conforme Belluzzo (2016, p. 104), de uma "convergência entre a centralização do controle pela Finança, a fragmentação espacial da produção e a centralização do capital produtivo". Assim é que, para além de uma mudança substantiva nas relações de poder dentro dos (e entre os) países, a transição sistêmica de que se fala seria impensável sem as dinâmicas paralelas, complementares e basilares de reestruturação dos processos de produção, de rearranjo dos mecanismos de controle do trabalho e do curso produtivo, agora tendencialmente "flexíveis", de transformação nos paradigmas administrativos e de gestão da grande empresa capitalista, de maior integração internacional entre as cadeias produtivas, de constituição de novos hábitos e padrões de consumo etc. Como base técnico-operacional, seja da integração e liberalização dos mercados financeiros, seja do redesenho dos processos e dinâmicas de produção e consumo, ambos crescentemente internacionalizados, não podemos deixar de mencionar ainda o barateamento do transporte internacional e, especialmente, o desenvolvimento das novas tecnologias da informação e comunicação, com destaque para o poder da computação e da internet, conforme tratei em meu último li-

---

[4] "A 'desregulação estatal' das economias nacionais é frequentemente interpretada como a expressão de um enfraquecimento relativo dos Estados nacionais, sob o efeito da nova economia mundial. A administração da crise não poderia mais ser feita com os meios da política keynesiana, que operava num quadro nacional. Entretanto, essa tese desconhece a importância da *centralização de fato* que se efetua sob a égide dos Estados Unidos, e da qual o papel financeiro do dólar 'forte' foi uma das expressões no início dos anos 80. *Sem ela, a explosão de medidas 'pró' livre-intercâmbio não poderia ocorrer*! O capital necessita de um contexto institucional, que não deriva naturalmente dos mercados internacionais. A centralização econômica privada requer uma centralização política" (Brunhoff, 1991, p. 171, grifos da autora).

vro (Paraná, 2016). Fala-se de mudanças materiais que responderam a (ao mesmo tempo em que as induziram) mudanças sociais amplas.

Tudo somado, o fim da "era dourada" de crescimento mundial no final da década de 1960, o colapso do sistema de Bretton Woods no início dos anos 1970, a erosão do chamado "compromisso keynesiano" nos países ricos em meados da década de 1970, o colapso do bloco soviético na década de 1980 e a implosão de alternativas de desenvolvimento nos países periféricos, especialmente depois das crises do balanço de pagamentos nos anos 1980 e 1990, vão se reforçando mutuamente, de modo a possibilitar a emergência de uma nova fase.

Seguindo aqui a nomenclatura da escola da regulação francesa, foi o somatório desses processos que pôs a termo o "regime de acumulação keynesiano-fordista" e seu modo de regulação correlato. A combinação de fatores acima delineada abre, desse modo, possibilidade para a constituição de um novo capitalismo, articulado sob um "regime de acumulação com dominância da valorização financeira", estruturado por um modo de regulação "flexível", tendencialmente rentista e curto-prazista, dirigido pela cognição econômica da finança[5].

O neoliberalismo emerge, assim, como uma solução favorável às finanças para os problemas de acumulação de capital no final de um ciclo relativamente longo de prosperidade. O avanço de novas ideias e valores neoliberais bem como a "revolução conservadora" levada a cabo por Margareth Thatcher e Ronald Reagan, no fim dos anos 1970, aparecem como uma espécie de ponto de encontro ou culminância desse processo: o necessário ataque às concessões sociais e à estabilidade do trabalho, a implementação de políticas de favorecimento dos interesses de credores e a busca da estabilidade monetária a qualquer preço ganham, enfim, programa, retórica e novos representantes políticos. Assim é que o objetivo do pleno emprego da mão de obra, característico do "período keynesiano", deixa de ser priori-

---

[5] Para uma caracterização e debate em torno das transformações estruturais relacionadas à constituição de um "regime de acumulação com dominância da valorização financeira" ou "regime de acumulação flexível" nas últimas quatro décadas ver Paraná (2016).

tário, e os governos da Grã-Bretanha e dos Estados Unidos adotam políticas de "desinflação" às custas de um desemprego elevado.

Incapaz de impedir a crise, a política econômica keynesiana perde legitimidade política, sendo detratada como ilusória e incoerente: apesar das continuadas intervenções estatais, as ações no campo do investimento não pareciam levar aos resultados esperados[6]. Eis que o terreno passa a ser ocupado, então, por uma "nova ortodoxia" econômica, defensora da regulação da economia pelo mercado. Os dogmas dessa regulação *pelo* mercado – algo diferente de uma concepção *de* mercado que parte da análise do modo de funcionamento do capitalismo, como é o caso do keynesianismo – voltam à tona no plano das ideias e das práticas governamentais; regulação essa que deve ser feita não apenas sem a intromissão do Estado, mas, inclusive, contra ele, se necessário for. Grosso modo, esse novo liberalismo econômico recoloca a oposição simples entre Estado intervencionista e mercado regulador, desperdícios públicos e eficiência dos agentes privados, forçando todos os demais a se situarem a partir desse terreno.

O rigor orçamentário se torna palavra de ordem. Desregulamentações, privatizações, desnacionalizações passam a ser aplicadas por governos conservadores e se espalham por toda parte. O ataque ao Estado de bem-estar se articula na ideia de que o crescimento econômico deve ser apartado das medidas sociais de modo a depurá-lo de elementos "não-econômicos" e, portanto, indesejáveis[7].

---

[6] Alguns analistas, como Claus Offe (1984), identificaram nessa "crise fiscal" um impasse estrutural do capitalismo, relacionando-o a um problema de "legitimação" nos países capitalistas centrais. Assim, os motivos da mencionada crise residiram na contradição entre as tarefas de legitimação das instituições políticas e econômicas (que resultavam em gastos públicos e tributação crescentes) e as de valorização do capital (submetida a um clima de negócios que buscava evitar essa mesma taxação).

[7] "As medidas da intervenção pública que sustentavam a demanda efetiva, como os seguros sociais ou as subvenções, tinham assumido, desde a época do *New Deal*, um caráter econômico. A nova ortodoxia nega-lhes esse caráter, desconsiderando-as também como reformas sociais, já que é mau tudo o que não é bom para a iniciativa privada. A ideologia da *contrarreforma*

Sobre as ideias que amparam, neste momento, não raro de modo difuso, tais ações, cabe uma breve nota. Sabemos que, a partir da década de 1930, os liberais estavam, em grande medida, na defensiva, dado fazer pouco sentido, naquele contexto, defender a redução da presença do Estado ou mesmo insistir no caráter virtuoso do mercado. Mas é justamente nesse momento, logo após o término da Segunda Guerra, que nasce o neoliberalismo[8] – como uma reação teórica e política enérgica contra o Estado intervencionista e de bem-estar; não apenas aquele em construção na Europa do plano Marshall, mas também o que levara a cabo o *New Deal* estadunidense, conforme recorda Perry Anderson (1995).

Surge, assim, uma oposição vigorosa contra toda e qualquer restrição ao mercado por parte do Estado. Para expoentes como o filósofo e economista Friedrich Hayek (2010), em torno de quem, no fim dos anos 1940, se reúne um grupo de intelectuais afinados com a nova doutrina, a imposição de qualquer limitação ao mercado configurava uma ameaça frontal não apenas à liberdade econômica como também à liberdade política. Em sua letra, o mercado aparece como um sistema de comunicação que processa informações provenientes de

---

tem por função promover um novo consenso, hostil ao intervencionismo estatal. No início dos anos 80, ele é o foco principal na abordagem das questões do crescimento econômico" (Brunhoff, 1991, p. 34, grifos da autora).

[8] Destaque para a fundação, em 1947, da Sociedade Mont-Pèlerin, composta por intelectuais de diversos países, reunidos em torno da promoção dos valores e princípios do (neo) liberalismo, tendo sido fundamental em sua propagação. Entre seus membros-fundadores estão Friedrich Hayek, Karl Popper, Ludwig von Mises e Milton Friedman. A sociedade foi fundada após uma conferência internacional organizada por Hayek na localidade de Mont-Pèlerin, próxima às cidades de Vevey e Montreux, na Suíça – daí seu nome. Entre seus integrantes, nada menos do que oito viriam a ganhar o Prêmio Nobel de Economia: Gary Becker, George Stigler, James Buchanan, Maurice Allais, Milton Friedman, Douglass North e Ronald Coase, além do próprio Hayek. Para estudos e debates aprofundados, e não necessariamente coincidentes, em torno da história política e intelectual do neoliberalismo ver Duménil e Levy (2004), Harvey (2008), Paulani (2005), Dardot e Laval (2016) e Blyth (2017).

inúmeras e diversas fontes, o mais eficiente mecanismo já criado, de modo consciente, pelo homem para a utilização dessas informações. Assim sendo, intervenções de qualquer tipo nessa dinâmica não poderiam ser outra coisa que não indesejáveis e contraproducentes[9].

Durante as décadas que se seguiram ao início dos anos 1930, os defensores de uma economia pura de livre concorrência representavam uma minoria isolada, e essa mensagem do neoliberalismo do pós-guerra, hoje bastante conhecida, ficou basicamente restrita ao debate teórico. Mas isso não impediu que as correntes de pensamento ligadas ao liberalismo, ainda que relegadas a essa marginalidade, permanecessem desde sempre hostis aos postulados keynesianos. O novo contexto de crise possibilitou que essas ideias fossem alçadas à dominância intelectual e ao posto de programa econômico adotado por governos em distintas partes do globo. Segundo Paulani (2005, p. 135):

> em meio a esse quadro, não foi preciso nenhum grande esforço das ideias neoliberais engavetadas há trinta anos para que saíssem do mutismo desse mundo e ganhassem a esfera ruidosa e concreta da circulação capitalista. O mundo finalmente lhes prestava as devidas reverências. Objetivamente, o Estado ia se retirando de cena, as privatizações iam acontecendo no mundo desenvolvido e no não-desenvolvido, os mercados iam se desregulando, as políticas monetárias iam se arrochando, os gastos públicos iam minguando etc. A receita estava sendo aplicada e a pregação sobre as virtudes inatas do mercado finalmente se fazia ouvir.

---

[9] "Não há outra alternativa: ou a ordem estabelecida pela disciplina impessoal do mercado, ou a ordem comandada pelo arbítrio de alguns indivíduos; e aqueles que se empenham em destruir a primeira estão ajudando, consciente ou inconscientemente, a criar a segunda" (Hayek, 2010, p. 189). Ou ainda: "para essa sociedade complexa não ser destruída, a única alternativa à submissão às forças impessoais e aparentemente irracionais do mercado é a submissão ao poder também incontrolável e, portanto, arbitrário de outros homens" (Hayek, 2010, p. 193).

Mas se não devemos superestimar a força das ideias (neo)liberais, tampouco se pode menosprezar os efeitos e, sobretudo, a resiliência prática e a capacidade criadora do neoliberalismo. Um exemplo: diante das políticas deliberadas de ataque às transferências sociais e serviços públicos, de produção de instabilidade no emprego e aumento da concorrência entre os trabalhadores, bem como o desprezo aberto em relação às políticas de garantia da demanda efetiva, muitos dos analistas, à época, corretamente apontaram o risco econômico representado pela queda do consumo frente às novas políticas de depreciação salarial[10] e, assim, as armadilhas que o neoliberalismo construía para si mesmo. Tais críticos não foram capazes de antever, no entanto, a consequente explosão do endividamento das famílias, incentivado pela expansão do crédito nos novos sistemas financeiros agora afrouxados, que se viu no capitalismo desenvolvido. Livres dos compromissos sociais e das formas de controle econômico de outrora, novos e criativos mecanismos e arranjos de gestão financeirizada das dívidas pública e privada entraram em cena – algo que, como se sabe, segue dando o tom no capitalismo contemporâneo, mesmo após a catástrofe a que levaram na crise de 2008. Eis que isso nos exige, então, um esforço adicional de detalhamento na definição do que vem a ser, em suas múltiplas dimensões, esse tal neoliberalismo.

Definindo o neoliberalismo

O traço mais básico do neoliberalismo, de acordo com Alfredo Saad-Filho e Deborah Johntson (2005, p. 4), é o uso sistemático do poder de Estado para instituir os imperativos (financeiros) de mercado, num processo doméstico que é replicado internacionalmente por meio da globalização (via imperialismo). A globalização neoliberal, prosseguem os autores, não configura simplesmente um processo de "desregulação econômica", e não promove a "iniciativa privada"

---

[10] Por exemplo, Brunhoff (1991, p. 15-6): "Para sair da crise, entretanto, é necessário não apenas que os lucros estimulem a investir, mas também que as mercadorias produzidas sejam vendidas".

em geral. Sob uma retórica de não-intervenção, o neoliberalismo mobiliza, em verdade, intervenções extensivas e invasivas em todas as dimensões da vida social.

De modo análogo, em Paulani (2005, p. 129), o neoliberalismo aparece como um "corpo de regras que devem ser aplicadas" para "devolver o mercado ao lugar que lhe é de direito". Assim é que, nesse momento, "as condições materiais em que se desenvolve o capitalismo possibilitam que esse ideário se mostre, sem disfarce, como o discurso nu e cru do capital".

Para Gérard Duménil e Dominique Lévy (2004), trata-se de um "novo estágio do capitalismo" que surge na esteira da crise estrutural dos anos 1970. Segundo os autores, o neoliberalismo "expressa a estratégia das classes capitalistas em aliança com a alta gestão, especificamente com os gestores financeiros, com o objetivo de fortalecer sua hegemonia e expandi-la globalmente" (2004, p. 1). Mas essa ordem neoliberal, que busca reafirmar a natureza "fundamentalmente capitalista" das sociedades[11], não se confirmou de modo inexorável, e sim como produto de uma ação política bastante objetiva:

> o neoliberalismo é a expressão do desejo de uma classe de proprietários capitalistas e das instituições em que seu poder está concentrado, que chamamos coletivamente de "finança" para restaurar – no contexto de um declínio geral nas lutas populares – seus ganhos e poder de classe, que diminuíram desde a Grande Depressão e a Segunda Guerra Mundial. Longe de ser inevitável, isso foi uma ação política (Duménil e Lévy, 2014, p. 1-2).

---

[11] "Finalmente, o neoliberalismo é de fato o suporte de um processo de mercantilização geral das relações sociais, e esse é um dos seus aspectos mais chocantes. Mas é a lógica da relação capitalista que se estende e governa todo o processo, de acordo com suas regras" (Duménil e Lévy, 2004, p. 2).

Para Brunhoff (1991, p. 14) trata-se, igualmente, de uma "revanche de classe". Na mesma direção, tratando de uma "reação neoliberal" à "utopia keynesiana", Belluzzo (2016, p. 103) aponta que

> a força política das classes proprietárias e dominantes submeteu o Estado e o colocou como executor dos projetos de desregulamentação financeira, como fator da flexibilização dos mercados de trabalho e garantidor dos movimentos de internacionalização da grande empresa.

Assim é que, conforme David Harvey, o neoliberalismo não torna irrelevante o Estado nem instituições particulares do Estado (pensemos, por exemplo, junto com o autor, nos tribunais e funções de polícia). O que ocorre, distintamente, é uma "radical reconfiguração das instituições e práticas do Estado" (Harvey, 2008, p. 89). "Por trás dessas grandes mudanças das políticas sociais estão importantes mudanças estruturais na natureza da governança" (Harvey, 2008, p. 86) – o autor recorda, para citar um exemplo, o advento das parcerias público-privadas.

O que se busca, portanto, é reforçar e integrar o processo de tomada de decisões do Estado à dinâmica da acumulação de capital e às redes de poder de classe. Desse modo (algo que, apenas à primeira vista, aparecerá como contraditório com a teoria neoliberal), o braço coercitivo do Estado é fortalecido de modo a proteger interesses corporativos e reprimir o dissenso quando necessário.

Em teoria, ao Estado neoliberal cabe fortalecer o regime de direito, especialmente os direitos individuais à propriedade privada, e as instituições que amparam o livre funcionamento dos mercados. Mas é patente que, na prática, ele não se restringe a isso. Podemos falar, assim, em uma captura ou diminuição da "autonomia relativa" (em relação ao capital e à atividade econômica privada) característica do Estado capitalista; "autonomia relativa" essa, melhor seria dizer, que passa a ser instrumentalizada para outros fins que não a mediação entre as classes em favor da manutenção de condições gerais para a acumulação, mas da utilização desta autonomia para atender aos interesses específicos de uma fração de classe (vinculada à renda financeira) em detrimento, se preciso for, do crescimento econômico e da estabilidade política e social geral[12].

Sob o neoliberalismo, então, os Estados devem estar envolvidos direta e ativamente na redução de barreiras ao movimento de mercadorias e capitais em suas fronteiras, bem como na abertura dos mercados às trocas globais. Isso porque a competição internacional é prescrita como bem-vinda, já que promove a eficiência e a produtividade, reduz os preços e, dessa forma, doma as pressões inflacionárias. Portanto, a soberania do Estado tende a (e deve) estar, especialmente quando se trata de um país capitalista periférico, submetida aos ditames do mercado global.

Concernente à retórica que sustenta e justifica tais ações, a eficiência do mercado como o centro da regulação econômica figura como o sustentáculo das proposições neoliberais. Tudo se passa como se cada um, independentemente de seu lugar na divisão social do trabalho, se comportasse, e devesse se comportar, como um agente microeconômico, diretamente responsável por seus lucros e suas perdas frente aos preços (de equilíbrio) de mercado. A crise econômica, por seu turno, é concebida como um mero desequilíbrio passageiro, evento de origem externa ao mercado, cuja razão recai sobre aquilo que perturba seu processo contínuo de ajustamento natural.

É assim que, a despeito de suas importantes e nada desprezíveis novidades teóricas e práticas, o neoliberalismo resgata, em grande medida, aqueles "dogmas clássicos"[13], magistralmente descritos por

---

[12] "Embora alguns Estados continuem a respeitar a tradicional independência do serviço público, esta condição tem estado em toda parte ameaçada no curso da neoliberalização. A fronteira entre o Estado e o poder corporativo tornou-se cada vez mais porosa. O que resta da democracia representativa é sufocado, quando não, como no caso dos Estados Unidos, totalmente, ainda que legalmente, corrompido pelo poder do dinheiro" (Harvey, 2008, p. 88).

[13] A ser: "[...] o trabalho deveria encontrar seu preço no mercado, a criação do dinheiro deveria sujeitar-se a um mecanismo automático, os bens

Karl Polanyi (2000), nos quais estava assentada, no campo das ideias, a "sociedade de mercado" existente nos países capitalistas antes de 1914. Dogmas esses, lembremos, que haviam caído por terra entre as duas guerras mundiais, no bojo da "grande transformação" do sistema econômico ocidental – com destaque para o desmoronamento do preceito da regulação do sistema econômico pelo "Grande Mercado" (*Big Market*).

Por isso é que, de acordo com Duménil e Lévy (2004, p. 2), as regras cuja imposição definem o neoliberalismo evitam referências diretas ao capital, sendo designadas como "regras de mercado" – mercado de trabalho, mercado de capitais, mercado de dinheiro:

> Neste uso do termo "mercado", vários tipos de mecanismos estão em questão. O mercado de trabalho refere-se ao endurecimento das regras de contratação, demissões, salários e condições de trabalho. Este mercado tem sido um alvo favorito do neoliberalismo. O outro mercado, diretamente em jogo aqui, é o de capitais. O neoliberalismo realmente mudou completamente as condições sob as quais o mercado de capitais funciona. Há muitos aspectos para isso – a centralidade do mercado de ações e do capital em geral, a livre mobilidade internacional do capital, e assim por diante.

Pensar de modo interrelacionado as ideias, práticas e prescrições neoliberais nos ajuda a melhor compreender, então, o que aqui se pretende descrever por neoliberalismo.

Um aspecto chave certamente está situado na busca ativa pela privatização de ativos, em suas mais variadas formas. Setores inteiros, antes geridos e/ou diretamente regulados pelo Estado, devem ser transferidos à iniciativa privada, sendo liberados de todo tipo de interferência. Se, como se disse, a livre modalidade de capitais entre

---

deveriam ser livres para fluir de país a país, sem empecilhos ou privilégios. Em resumo, um mercado de trabalho, o padrão-ouro e o livre comércio" (Polanyi, 2000, p. 166).

setores, regiões e países é considerada crucial[14], todas as barreiras a esse movimento têm de ser removidas, não raro (e contraditoriamente) a um alto custo – e por barreira leia-se desde tarifas, taxas e impostos até o planejamento e controle socioambientais, restrições de ordem cultural, ética etc.

Outro elemento central refere-se à promoção ativa da concorrência como virtude social primordial; competição em todos os níveis, seja entre indivíduos, empresas, cidades, regiões, países, etc. Para Belluzzo (2013, p. 28-9):

> Analisada com mais profundidade, essa generalização da concorrência explicita uma nova etapa da reconcentração e recentralização dos blocos de capital, sob a égide e a disciplina do capital financeiro. A economia mundial atravessa um momento de intensificação da rivalidade intercapitalista (o que não exclui acordos e coalizões, mas os supõe) e, nesse clima, nenhum protagonista é capaz de garantir a posição conquistada.

Assim é que *regulação pelo mercado, privatização/mercantilização e promoção da concorrência em todas as esferas*, de modo interligado e inesperável, somam-se para estruturar o neoliberalismo como aquela "revanche" de classe a partir da qual se desenha uma "nova etapa do capitalismo". Uma etapa que, naturalmente, é composta não apenas por novos processos econômicos, mas por dimensões sociopolíticas e ideológicas – algo ademais válido para qualquer outra etapa do capitalismo.

Isso posto, dentre os desdobramentos mais evidentes do neoliberalismo, lembra Harvey (2008, p. 86):

---

[14] "Afirma-se que a privatização e a desregulação combinadas com a competição eliminam os entraves burocráticos, aumentam a eficiência e a produtividade, melhoram a qualidade e reduzem os custos – tanto os custos diretos ao consumidor (graças a mercadorias e serviços mais baratos) como, indiretamente, mediante a redução da carga de impostos" (Harvey, 2008, p. 76.).

o controle do trabalho e a manutenção de um elevado grau de exploração do trabalho têm se constituído desde o começo num componente essencial da neoliberalização. A formação ou restauração do poder de classe ocorrem, como sempre, à custa dos trabalhadores.

Os assalariados, sabe-se, são considerados, no modelo keynesiano, um aspecto fundamental da atividade macroeconômica: é seu consumo, somado às despesas públicas e aos investimentos privados, que sustenta a demanda (contra os riscos, sempre à espreita, de superprodução). Assim, longe de estarem restritos apenas a uma função assistencial, os auxílios aos desempregados e demais transferências, bem como as políticas de fortalecimento do poder de compra do salário (direto e indireto), têm uma evidente função macroeconômica. Em outra via, o próprio mercado de trabalho só pode funcionar como tal se contar com uma "intervenção" regulatória. Vejamos.

O dito "mercado de trabalho", no qual os assalariados são contratados pelos empregadores, busca refletir a demanda desses por força de trabalho e a oferta desta por aqueles. Ocorre que este mercado é perpassado por uma relação de poder (econômico e, assim, político) largamente desfavorável aos trabalhadores – dada sua dependência frente ao salário para reproduzir a existência imediata e, desse modo, reconstituir sua força de trabalho. Portanto, neste "mercado", o risco assumido pelo capitalista não é da mesma natureza que a insegurança do emprego para o operário. Se o salário, de fato, é um preço de mercado, o é determinado pelo confronto entre agentes econômicos heterogêneos, que não estão em pé de igualdade. Por isso é que o mercado de trabalho não pode "funcionar" devidamente se não contar com a "intervenção" de instituições diversas, por meio da regulamentação estatal. As reformas estabelecidas como desdobramento da luta operária e da ação organizada dos sindicatos – limitação da jornada de trabalho, salário mínimo, seguro-desemprego, previdência social – não acabam com o mercado de trabalho capitalista, tampouco levam à abolição da exploração, mas fazem conter sua brutalidade.

Entretanto, em nome da "liberdade" do trabalhador atomizado, o neoliberalismo é hostil a qualquer forma de solidariedade social que imponha restrições diretas ou indiretas à acumulação do capital. Abandonado o objetivo estratégico do pleno emprego, pilar social e econômico do modo de regulação anterior, propaga-se a ideia de que há trabalhadores demais e excessivamente remunerados, efetivos excedentes na produção, sistemas de seguridade economicamente insustentáveis etc. De acordo com Brunhoff (1991, p. 14-5):

> Muito trabalho a preço baixo para uns, muito desemprego para outros. E lucro para o capital. Aquilo que assume a forma de mercados de trabalho em desequilíbrio, reflete uma regulação econômica favorável aos empresários e investidores. O exército de reserva analisado por Marx (como "superpopulação relativa") desempenha de novo um papel no ajustamento dos custos salariais, não apenas no tempo, quando a deflação sucede à expansão, mas também no espaço em que as empresas se deslocam. Essa mobilidade dos capitais permite exercer uma verdadeira chantagem sobre o financiamento, o emprego e o nível dos salários.

Uma vasta literatura, em diferentes abordagens e disciplinas, tem demonstrado como os processos de desregulamentação, privatização e desnacionalização, característicos do neoliberalismo, não podem ser lidos à parte das tendências de enfraquecimento e desmantelamento da classe operária organizada em sindicatos. Trata-se de algo que ocorre na chave de disputas direta e abertamente político-ideológicas (pensemos em fenômenos políticos como o "tatcherismo"), mas também, em outra via, por meio de processos econômico-estruturais como a desindustrialização relativa de certos países, a deslocalização e internacionalização produtiva, a automação dos processos de trabalho; fatores que, paulatinamente, levam à depreciação da força de trabalho. É em meio a essas pressões[15] que ocorrem a crise e o gradual desmonte do Estado de bem-estar.

Assim, o velho modelo, característico da social-democracia do pós-guerra, de negociação tripartite – entre sindicatos e empresários, mediadas pelo Estado – termina enfraquecido e deslegitimado, quando não completamente abandonado. Não há compromisso social legítimo, sob o novo quadro, que não passe pelo aumento imediato e linear de eficiência como produto inequívoco da intensificação da concorrência para e entre todos – Estados, sindicatos, empresas e, sobretudo, trabalhadores entre si.

Em face das mencionadas adversidades, e contabilizando seguidas derrotas, os sindicatos, em particular, e o movimento operário organizado, em geral, veem diminuir sua importância política e adesão social. Na defensiva, quando não domesticados, acabam desidratados de combatividade. O enfraquecimento real, sob efeito da crise, do desemprego e de ataques os mais diversos, afeta a própria noção de pertencimento subjetivo a uma "classe trabalhadora", processo intensificado, ademais, como se disse, pelas transformações estruturais no processo produtivo (crescente automação, fragmentação, deslocalização e flexibilização dos processos de trabalho).

A perda de combatividade dos trabalhadores somada ao avanço em penetração da ideologia de mercado altera substancialmente a paisagem política, enfraquecendo as agendas de partidos e movimentos de esquerda, igualmente transfigurados em busca de sobrevivência política no novo ambiente. Os programas e soluções conservadoras não apenas ganham terreno institucional, como passam a ser transversalmente hegemônicos, configurando um novo "senso comum", uma nova cognição política frente a qual todos devem se reposicionar. Diante do desemprego, da precarização, da desigualdade crescente, da incerteza e imprevisibilidade da

---

[15] A esse respeito, Belluzzo (2013, p. 31) nos recorda que "a 'onda de inovações' na esfera das relações de trabalho foi acompanhada de uma agressiva campanha conservadora contra os direitos econômicos e sociais constituídos sob a égide do Estado de bem-estar".

economia de mercado, identificada com o princípio da livre iniciativa empresarial, o punitivismo, o nacionalismo, a pretensa superioridade do modo de vida ocidental e, não raro, a xenofobia são chamados ao seu papel ideológico na construção de pertencimento e sentido coletivo para a vida social. Voltaremos, à frente, a este ponto. Antes, no entanto, faz-se necessário compreendermos de que modo o neoliberalismo reconfigura, em particular, a ideia de política econômica, reinstaurando, assim, o papel do Estado frente ao dinheiro e a força de trabalho.

Dinheiro e Estado neoliberal

Ao perseguir a história do preceito econômico da "austeridade", Mark Blyth (2017) reconstrói, desde o liberalismo clássico até o neoliberalismo, a trajetória de desenvolvimento de um *corpus* de pensamento em que aos governos não cabe muito mais do que proteger a propriedade privada e, no mais, não acumular dívida pública. Se é verdade que as variações de método, interpretação, sofisticação e prescrição prática no interior deste axioma são bastante significativas (conforme sabemos, por exemplo, pelas novidades teóricas trazidas pelo ordo e neoliberalismo), é certo que este *corpus* segue, em grande medida, sendo o pilar de sustentação, ao menos no nível mais abstrato, de qualquer receituário (neo)liberal em matéria de ação do Estado. Em poucas dimensões isso aparece de forma mais evidente quanto nos campos da política macroeconômica, em geral, e da política monetária, em particular.

Tomemos, aqui, como ponto de análise e crítica o "monetarismo" da Escola de Chicago, que tem nas ideias de Milton Friedman um de seus principais expoentes. Se a Escola Austríaca, sustentada nas formulações de Friedrich Hayek e Ludwig von Mises, é, sem dúvida, importante na escalada do neoliberalismo rumo à hegemonia política, ganhando especial notoriedade nos últimos dez anos do pós-crise (e obtendo, assim, forte influência entre os defensores das criptomoedas, conforme veremos), é certo que o monetarismo friedmaniano o supera em importância quanto ao quesito aplicação prática em ações de governo. O monetarismo da Escola de Chicago tornou-se nas últimas décadas a base do receituário oficial de política econômica do Estado neoliberal[16].

Essa doutrina pode ser descrita, em grande medida, como uma sofisticada atualização moderna do velho *laissez-faire*: qualquer critério de distribuição deve estar ligado ao mercado como regulador econômico fundamental. Concebido como economicamente "neutro", o Estado deve se limitar a fazer respeitar as regras do jogo, mantendo a ordem e a segurança do regime de propriedade[17], sustentáculo do livre funcionamento dos mercados.

Como, nessa abordagem, os mercados se autorregulam, a noção de crise econômica não encontra muito significado. O que ocorre são desequilíbrios temporários, produzidos por eventos externos à economia (restrito ao campo do "factual" e esvaziado de suas possíveis determinações históricas); desequilíbrios que podem estar relacionados, ainda, à imperfeição das informações e aos prazos necessários à operação dos ajustamentos de mercado. Tampouco cabe distinguir grandes crises (que podem levar a modificações político-institucionais) de crises menores, que ocorrem no contexto de um sistema estável. Desse modo, as políticas econômicas só podem ser vistas como desnecessárias ou contraproducentes: quando passíveis de previsão pelos agentes, são imediatamente neutralizadas; quando imprevistas, têm impactos transitórios que, no entanto, atrapalham o funcionamento adequado do sistema de preços.

Daí que, para os monetaristas, a dinâmica de tais desequilíbrios, que tende a ser sempre a mesma, mudando apenas em termos de

---

[16] "A despeito das diferenças analíticas e de métodos, Hayek e Friedman sustentavam que os 'anos gloriosos' estavam fadados inexoravelmente ao fracasso em sua insana tentativa de interferir nos movimentos 'naturais' dos mercados. As políticas monetárias acomodatícias, combinadas com pactos 'corporativistas' entre as classes sociais e grupos de interesses, levariam inevitavelmente ao baixo dinamismo e à inflação crônica e elevada" (Belluzzo, 2013, p. 65).

[17] Veremos que longe de representar uma retirada do Estado, isso se expressa em um intervencionismo (reconfigurado, é certo) ainda bastante ativo.

seus acontecimentos factuais concretos, pode ser descrita da seguinte forma: I) excesso de oferta de moeda levando a II) elevação dos preços, o que faz produzir III) deslocamentos temporários em relação ao equilíbrio de longo prazo dos mercados. Por isso é que o equilíbrio das finanças públicas se torna uma verdadeira obsessão: ao se tornar uma fonte de pressão sobre a demanda global, diz-se, o déficit orçamentário tende a produzir inflação. Para piorar, a emissão de dívida pelo Estado "captura" recursos que, de outro modo, seriam melhor alocados na/pela iniciativa privada.

O alerta quanto ao risco de sequestro de recursos financeiros pelo Estado em detrimento dos investimentos privados ocupa lugar central na pregação neoliberal. Essa análise está ancorada na premissa segundo a qual o financiamento do investimento depende sempre de uma poupança prévia, cujo volume está já determinado (parte-se sempre da poupança para o investimento e não do caminho contrário). Assim, o efeito de captura (ou *crowding out*, conforme jargão) ocorre quando os tomadores de empréstimos privados são "expulsos" do acesso àqueles fundos (desde já dados, repita-se) por meio de emissão crescente de dívida pelo Estado, ou seja, quando o financiamento do déficit público por meio de empréstimo aos agentes privados absorve a poupança privada que deveria ser destinada aos empresários-investidores.

Assim é que, uma vez que o volume global de poupança disponível já está determinado, o nível do produto global real não pode aumentar por meio da despesa do Estado que, de forma duradoura, só produz inflação. Não havendo estímulo ou efeito possível duradouro sobre o crescimento do produto e do emprego por meio de despesa pública, resta a conclusão de que o déficit orçamentário só pode ser economicamente ineficaz e ineficiente[18]. Por isso (mas não apenas) é

---

[18] Trata-se de uma crítica – duramente atacada por autores como Keynes e Kalecki – que desconhece dimensões elementares da natureza do crédito e da dinâmica do capital financeiro. A demanda de crédito das empresas depende do nível de lucro que elas esperam, e a taxa de mercado dos juros reflete as relações de força entre financistas e empresários. Ora, conforme

que Milton Friedman irá recomendar, por exemplo, a interdição do déficit orçamentário e a retirada do poder monetário do Estado, que deve ficar sujeito a uma regra fixa de emissão.

De modo a iluminar ainda esse raciocínio, consideremos os termos da equação de troca $MV = PY$[19]. Se, aqui, M não afeta Y e V é estável (porque não há entesouramento), então todo o efeito de M, emitido pelo governo, vai direto para o aumento de P, ou seja, inflação.

Como sugere a forma de emissão monetária prescrita, o que se quer é "neutralizar" e obter uma "autorregulação" da moeda, sendo essa "neutralização" a única política monetária de fato concebível. Em verdade, como podemos perceber, o monetarismo é uma forma contemporânea da velha teoria quantitativa da moeda[20].

---

nota Brunhoff (1991, p. 178), o único efeito *crowding out* que aqui se produz "é interno ao próprio setor privado, como eliminação dos fracos pelos fortes ou expropriação do capital pelo capital".

[19] Em que M = quantidade de moeda, V = velocidade de circulação da moeda, P = nível de preços e Y = produto real da economia. Com os seguintes pressupostos: a velocidade de circulação é estável ou previsível; a quantidade de moeda não afeta a produção de forma permanente (neutralidade); e a autoridade monetária tem total controle sobre a oferta de moeda. Disso restando uma causalidade: o nível de preços é *determinado* pela quantidade de moeda em circulação.

[20] Como na TQM, o monetarismo privilegia a função do dinheiro como meio de circulação – o que produz sérias debilidades em suas tentativas de explicação, por exemplo, de preços particulares, como a taxa de câmbio e a taxa de juros, bem como as estruturas complexas do dinheiro de crédito contemporâneo. O quantitativismo monetarista determina que os preços (e a função de padrão de preços do dinheiro) estão submetidos à quantidade de moeda. Isso faz transformar em um problema *quantitativo* o que é um problema *qualitativo*. Em resumo, "o dinheiro também oferece exemplos da estreiteza das considerações clássicas, a despeito da riqueza de sua teoria: em Smith, ele é visto simplesmente como meio para facilitar as trocas e levar adiante a divisão do trabalho. Ricardo, de seu lado, ao vencer a grande controvérsia bullionista, que ocupou as primeiras décadas do século XIX, vai se tornar o pai intelectual do monetarismo, escola que vingaria no século seguinte e que sucumbiria inteiramente ao fetiche do dinheiro" (Paulani, 2005, p. 196).

Para toda a ortodoxia, a moeda não tem importância analítica frente aos fenômenos econômicos ditos "reais" (produção e emprego)[21]. Este é também o caso deste "monetarismo sem moeda" (Brunhoff, 1991, p. 108): sendo a moeda "neutra" no longo prazo (ou seja, sem afetar a economia real de forma durável, e devendo também sê-la no curto prazo, para não distorcer os preços relativos e o funcionamento do mercado), a inflação (alta no nível geral de preços) é concebida como um fenômeno puramente monetário, uma desordem causada pela emissão monetária excessiva[22], algo que perturba as antecipações e os comportamentos dos agentes econômicos privados.

Se não há crise em meio a um mercado autorregulável, e os desequilíbrios são produzidos por ações externas (não há aqui, por extensão um reconhecimento dos desequilíbrios econômicos e financeiros privados), é a ação do Estado que está na origem do desequilíbrio monetário. Ora, como é neutra e exógena, toda a oferta de moeda pelo Estado, uma vez que não afeta a produção de forma duradoura, se expressa, então, em uma alta dos preços monetários.

Disso resulta, finalmente, algumas previsíveis recomendações. É necessário que a oferta de moeda esteja submetida a regras rígidas que assegurem sua adequação às necessidades dos mercados, ou seja, uma oferta de moeda regulada em função da taxa de crescimento da economia, ou mesmo por uma "regra de ouro" a que deve estar submetida a autoridade monetária; não gastar mais do que se arrecada (preceito igualmente válido para o orçamento de famílias e do Estado); e não importunar a ação da iniciativa privada com re-

---

[21] Conforme mostra Brunhoff (1975), quando a moeda aparece é graças a uma teoria quantitativa cuja forma varia com a mudança das estruturas monetárias, mas cujo conteúdo permanece o mesmo.

[22] A demanda monetária pode ser entendida como a quantidade de moeda solicitada pelos agentes privados para suas transações ou "encaixes". Assim, quanto ao monetarismo, "a introdução de uma demanda de moeda ou de 'encaixes reais', completa a concepção quantitativa, sem colocá-la em causa" (Brunhoff, 1991, p. 107). Naturalmente, outros tipos de desordem podem ocorrer, analogamente, dizem os monetaristas, quando a quantidade emitida for insuficiente em relação à demanda.

gulamentações "externas". Vê-se, assim, que, em nome do controle monetário, todas as intervenções do Estado (sempre causadoras de perturbações monetárias) são postas em causa. Uma vez que os mercados são eficientes, a especulação é estabilizadora e a falência pune os erros e más escolhas de investimento, não pode haver desequilíbrio monetário se o Estado respeitar as regras do mercado e não se meter onde não deve.

Mas a pedra de toque do monetarismo (e, por extensão, de todo o neoliberalismo) é a forma como concebe a relação salarial. Partindo do postulado de que a oferta cria sua própria demanda (Lei de Say) e que no mercado de trabalho há igualdade de condições entre assalariados e empregadores, ambos agentes econômicos privados, Milton Friedman apresenta a hipótese da existência de um "desemprego voluntário". Sendo, a um certo nível, "voluntário", o desemprego não é mais considerado um problema. Baseado nas premissas acima relacionadas e na ideia de um desemprego natural, Friedman reforça sua recomendação da abolição de todos os "obstáculos" legais à flexibilidade da mão de obra, inclusive o salário mínimo. Fica evidente que a hipótese de uma taxa de desemprego natural representa um duro ataque político não apenas contra a ação do Estado, mas contra as reivindicações dos sindicatos.

Assim é que a chamada "inflação salarial" (uma alta elevada dos custos salariais) termina também compreendida como um produto indireto, ou subproduto, da emissão excessiva de moeda pelo Estado. Eis o mecanismo: I) a elevação da quantidade de dinheiro em circulação (ocasionada pelo Estado) atenta contra os equilíbrios "reais" de mercado; II) isso pode levar a uma alta "artificial" no emprego em relação à dita taxa "natural" de desemprego, o que pressiona o nível dos salários (e incentiva, diante dessa elevação, a alguns empregarem-se acima da taxa natural de desemprego); III) assim, os empregadores são levados a aumentar os preços de vendas de seus produtos para manter a lucratividade; IV) revelado o fato de que o salário real não aumentou frente ao salário nominal (deflacionado pela alta geral dos preços dos produtos), os trabalhadores deixam o mercado de trabalho, trazendo a todos de volta, assim, àquela taxa de desemprego de equilíbrio ou natural.

Para além, como já vimos, de um retumbante equívoco, tal formulação configura uma forma aberta de defesa da depreciação real do trabalho como fator de produção; um ataque direto e aberto de classe, em suma[23]. Impor a todos os agentes econômicos a disciplina de mercado; eis, portanto, a função política relegada à ascensão desta ideologia, no fim dos anos 1970. O aumento de sua influência a partir deste momento não configura apenas cegueira intelectual ou cinismo político, mas expressa a necessidade de se restaurar a rentabilidade do capital em âmbito global.

Neste contexto seria um equívoco, conforme já apontado, falar de um desaparecimento da intervenção econômica do Estado. Em verdade, as antigas formas de intervenção não deixam de existir, mas são sobredeterminadas pelos novos objetivos econômicos e políticos. Tendo sido implodida a ideia anterior de política econômica, essa não desaparece, mas muda de significação. A política econômica deve estar, agora, concentrada na política monetária, do tipo que se ancora em "regras" estritas. A estratégia de pleno emprego é substituída por uma estratégia da moeda: o respeito aos "equilíbrios" financeiros e monetários devem ser obtidos a qualquer custo. Sob a nova coalizão, o Estado aparece, assim, como uma polícia da moeda e dos salários, que deve cuidar da disciplina orçamentária e manter sob controle os trabalhadores. Assim, conforme oportuno paralelo oferecido por Brunhoff (1991, p. 43):

> Keynes queria um Estado forte, capaz de impor a todos o aumento das despesas públicas, e a manutenção do nível de vida dos assalariados, para acabar com a crise econômica atribuí-

---

[23] Muitos encaram o desemprego como um efeito colateral das medidas neoliberais de austeridade. Ocorre que, de certo modo, para os neoliberais, o desemprego é o próprio objetivo. O desemprego desorganiza os trabalhadores, rebaixa salários e leva potencialmente a uma recuperação da "disciplina" no ambiente de trabalho.

da à insuficiência de "demanda efetiva". Os novos ortodoxos, eles também, querem um *Estado forte*, capaz ele próprio de respeitar e fazer admitir uma ordem social baseada na liberdade de empresa, para que a regulação pelo mercado atue plenamente. A ligação entre crise e "desemprego involuntário", feita por Keynes, não existe nos "novos clássicos", para os quais nenhum desses termos têm qualquer significação. A economia da regulação pelo mercado, incluindo o postulado da "taxa natural" de desemprego, tem por função fazer aceitar a depreciação da mão de obra, confundida com uma mercadoria que depende da relação entre oferta e demanda, num mercado cuja extensão não é fixada: essa depende dos empregadores que, se tiverem meios para isso, podem fazer pressão sobre os salários americanos evocando os salários dos sul-coreanos.

Mas se a intervenção do Estado (aqui em outra roupagem) não chega a atentar contra a teoria e prática do neoliberalismo, é possível, caso se avance nesta análise, encontrarmos uma contradição fundamental: o discurso que prega a regulação pelo mercado aparece como flagrantemente incoerente diante das grandes crises (como a ocorrida em 2008), visto que, nesses casos, o mercado não consegue administrar sozinho a catástrofe sem uma intervenção vigorosa do Estado. A intervenção jurídica e política, como mecanismo de promoção do respeito às regras e da garantia da ordem que sustenta o funcionamento do mercado, aceita pelas ideias ordo e neoliberais, dá aqui um passo além, para, no campo estritamente econômico, e em uma situação limite, agora assim, contar com a intervenção econômica ativa e imprescindível de um agente externo, o "emprestador de última instância".

A intervenção direta do Estado no mercado, resgatando empresas quando essas enfrentam graves problemas, de modo a evitar grandes fracassos financeiros, não encontra muita aderência ao pensamento neoliberal. Ao contrário, o postulado da regulação pelo mercado determina que os investimentos realizados sem a devida prudência devem ser punidos com perdas econômicas e até eventual falência se necessário – uma "purga", o "sacrifício" pelos pecados cometidos. Ora, ao resgatar, por exemplo, grandes instituições financeiras (os grandes emprestadores), o Estado os protege das perdas – o que leva aos tomadores de recursos a pagar o prejuízo em seu lugar. Privatização dos ganhos, socialização (e a um alto custo social) das perdas. O "menos Estado, mais mercado" se transforma, da noite para o dia, em uma súplica por "mais Estado". A verdade do neoliberalismo revela-se, por meio da crise, no oposto do que anuncia seu discurso teórico. Segundo Harvey (2008, p. 93):

> Talvez as práticas contemporâneas relativas ao capital financeiro e às instituições financeiras sejam as mais difíceis de conciliar com a ortodoxia neoliberal. Os Estados neoliberais tipicamente facilitam a difusão da influência das instituições financeiras por meio da desregulação, mas também é muito comum que garantam a todo o custo a integridade e a solvência de tais instituições. Esse compromisso deriva em parte (legitimamente em algumas versões da teoria neoliberal) de usarem o monetarismo como base da política estatal – a integridade e a solidez da moeda é um pilar central dessa política. Mas isso significa, paradoxalmente, que o Estado neoliberal não pode tolerar fracassos financeiros de grande monta mesmo quando foram as instituições financeiras que tomaram as más decisões. O Estado tem de entrar em ação e substituir a moeda "ruim" por sua moeda supostamente "boa" – o que explica a pressão sobre os bancos centrais para que mantenham a confiança na solidez da moeda do Estado.

E, levando em conta as inúmeras experiências de crises de grande proporção vivenciadas desde a mais tenra idade do capitalismo, haveria de ser diferente?

Tudo somado, a fantasia da regulação geral da economia pelo mercado não resiste ao teste da realidade. Centrada na análise do comportamento dos agentes privados, que buscam "maximizar" seu ganho/utilidade, realizando-os através de transações no mercado, o pensamento ortodoxo é incapaz de conceber a ação das empresas como *locus* de valorização de capital, um fim em si mesmo. Assim é que o papel econômico efetivo do mercado como espaço da circulação de capital termina confundido com uma eventual função de regulador geral da atividade econômica. Ao desconhecer as especificidades do trabalho e do dinheiro no capitalismo, a ortodoxia não pode apreender a crise como um aspecto interno à própria dinâmica da acumulação[24].

Em resumo, devido à sua debilidade quanto à análise das estruturas do salário e da moeda, o pensamento neoliberal é incapaz de conceber teoricamente a crise econômica. Mas, apesar disso, segue hegemônico – uma hegemonia que é política, já que a defesa apaixonada da economia de mercado caminha *pari passu* com a promoção de uma depreciação real do trabalho, isto é, uma ação direta no campo da luta de classes.

O dinheiro não é apenas uma unidade de conta e um meio de circulação posterior e externamente inserido na economia real; sua

---

[24] Conforme resume didaticamente Brunhoff (1991, p. 53-4, grifos da autora), contra o monetarismo friedmaniano: "Moeda não redutível à sua função circulatória; *crise* circulatória e não *desequilíbrio* da oferta de moeda; então, a 'autorregulação da moeda' não pode ter o sentido que lhe dão os defensores da economia liberal. Não existe 'circulação perfeita' (derivada da *perfect currency* de que fala Ricardo) que imponha uma regra à emissão de moeda pelo Estado. Nem tampouco uma circulação imperfeita cujas desordens seriam geradas por choques externos. Incapaz de compreender a natureza e o papel da moeda, a Lei de Say, na realidade, repousa sobre uma ficção: a da oferta que cria sua própria demanda; ela reflete a imagem de uma economia de mercado que seria capaz de incorporar em si mesma todos os elementos constitutivos, no plano da circulação ou dos intercâmbios. [...] A ideia de uma ordem econômica repousando sobre a autorregulação dos mercados impede de pensar a crise como um aspecto do funcionamento da economia. Porque a economia não é apenas mercado".

utilização generalizada é uma necessidade sistêmica, incontornável, das relações econômicas capitalistas. É por isso que a crítica aqui mobilizada estrutura-se, distintamente, no fundamento de que a economia capitalista é, de partida, e desde sempre, uma economia monetária – algo que será fundamental em nossa compreensão sobre as aporias das criptomoedas.

Neoliberalismo: ideologia e política

Para além dos aspectos acima problematizados e de modo complementar a esses, inúmeras pesquisas têm buscado compreender o neoliberalismo a partir das transformações que ele tem operado no campo das subjetividades individuais e coletiva; algo que nos ajuda a melhor endereçar as complexidades que envolvem suas consequências políticas e sociais. Em alguns casos, trata-se de repensar, a partir dessa dimensão, a própria definição do que vem a ser o neoliberalismo como fenômeno social e "fase do capitalismo". Tais reflexões, veremos, tornam-se incontornáveis, a despeito de suas lacunas, especialmente no que tange à necessidade de compreensão das práticas e valores que sustentam, nesta última década, o ativismo e engajamento da comunidade de *hackers* e *cypherpunks* na criação, utilização e difusão das criptomoedas.

Boltanski e Chiapello (2009), por exemplo, ao se debruçarem sobre "a literatura da gestão empresarial destinada a executivos" nos anos 1990, percebem a emergência de um *novo espírito do capitalismo*, que absorve a crítica estética da burocracia, da disciplina e da alienação característica dos movimentos de maio de 1968 e da contracultura da década de 1970. Trata-se de uma incorporação, como haveria de ser, parcial (ou paradoxal) em que a "crítica à divisão do trabalho, à hierarquia e à supervisão, ou seja, ao modo como o capitalismo industrial aliena a liberdade" (Boltanski e Chiapello, 2009, p. 130) está desvinculada de uma "crítica à alienação mercantil" e "à opressão pelas forças impessoais do mercado"; uma defesa da liberdade e da diferença, em suma, que não ousa questionar os processos de totalização da economia de mercado, antes ao contrário, celebrando-a.

Por essa via, as modernas relações de trabalho buscam exaltar valores outros que não o mero cumprimento de ordens ou o respeito à hierarquia, característicos, como vimos, da fase anterior[25]. Sob a nova modalidade de concorrência, a motivação dos funcionários torna-se fundamental, visto buscar desses um compromisso não meramente negativo (coercitivo) com os resultados, mas uma ação engajada e proativa que, supostamente, abriria espaço para o exercício da criatividade individual. Mais importante: a ousadia em assumir riscos, em um ambiente marcado pela competição, passa a ser uma inclinação motivacional valorizada; o envolvimento em um projeto da empresa pressupõe que o trabalhador esteja disposto a assumi-los, devendo ele mesmo agir como um "empreendedor". A neoliberalização opera, assim, uma dissolução das fronteiras entre trabalho e consumo, entre tempo profissional e tempo privado, no âmbito de forças que celebram indivíduos "interativos", operadores constantes de tecnologias de informação e comunicação.

Caminho análogo já havia sido percorrido por Michael Foucault (2008), em o *Nascimento da Biopolítica*, ao analisar o complexo prático-discursivo ordo e neoliberal. Para o filósofo, o neoliberalismo é, antes de tudo, uma "prática de governo". Por isso, o pensamento neoliberal não busca exatamente abolir a ação do Estado, mas, sim, "introduzir a regulação do mercado como princípio regulador da sociedade" (Foucault, 2008, p. 200). Em relação ao tripé no qual sustenta-se o neoliberalismo – regulação pelo mercado, mercantilização

---

[25] Trata-se, distintamente, de valorizar a "[...] autonomia, espontaneidade, mobilidade, capacidade rizomática, polivalência (em oposição à especialização estrita da antiga divisão do trabalho), comunicabilidade, abertura para os outros e para as novidades, disponibilidade, criatividade, intuição visionária, sensibilidade para as diferenças, capacidade de dar atenção à vivência alheia, aceitação de múltiplas experiências, atração pelo informal e busca de contatos interpessoais" (Boltanski e Chiapello, 2009, p. 130).

crescente e intensificação da concorrência –, trata-se de conferir destaque a esse último como princípio de governo e subjetivação:

> a sociedade regulada com base no mercado em que pensam os neoliberais é uma sociedade em que o princípio regulador não é tanto a troca de mercadorias quanto os mecanismos da concorrência. [...] Vale dizer que o que se procura obter não é uma sociedade submetida ao efeito-mercadoria, é uma sociedade submetida à dinâmica concorrencial (Foucault, 2008, p. 201).

Trata-se, assim, de "fazer do mercado, da concorrência, e, por consequência, da empresa, o que poderíamos chamar de 'poder enformador da sociedade'" (Foucault, 2008, p. 203) – o que levará à configuração de uma "governamentalidade[26] de tipo neoliberal" (Foucault, 2008, p. 117).

Com essa formulação inovadora, Foucault abre o terreno não apenas para os posteriores *governamentality studies* (Burchell et al., 1991; Brokling et al., 2011), como também para novas pesquisas e abordagens sobre a natureza do neoliberalismo. É o caso de Dardot e Laval (2016), para quem o *Nascimento da Biopolítica* "constitui a referência central pela qual se ordena toda a análise do neoliberalismo ensaiada nesta obra" (Dardot e Laval, 2016, p. 17). Nesta chave, a tese formulada pelos autores é a de que

---

[26] Com atenção para a particularidade de que, para Foucault (2008, p. 258, grifos meus), "o próprio termo 'poder' não faz mais que designar um [campo] de relações que tem de ser analisado por inteiro, e o que propus chamar de governamentalidade, isto é, a maneira como se conduz a conduta dos homens, não é mais que uma proposta de grade de análise para essas relações de poder". Ou ainda: "Chamo de 'governamentalidade' o encontro entre as técnicas de dominação exercidas sobre os outros e as técnicas de si" (Foucault, 2001, p. 1604).

o neoliberalismo antes de ser uma ideologia[27] ou uma política econômica, é em primeiro lugar e fundamentalmente uma *racionalidade*[28] e, como tal, tende a estruturar e organizar não apenas a ação dos governantes, mas até a própria conduta dos

---

[27] Tomando como dado de partida certo conceito negativo e linear de ideologia no interior do marxismo (como "falsa consciência" e dominação centralizada), Dardot e Laval, seguindo aqui, novamente, Foucault, tanto na crítica quanto na proposição, falam de uma *racionalidade* ao invés de uma *ideologia* neoliberal. Algo que se afirma, infelizmente, na via de uma ignorância deliberada da conceituação de ideologia em suas dimensões produtiva e material, mobilizada pelo marxismo althusseriano e, posteriormente, por alguns pós-marxistas. Por isso, manterei a opção pelo uso do conceito "ideologia" (de mercado, da concorrência, etc.) para tratar de certas (e novas) dimensões subjetivas abertas pelos processos de neoliberalização.

[28] A ideia de uma "razão" configuradora do mundo mobilizada pelos autores é aqui devida a Max Weber (2004). Para análise e crítica desse conceito ver Paraná (2014 e, especialmente, 2017a). Wendy Brown (2015), ainda que certamente pertencente a esse "campo foucaultiano" de crítica do neoliberalismo, atenta (mesmo que de passagem, e sem retirar disso as devidas consequências teóricas) para uma importante debilidade dessa abordagem: a de que o capital e o capitalismo não podem ser reduzidos apenas à dimensão da razão. Trata-se de apontar a indiferença de Foucault quanto às questões relativas à democracia, de um lado, e ao capital, de outro – duas arestas atribuídas à conhecida oposição do filósofo francês ao marxismo. "Foucault desviou seu olhar do próprio capital como uma força histórica e social. Aparecendo com pouca frequência nessas aulas [do curso *Nascimento da Biopolítica*], quando o capital é mencionado, é geralmente para desprezar a idéia de que ele segue lógicas necessárias ou implica um sistema de dominação. *No entanto, capital e capitalismo não são redutíveis a uma ordem de razão* (...) Como Max Weber, Karl Polanyi, e não apenas Foucault, nos lembram, o capital exige que certas verdades sejam implementadas, e *como a crítica da ideologia nos lembra*, o capital circula certas verdades para sustentar seu poder, bem como sua legitimidade, ou melhor, para manter sua legitimidade como poder" (Brown, 2015, p.75, grifos meus). É precisamente este problema que busquei contornar ao articular uma análise do neoliberalismo frente às tendências e transformações estruturais do processo de acumulação capitalista. A meu ver, os processos aqui delineados devem ser entendidos como complementares e não, seja em termos práticos ou teóricos, como excludentes entre si.

governados. A racionalidade neoliberal tem como característica principal a generalização da concorrência como norma de conduta e da empresa como modelo de subjetivação. [...] O neoliberalismo é a *razão do capitalismo contemporâneo*, de um capitalismo desimpedido de suas referências arcaizantes e plenamente assumido como construção histórica e norma geral da vida. O neoliberalismo pode ser definido como o conjunto de discursos, práticas e dispositivos que determinam um novo modo de governo dos homens segundo o princípio universal da concorrência[29] (Dardot e Laval, 2016, p. 17).

Essa análise, cabe lembrarmos, encontra eco em Marx, para quem os antagonismos sociais, distintamente ao que se diz, não se dão apenas entre duas classes – proletários e capitalistas. O sistema capitalista também gera inúmeros conflitos intraclasse. A concorrência,

---

[29] A partir dessa definição, os autores (Dardot e Laval, 2016, p. 19-27) abrem uma polêmica com aquilo que chamam, grosso modo, de leitura "marxista" do neoliberalismo, opondo-se, em especial, às análises de David Harvey (2008) e Duménil e Lévy (2004). Não é meu objetivo problematizar aqui essa crítica. No entanto, cumpre apontar, de passagem, que, a meu ver, em busca de destacar a novidade e particularidade de sua tese, Dardot e Laval são levados a apresentar como conflitantes aspectos e formulações sobre o neoliberalismo que, de modo geral, são flagrantemente complementares, conforme articulação que procuro mobilizar neste trabalho, a ser: uma compreensão do neoliberalismo a partir de um encontro entre os processos de regulação pelo mercado, privatização/mercantilização crescente e intensificação da concorrência em todos os níveis (ainda que se queira, como é o caso deles, destacar esta última). Essa complementação aparece, inadvertidamente, no próprio texto dos autores quando apontam, simultaneamente, que o neoliberalismo é "um sistema normativo que ampliou sua influência ao mundo inteiro, estendendo a lógica do capital a todas as relações sociais e a todas esferas da vida" (Dardot e Laval, 2016, p. 7) e que o "sistema neoliberal é instaurado por forças e poderes que se apoiam uns nos outros em nível nacional e internacional. Oligarquias burocráticas e políticas, multinacionais, atores financeiros e grandes organismos econômicos internacionais formam uma coalizão de poderes concretos que exercem certa função política em escala mundial" (Dardot e Laval, 2016, p. 8).

característica das relações de mercado, coloca o capital individual contra outros capitais e o trabalhador individual contra outros trabalhadores. O sistema do capital determina que os capitais individuais estejam sujeitos às (quase) inexoráveis leis do sistema, incluindo uma intensa luta pela sobrevivência entre os capitalistas e, assim, contradições entre as distintas formas de capital. Do mesmo modo, os trabalhadores são levados a conceberem a si mesmos não como um grupo que compartilha o mesmo interesse fundamental *vis-à-vis* ao capital, mas como rivais no mercado de trabalho que competem pelo emprego e pelos salários. Portanto, o individualismo, o conflito e a concorrência são as forças motrizes do sistema, mesmo quando implícitas e não totalmente reconhecidas.

Mas também devemos conceber que, de fato, "o neoliberalismo emprega técnicas de poder inéditas sobre as condutas e as subjetividades" (Dardot e Laval, 2016, p. 21). Na governamentalidade neoliberal, "a concorrência e o modelo empresarial constituem um modo geral de governo, muito além da 'esfera econômica' no sentido habitual do termo" (Dardot e Laval, 2016, p. 26), estendendo "a lógica do mercado muito além das fronteiras estritas do mercado" (Dardot e Laval, 2016, p. 30). Tal "sistema é tanto mais 'resiliente' quanto excede em muito a esfera mercantil e financeira em que reina o capital", algo que ocorre por meio da produção de uma "subjetividade 'contábil'[30] pela criação de concorrência sistemática entre os indivíduos" (Dardot e Laval, 2016, p. 30).

Trata-se de demonstrar que, para além de destruir (direitos, regras, instituições), o neoliberalismo faz, sobretudo, "criar", produzir (subjetividades, formas de vida e existência, relações sociais), rearti-

---

[30] "(...) 'Subjetivação contábil e financeira', que nada mais é do que a forma mais bem-acabada da subjetivação capitalista. Trata-se, na verdade, de produzir uma relação do sujeito individual com ele mesmo que seja homóloga à relação do capital com ele mesmo ou, mais precisamente, uma relação do sujeito com ele mesmo como um 'capital humano' que deve crescer indefinidamente, isto é, um valor que deve valorizar-se cada vez mais" (Dardot e Laval, 2016, p. 31).

culando, assim, a partir dessa nova "visão de mundo", o modo como nos relacionamos com os outros e com nós mesmos: no neoliberalismo, o indivíduo "é instado a conceber a si mesmo e comportar-se como uma empresa" (Dardot e Laval, 2016, p. 16).

Mas se o neoliberalismo transforma a lógica do mercado em lógica normativa geral, chegando à esfera mais íntima da subjetividade, é certo que orienta, por esse mesmo canal, os estilos gerenciais, as políticas institucionais e, é claro, as práticas de governo. Por isso, conforme passamos anteriormente das dimensões do capital e do Estado à dimensão da subjetividade, resta voltarmos, agora, da esfera da subjetividade àquelas do capital e do Estado.

É que, ao longo de todo o processo de neoliberalização, constatam Dardot e Laval (2016, p. 19), "foram antes os Estados, e os mais poderosos em primeiro lugar, que introduziram e universalizaram na economia, na sociedade e até neles próprios a lógica da concorrência e o modelo de empresa" – constatação, certamente correta, que põe em xeque qualquer oposição binária entre Estado e mercado sob o capitalismo neoliberal. Foram os Estados, para citar um exemplo estratégico, os responsáveis, em grande medida, pela implementação de políticas deliberadas de financiamento da dívida pública nos mercados de títulos, políticas essas diretamente relacionadas à expansão das finanças de mercado. Por baixo da retórica da regulação pelo mercado esconde-se o fato de que

> os Estados adotam políticas altamente "intervencionistas", que visam a alterar profundamente as relações sociais, mudar o papel das instituições de proteção social e educação, orientar as condutas criando uma concorrência generalizada entre os sujeitos, e isso porque eles próprios estão inseridos num campo de concorrência regional e mundial que os leva a agir dessa forma (Dardot e Laval, 2016, p. 19).

A verdade nua e crua é que o Estado neoliberal passou a ser "parte interessada nas novas formas de sujeição do assalariado ao endividamento de massa que caracteriza o funcionamento do capitalismo contemporâneo" (Dardot e Laval, 2016, p. 31), e, assim, um promotor voluntário das normas de concorrência às custas das quais outras salvaguardas, garantias e objetivos sociais são sacrificados. No início do século XXI, algo especialmente evidente nos desdobramentos da grande crise de 2008, o Estado se tornou um defensor incondicional do sistema financeiro.

Trata-se de um processo de erosão e captura do governo, da política e da cidadania que não ocorre, então, apenas de fora para dentro (o Estado sendo capturado pelo mercado), mas também a partir de dentro – e daí, de volta, para fora (o Estado atuando, ele mesmo, como promotor direto e coprodutor do neoliberalismo). Lembremos aqui, com Polanyi (2000), do caráter fabricado das instituições que reproduzem e recriam de modo continuado o mercado como espaço de centralização-descentralização política.

Assim é que a própria natureza liberal-democrática das instituições estatais entra em questão. Uma análise prático-discursiva do ordoliberalismo e do neoliberalismo, mobilizada (ou ainda aquelas inspiradas) no *Nascimento da Biopolítica*, revela que o valor supremo mobilizado pelo neoliberalismo é a liberdade individual. Liberdade essa concebida como a prerrogativa conferida aos indivíduos de construírem para si próprios um domínio particular-protegido: o domínio da propriedade. Não se trata, como em outros casos, de dar relevo à liberdade política como participação na escolha de dirigentes por meio do voto, por exemplo. Sob o neoliberalismo, a referência central da ação pública é o agente empreendedor – aquele que se relaciona socialmente na medida em que se engaja em "contratos" privados com outros empreendedores – e não o sujeito de direitos. O direito privado deve, por isso, ser isentado de qualquer deliberação e qualquer controle, mesmo (e talvez, sobretudo) sob a forma do sufrágio universal.

Desse modo, na teoria e na prática, é possível identificar nas formas políticas do neoliberalismo uma suspeita profunda quanto à democracia[31] – uma prática antidemocrática que repousa no princípio de que a independência em relação aos cidadãos é a melhor forma para buscar o interesse geral. Daí a construção de uma governança (nacional e internacional[32]) sustentada em elites e "especialistas", a preferência pelo governo por ordem executiva e judicial contra a tomada de decisões parlamentar-deliberativa e, é claro, o completo afastamento das "instituições-chave", como o Banco Central, das "pressões democráticas". Em suma, uma imposição de limites estreitos à governança democrática que, esvaziada de conteúdo substantivo, termina submetida, no que toca às decisões essenciais, a instituições não democráticas, que não prestam contas a quase nada nem ninguém[33].

Essa concepção fechada e esvaziada de democracia, em verdade um antidemocratismo[34], dificulta a realização de mudanças políti-

---

[31] Há uma extensa literatura sobre as contradições entre capitalismo e democracia e entre (neo)liberalismo e democracia. Para dois bons exemplares ver Wood (2011) e Losurdo (2011).

[32] Acordos internacionais são veículos fundamentais para o envolvimento crescente dos Estados no processo de globalização dos modelos neoliberais de governança. São esses arranjos institucionais que definem as regras do comércio mundial, por exemplo: o respeito a certo regime de direito e liberdades de comércio, bem como a abertura dos mercados de capitais, são condições inegociáveis para que os países possam fazer parte de fóruns e instituições multilaterais como Organização Mundial de Comércio (OMC) e o Fundo Monetário Internacional (FMI).

[33] Não por acaso, em outra direção, mas ainda sob esse contexto, "as organizações não governamentais e as organizações do terceiro setor (ONGs e OTSs) também se desenvolveram e proliferaram de maneira notável sob o neoliberalismo, gerando a crença de que a oposição mobilizada fora do aparato de Estado e no interior de alguma entidade distinta chamada 'sociedade civil' é a casa de força da política oposicional e da transformação social. O período em que o Estado neoliberal se tornou hegemônico também tem sido o período em que o conceito de sociedade civil – com frequência tomado como entidade de oposição ao poder do Estado – se tornou central para a formulação da política oposicionista" (Harvey, 2008, p. 88).

[34] "O essencial aqui é que a redução da democracia a um modo técnico de designação dos governantes permite que ela não seja mais vista como um regime político distinto dos outros. (...) Se, ao contrário, sustentarmos que

cas substanciais. Fala-se, sob essa desativação do jogo democrático, em uma "crise do capitalismo democrático" (Streeck, 2011), em um processo crescente de "desdemocratização" (Brown, 2015), da configuração de um capitalismo "pós-democrático" (Jessop, 2013), ou ainda da reprodução do "estado de exceção" em estado permanente (Agamben, 2011).

Tal esgotamento da democracia liberal, como norma e regime político, se expressa em tendências e processos concretos os mais diversos. No campo do ordenamento jurídico, para além do já mencionado enfraquecimento da lei como ato legislativo frente à ampliação dos poderes executivos "excepcionais", o fortalecimento do direito privado em detrimento do direito público se soma à legitimação centrada no procedimento e ao afrouxamento do controle judiciário da atividade policial (o Brasil contemporâneo é, certamente, um exemplo eloquente dessa realidade). A busca de soluções para problemas e disputas específicas tendem a tomar o lugar das regras gerais de direito público e dos processos coletivos e democráticos de decisão política.

A isso se relaciona um conjunto de mudanças estruturais na lógica e dinâmica das políticas públicas. A submissão da ação pública aos critérios de rentabilidade e produtividade determina que a administração e a promoção das políticas devem assumir caráter meramente "técnico", não mais estando orientadas por critérios de legitimação política e social – algo que poderia levar ao "inconveniente" de debates "contraproducentes" em torno de seus contextos e opções diversas de aplicação.

No quadro de uma concepção consumista de serviço público, promove-se a ideia de um "cidadão-consumidor", que deve especular entre múltiplas "ofertas" políticas concorrentes, sendo o acesso a certos bens e serviços o resultado de uma transação entre um certo "incentivo" e um comportamento esperado do usuário (ou mesmo um custo pecuniário direto para ele). A universalidade do acesso e a

---

a democracia repousa sobre a soberania de um povo, o que aparece então é que, enquanto doutrina, o neoliberalismo é, não acidentalmente, mas essencialmente, um *antidemocratismo*" (Dardot e Laval, 2016, p. 384).

igualdade de tratamento são questionadas pela individualização do auxílio e pela seleção dos beneficiados, que agora aparecem como "público-alvo" das políticas. Longe de imparcial ou racional em sua "eficiência", esse modelo aprofunda as desigualdades sociais na distribuição e acesso aos bens, serviços e oportunidades, reforçando dinâmicas perversas de exclusão de setores inteiros da população.

Portanto, a forma gerencial da ação pública exclui objetivamente do regime de cidadania um número crescente de pessoas. Por meio da força e da sedução política, o homem empreendedor toma o lugar da figura do sujeito de direito e do cidadão devedor de responsabilidade coletiva. Intensificada por uma nova rodada de individualização em meio à conjuntura de crise estrutural da sociedade do trabalho, a lógica da gestão assume a dianteira, ocupando o lugar que um dia se pretendeu dar aos princípios comuns que amparam a ideia da cidadania social como uma comunidade de direitos. De fato, é a própria ideia de cidadania, tal como foi constituída desde o século XVIII, nos países ocidentais, que é posta em xeque. Conforme ponderam, novamente, Dardot e Laval (2016, p. 381-2, grifos dos autores):

> O *welfarismo* não foi apenas uma simples gestão biopolítica das populações, tampouco teve como consequência apenas o consumo de massa na regulação fordista do pós-guerra; como bem sublinhou Robert Castel, a razão do *welfarismo* era a integração dos assalariados no espaço político mediante o estabelecimento das condições concretas da cidadania. Portanto, a corrosão progressiva dos direitos sociais do cidadão não afeta apenas a chamada cidadania "social", ela abre caminho para uma contestação geral dos fundamentos da cidadania *como tal*, na medida em que a história tornou esses fundamentos solidários uns com os outros. Com isso, ela leva a uma nova fase da história das sociedades ocidentais.

Ocorre que essa fase, ainda sustentada na hegemonia neoliberal, não parece estar ela mesma em situação outra que não a de uma crise sistêmica (Streeck, 2011). A consolidação da racionalidade neoliberal como hegemônica tornou-se vítima de seus próprios efeitos.

Trata-se de uma crise que se expressa, para mobilizar o léxico foucaultiano em questão, no seguinte paradoxo: ao mesmo tempo em que a "racionalidade neoliberal" nunca foi tão dominante, essa enfrenta, seja nos países centrais seja nos países periféricos, barreiras materiais cada vez mais expressivas para se afirmar de modo continuado como um "regime de verdade". Deslocando de volta aos nossos termos: o desencaixe entre a afirmação ideológica do neoliberalismo e as condições materiais para sua reprodução continuada, no quadro de crise do regime de acumulação pós-2008, recolocam em outro patamar o problema da reprodução social. Automação avançada e reconfiguração estrutural do trabalho, aumento exponencial do desemprego e das desigualdades sociais, políticas e econômicas, crise ambiental, entre tantos outros limites, põem em questão as promessas neoliberais de realização pessoal-individual por meio do circuito trabalho-consumo-cidadania, mesmo para algumas dentre aquelas parcelas sociais desde sempre restritas. Em risco, toda uma forma de conceber e gerir a relação Estado-mercado-sociedade que vigorou nas últimas quatro décadas. Em contraste com o triunfalismo das décadas de 1980 e 1990, o *mainstream* político e econômico neoliberal encontra-se, atualmente, em situação defensiva de incerteza quanto ao futuro.

É exatamente em meio a essa crise, veremos, que o Bitcoin aparece como um filho rebelde do neoliberalismo: intransigentemente fiel a algumas de suas ideias, mas talvez, justamente por isso, incômodo, em certos aspectos, frente àquilo que veio a se constituir como seu modo prático de governo. Nascido no pós-2008, período de "crise do neoliberalismo" realmente existente, a política de um libertarianismo "*antiestablishment*", na qual está sustentada a concepção, uso e difusão das criptomoedas é, a um só tempo, resultado do desenvolvimento e intensificação da ideologia (ou "racionalidade", caso se queira) neoliberal, por um lado, e dos problemas, limites e contradições de sua prática de governo, por outro.

Enfim, a crise do neoliberalismo?

Por quase cinco décadas, a forma neoliberal do capitalismo comanda as relações econômicas mundiais, rege as políticas públicas, transforma a sociedade, rearticula nossa subjetividade. A globalização e expansão financeira, a conquista do poder político pelas forças neoliberais, o aumento das desigualdades e a polarização crescente entre ricos e pobres, a crescente atomização e individualização das relações sociais, a articulação de um "novo sujeito" e o consequente desenvolvimento de novas formas de sofrimento psíquico são todas dimensões complementares do processo de neoliberalização – um desenvolvimento articulado, como vimos, em torno da regulação pelo mercado, privatização/mercantilização e promoção da concorrência em todas as esferas.

O neoliberalismo não é produto tão somente de determinações estruturais rígidas e pré-estabelecidas (o puro desenrolar de uma "lógica do capital" autodeterminada), mas tampouco é apenas um resultado político contingente, eventual, ocasional e não intencional. Configura-se, distintamente, como "sistema normativo", a partir do encontro entre ações e seus desdobramentos particulares, inseridas em um quadro de possibilidades delimitado por tendências estruturais mais amplas. É um processo vertebrado, de modo gradual e complexo, e a partir de diferentes esferas, estratos e dinâmicas de determinação que se combinam de modo a produzi-lo como resultado. Mais especificamente, o que ocorre, a partir das décadas de 1970 e de 1980, é o encontro particular entre um projeto político de classe com uma dinâmica endógena de regulação – mútua atração entre duas "lógicas" cujo resultado se consubstancia no neoliberalismo[35].

---

[35] Dardot e Laval (2016, p. 385) certamente estão corretos quando afirmam que, "apesar disso, não houve um projeto consciente de passagem do modelo fordista de regulação para outro modelo que teria primeiro de ser concebido intelectualmente para depois, numa segunda fase, ser posto em prática de forma planejada".

Se análises voltadas para o realce das rupturas ou da novidade teórica e sociopolítica materializada no neoliberalismo tem seu lugar, vimos que é possível encontrar continuidades e semelhanças, no que tange ao papel conferido ao dinheiro, entre o monetarismo friedmaniano, tornado hegemônico em matéria de política fiscal e monetária com o advento do neoliberalismo, e seus antecessores e sucessores no campo da ortodoxia em economia – dado certamente relevante, a partir de dimensões distintas, na análise do quadro contextual específico a partir do qual surgirá o Bitcoin como pretensa forma de dinheiro.

O neoliberalismo, espero ter demonstrado, não nega a necessidade de ação estatal. Sua parcial retirada da economia, como suas demais ações, é estratégica do ponto de vista da acumulação. Não se trata, então, de diminuição do tamanho, importância ou ação do Estado, mas uma drástica reconfiguração de seu papel[36]. E aqui, novamente, junto de Marx, Polanyi, dentre outros, trata-se de corroborar a análise de que o mercado moderno não atua e não pode existir sem o Estado, tendo sido, desde sempre, amparado por ele. Para Polanyi (2000), lembremos, a única maneira de se realizar a "utopia" do mercado autorregulável é justamente através do apoio de um forte Estado intervencionista.

Mas eis que, sob o neoliberalismo, o Estado passa ele mesmo a ser regulado ao invés de regulador do mercado[37]. De capitalista ideal generalizado passa tendencialmente a capitalista particular (atuando em prol do setor financeiro). De relativamente autônomo frente ao

---

[36] "A principal ambição do projeto neoliberal é redefinir a forma e as funções do estado, não destruí-lo" (Mirowski, 2014, p. 56).

[37] Diferentemente de formas pregressas de liberalismo, "o Estado não é simplesmente o guardião vigilante desse quadro; ele próprio, em sua ação é submetido à norma da concorrência. (...) O Estado é obrigado a ver a si mesmo como uma empresa, tanto em seu funcionamento interno como em sua relação com os outros Estados. Assim, o Estado, ao qual compete construir o mercado, tem ao mesmo tempo de construir-se de acordo com as normas de mercado" (Dardot e Laval, 2016, p. 378).

processo de acumulação é levado a submeter-se a certos estratos de classe e frações de capital[38]. Um Estado que vê, assim, sua soberania ainda mais reduzida ao poder do "mercado" – algo que não ocorre apenas por meio de uma virada política, cabe repetir, mas também como expressão de transformações estruturais do capitalismo.

Indo além, estamos aparentemente, conforme alerta Belluzzo (2013, p. 179), em uma "situação em que a 'grande transformação' ocorre no sentido contrário ao previsto por Polanyi: a economia trata de se libertar dos grilhões da sociedade"; uma liberação, sabemos, que atenta contra a própria ideia corrente de democracia, ainda precária, é certo, mas arduamente arrancada em meio às lutas sociais dos últimos dois séculos. O temor de Polanyi era precisamente o de que o projeto utópico do liberalismo – e agora do neoliberalismo, podemos acrescentar – só pudesse ser sustentado pela via autoritária, já que a liberdade das massas teria de ser inevitavelmente restringida em favor da liberdade de alguns poucos. Conforme Harvey (2008, p. 91):

> A redução das "liberdades" à "liberdade de empreendimento" desencadeia todas as "liberdades negativas" que Polanyi considerou inextricavelmente ligadas às liberdades positivas. A reação inevitável é reconstruir solidariedades sociais, embora seguindo linhas distintas – o que explica o renascimento do interesse pela religião, pela moralidade, por novas formas de associacionismo (em torno de questão de direitos e cidadania, por exemplo) e mesmo o retorno de antigas formas políticas (fascismo, nacionalismo, localismo e coisas do tipo).

---

[38] Melhor será dizer da manutenção de sua autonomia, mas agora exercida não em favor de ganhos eventuais para os trabalhadores, maiorias sociais e minorias políticas, ou em favor da ativação de uma estratégia desenvolvimentista em aliança com setores produtivos, mas em prol de uma restrita elite de capitalistas financeiros (pensemos aqui no papel do sistema jurídico, do Banco Central e outras instituições em seu engajamento direto no processo de financeirização generalizada da economia).

> O neoliberalismo em sua forma pura tem sempre ameaçado conjurar sua própria nêmeses em variedades autoritárias de populismo e nacionalismo.

Diante de sonoras evidências, muito parece indicar que a forma neoliberal de capitalismo enfrenta uma crise estrutural. Os efeitos e desdobramentos desse estado de coisas nos próximos anos são imprevisíveis, ainda que aparentemente nada animadores a tomar pelas tendências que se apontam. Em qualquer caso, não cabe decretarmos, por antecipação, seu fim, uma vez que, especialmente a partir da grande crise de 2008, notam Dardot e Laval, fica claro que "o neoliberalismo, apesar dos desastres que engendra, possui uma notável *capacidade de autofortalecimento*" (Dardot e Laval, 2016, p. 7-8).

Para espanto de muitos, a crise de 2008 não levou ao desaparecimento, sequer ao enfraquecimento do neoliberalismo e das políticas neoliberais. Ao contrário, em meio aos ilusionismos típicos da "doutrina de choque" (Klein, 2007), a crise apareceu para as classes dirigentes como uma oportunidade bem-vinda, conduzindo, assim, ao seu fortalecimento. Pensemos aqui nas repetidas rodadas de austeridade (Blyth, 2017) impostas aos Estados ademais diretamente engajados no aprofundamento da lógica da concorrência nos mercados financeiros. Desse modo, as crises não parecem ser, para o neoliberalismo, uma ocasião para sua limitação, como vimos ocorrer no pós-guerra, mas, como observam Dardot e Laval, "um meio de prosseguir cada vez com mais vigor sua trajetória de ilimitação. O capitalismo, com ele, não parece mais capaz de encontrar compensações, contrapartidas, compromissos" (Dardot e Laval, 2016, p. 8).

3. Bitcoin: a utopia tecnocrática do dinheiro apolítico

> *O brilho das telas. Eu adoro as telas.*
> *O brilho do cibercapital. Tão radiante e sedutor.*
> *Não entendo nada disso*
>
> Don DeLillo

Contexto geral e condições de possibilidade das criptomoedas

Há flagrantes afinidades estruturais entre o desenvolvimento das tecnologias da informação e da comunicação (TIC) e o processo de integração, liberalização e abertura dos mercados em nível global, conforme discuti em meu livro anterior (Paraná, 2016). O desenvolvimento das TIC acelera, intensifica e dá base tecno-material às dinâmicas de reestruturação e transnacionalização da produção, de financeirização e neoliberalização, que avançam com maior intensidade a partir das décadas de 1970 e 1980. É em meio ao casamento entre capitalismo financeiro e revolução informacional que nasce também a internet[39] – sem a qual não poderíamos falar das criptomoedas.

---

[39] Schiller (2002) recolhe inúmeras evidências de que o avanço das TIC foi amplamente sustentado no poder econômico das grandes empresas transnacionais, que vislumbravam na informatização uma forma de rearticular a produção e dar maior versatilidade aos negócios; cada vez mais integrados, por essa via, em nível internacional (e, desse modo, crescentemente dependentes de sistemas de rede e de telecomunicação). Para o autor, a internet representa uma espécie de catalisador da transição política e econômica entre duas épocas, em direção ao que ele define como "capitalismo digital", uma nova fase

Como seria de se esperar, o Bitcoin, a primeira e mais importante das criptomoedas, só pôde surgir graças a um conjunto de constrangimentos e possibilidades relacionadas a certos desenvolvimentos históricos, socioeconômicos e ideológicos. Veremos que as proposições neoliberais, aqui anteriormente escrutinadas, constituem sua base de sustentação ideológico-programática. Mas para além disso, é certo, as criptomoedas decorrem de outros andamentos de ordem cognitiva (os avanços da criptografia e da matemática dos algoritmos, por exemplo), material-tecnológica (o desenvolvimento e espraiamento da internet[40] pelo globo, o aumento exponencial da capacidade de processamento computacional) e, é claro, política (a constituição dos movimentos de *hackers*, ciberativistas, criptoanarquistas e *cypherpunks*). Em meio a tais condições, a crescente oligopolização da internet e a crise financeira de 2008 jogam papel decisivo.

---

do sistema capitalista. Para Belluzzo (2013, p. 30), "o admirável mundo das novas atividades aprofunda a imersão das relações de trabalho no turbilhão da concorrência, agora dinamizada pelos impulsos das novas tecnologias de informação. Esses instrumentos, decisivos para os movimentos libertários e de contestação das ditaduras, transformam-se, no mundo do trabalho, em meios de doutrinação e controle. Servem para agrilhoar as vítimas da economia contemporânea e mantê-las sob a vigilância permanente da empresa ou dos contratantes, prolongando a jornada de trabalho muito além do que seria admissível para um fanático manchesteriano do século XIX".

[40] "O Bitcoin está baseado na mesma forma de arquitetura da própria internet. A complexa cadeia de tecnologias que precisa ser implementada antes mesmo que a primeira transação com Bitcoin possa ser feita é notável: a fabricação de computadores, cabos de fibra ótica e todos os outros tipos de máquinas fisicamente aterradas que sustentam a internet como tal (equivocadamente compreendida como não física). Esta infraestrutura física do Bitcoin é evidente, mas não é exclusiva das moedas virtuais. Os arranjos institucionais subjacentes são, no entanto, muito mais singulares, e formam uma rica combinação de influências diversas" (Karlstrøm, 2014, p. 9). Para mais sobre ver Grinberg (2011), Babaioff et al. (2012), Brito e Castillo (2013).

A história da rede mundial de computadores já foi contada e problematizadas por inúmeros autores[41]. Manuel Castells (1999) fala de um encontro inusitado, em seus primórdios, entre acadêmicos, militares/burocratas e *geeks* da contracultura. De uma rede militar-acadêmica, desenvolvida entre os *campi* universitários e laboratórios da costa oeste estadunidense, evolui paulatinamente, com o patrocínio estratégico do Pentágono, em meio à Guerra Fria, até se tornar um espaço de comunicação global e iminentemente privado. Às venturas e desventuras de sua trajetória nas últimas décadas estão relacionados impactos disruptivos na atividade econômica, nas formas de governança e na atuação política, sendo, em todas essas esferas, um (ciber)espaço marcado por concorrência e disputa permanente.

Em qualquer caso, conforme aponta Robert McChesney (2013), a busca pelo lucro, o "comercialismo", o marketing e a publicidade estão na base da evolução da internet. De um projeto não apenas não comercial, mas anticomercial, em suas primeiras décadas, essa se torna, a partir de sua "privatização" na década 1990, um espaço hegemonicamente capitalista. A esse processo de privatização, coroado com a ascensão e queda da primeira geração de empresas *pontocom* (em 2001), soma-se o declínio das regulações antitruste, o avanço de legislações de propriedade intelectual e os subsídios indiretos massivos concedidos às gigantes da internet. Tais mudanças estruturais impedem o desenvolvimento da rede na direção de valores democráticos. A economia política da internet acaba dominada, assim, por alguns poucos monopólios – do Google, que concentra mais de 90% do mercado de buscadores, da Microsoft, cujo sistema operacional é usado por quase 90% dos computadores em todo o mundo, para não mencionar os mais recentes como Facebook e Amazon. Tal "colo-

---

[41] Ver, por exemplo, Castells (1999), Schiller (2002), Bolaño et al. (2007), McChesney (2013). Para uma sistematização e atualização desses relatos ver Horta (2017).

nização capitalista" do ciberespaço, segundo o autor, enfraqueceu o jornalismo sério e fez da internet uma força antidemocrática[42].

Na mesma direção vai Evgeny Morozov (2011), para quem a internet vem tornando mais difícil e não mais fácil a promoção da democracia. O autor demonstra como governos autoritários usam a rede para suprimir a liberdade de expressão, utilizando de técnicas de vigilância, disseminação de propaganda e pacificação de suas populações por meio do entretenimento digital. Sendo capaz de reforçar ditaduras e ameaçar dissidentes, a internet não é "inerentemente livre"; e a promoção abstrata da "liberdade na rede" pode ter consequências desastrosas para o futuro da democracia como um todo.

Apesar de tais tendências, o futuro da internet segue em disputa. Os ciberconflitos e aparatos de vigilância, espionagem e militarização da rede mundial de computadores, que vieram a público por meio das revelações do Wikileaks de Julian Assange e sua rede de *whistleblowers*, bem como por meio dos vazamentos de informações do ex-funcionário da NSA Edward Snowden (Goldfarb, 2015), ao mesmo tempo em que fazem apontar a gravidade do problema, também servem para atestar que "essa colonização capitalista da internet não foi tão obstrutiva quanto poderia ter sido, porque os vastos alcances do ciberespaço continuaram permitindo a utilização não comercial, embora cada vez mais às margens" (McChesney, 2013, p. 97).

Em meio a essa trajetória particular de desenvolvimento da internet é que, durante décadas, no rescaldo da contracultura da costa oeste estadunidense reforçada por *geeks* de todo o globo, vão sendo

---

[42] "A tremenda promessa da revolução digital foi comprometida pela apropriação capitalista e pelo desenvolvimento da internet. No grande conflito entre a abertura e um sistema fechado de lucratividade corporativa, as forças do capital triunfaram sempre que uma questão importava para elas. A internet foi submetida ao processo de acumulação de capital, que tem uma lógica clara de ganho, inimiga de grande parte do potencial democrático da comunicação digital. O que parecia ser uma esfera pública cada vez mais aberta, fora do mundo da troca de mercadorias, parece estar se transformando em uma esfera privada de mercados cada vez mais fechados, proprietários e até mesmo monopolistas" (McChesney, 2013, p. 97).

gestados os movimentos em favor da circulação anarquicamente livre de informações, defensores do *software* livre e da programação em código aberto e, com especial ênfase a partir da década de 1990, os movimentos baseados no desenvolvimento e utilização da criptografia[43] como forma de proteção da privacidade na rede: *cypherpunks*[44], criptoanarquistas, entre outros. Movimentos que, na definição de Julian Assange, defendem "privacidade para os fracos, transparência para os poderosos" (Assange et al., 2013, p. 143).

Tais movimentos, lembremos, a despeito de seu caráter e retórica *antimainstream*, não estão imunes à hegemonia ideológica de seu tempo, sendo largamente influenciados, veremos à frente, pela penetração social das ideias e práticas neoliberais, especialmente nos Estados Unidos, onde empresas, fundações, *think tanks*, organizações da sociedade civil, universidades e o próprio Estado se abrem para e incentivam a propagação das ideias econômicas da Escola Austríaca e da Escola de Chicago[45]. A grande crise de 2008, a maior em quase um século, coroa esse processo, cimentando um conjunto bastante particular de representações e convicções a respeito das relações entre Estado e capital, sociedade e indivíduo. É justamente nesse cru-

---

[43] Segundo Lessig (2006), a criptografia serve a dois propósitos: garantir o sigilo da comunicação entre duas partes e fornecer identidades digitais para evitar a falsificação. Desse modo, ela "possibilita a liberdade perante a regulação (na medida em que aumenta a confidencialidade), mas também pode permitir uma regulação mais eficiente (uma vez que aumenta a identificação)" (2006, p. 53).

[44] "Os *cypherpunks* defendem a utilização da criptografia e de métodos similares para provocar mudanças sociais e políticas. Criado no início dos anos 1990, o movimento atingiu seu auge durante as "criptoguerras" e após a censura da internet em 2011, na Primavera Árabe. O termo *cypherpunk* – derivação de "cypher", escrita cifrada (tradução minha), e "punk" – foi incluído no Oxford Dictionary em 2006" (Assange et al., 2013, p. 5).

[45] Levy (2001) mostra que, embora não possa ser definida como a fração dominante dentro da comunidade de criptografia, houve desde o início uma forte corrente de sentimentos "libertários" em seu meio.

zamento histórico, em 2009, que surge o Bitcoin, a primeira e mais importante das criptomoedas.

Em março de 2012, um conjunto de proeminentes *hackers* – Julian Assange, Jacob Appelbaum, Andy Muller-Maguhn e Jérémie Zimmermann – se reuniu na Embaixada do Equador em Londres (onde, em meio à perseguição sofrida pelas revelações feitas pelo Wikileaks, Assange foi acolhido em busca de asilo diplomático[46]) para uma conversa sobre a "liberdade e o futuro da internet". Na discussão, transmitida e gravada em vídeo, e posteriormente publicada como livro (*Cypherpunks: liberdade e o futuro da internet*, de 2013), os ativistas tratam de inúmeros assuntos, dentre os quais os aspectos políticos e econômicos da internet, censura e vigilância em massa, espionagem pelo setor privado, militarização do ciberespaço e, é claro, o Bitcoin. Ainda que eles não sejam, até o que se sabe, diretamente responsáveis ou ligados à gestão da criptomoeda, cabe, diante de sua representatividade, notoriedade e aderência ao ideário que, em grande medida, inspira a comunidade do Bitcoin[47], nos atentarmos ao que dizem.

---

[46] Enquanto este livro passava pelo processo de edição, Julian Assange foi preso, em 11 de abril de 2019, pela Polícia Metropolitana de Londres, com anuência da embaixada equatoriana, onde o ativista viveu como refugiado desde 2012. Seu destino é incerto.

[47] A própria história do Wikileaks se cruza, em um momento dramático, com a do Bitcoin. Em verdade, uma das primeiras grandes ondas de interesse público em torno da criptomoeda se dá justamente em razão desta ter servido, em 2010, como forma de contornar o bloqueio financeiro imposto à organização em represália aos vazamentos de documentos sensíveis e secretos dos EUA. Jon Matonis, membro do conselho e diretor executivo da Fundação Bitcoin até outubro de 2014, lembra que a criptomoeda se tornou um dos únicos caminhos restantes para que indivíduos doassem ao WikiLeaks frente à proibição legal de fazê-lo por parte da lei estadunidense. "Após um grande vazamento de comunicações secretas dos EUA, em novembro de 2010, as doações para o WikiLeaks foram bloqueadas pelo Bank of America, VISA, MasterCard, PayPal e Western Union, em 7 de dezembro de 2010. Embora as empresas privadas certamente tenham o direito de selecionar quais transações processar ou não, o ambiente político levou a

Jacob Applebaum, conhecido hackativista, especialista em segurança da informação e, à época, membro do núcleo do Projeto TOR, uma rede de *software* livre projetado para fornecer anonimato online, ao falar dos desdobramentos da crise de 2008, apresenta uma leitura curiosa do sistema econômico mundial:

> (...) Uma das coisas mais ofensivas dos resgates financeiros nos Estados Unidos – que foram ofensivas para muita gente, por incontáveis razões – foi que eles demonstraram que *a riqueza não passa de uma série de bits em um sistema computadorizado*. Algumas pessoas, se souberem implorar direito conseguem ganhar muitos desses bits, então o que isso quer dizer? Qual é o valor do sistema se você pode simplesmente burlá-lo e conseguir mais bits? (Assange et al., 2013, p. 117, grifos meus).

Andy Muller-Maguhn, hackativista, especialista em telecomunicações e vigilância e criador de uma empresa que comercializava dispositivos de comunicação vocal segura para clientes comerciais, segue na mesma direção ao falar, mais especificamente, do dinheiro:

> Não importa qual seja a arquitetura de comunicação, *o dinheiro não passa de bits*. Essa é só uma utilização da internet. Então, se o sistema econômico se baseia na infraestrutura eletrônica, essa arquitetura acaba refletindo o modo como o dinheiro flui, como ele é controlado, como ele é centralizado e assim por diante. No começo, talvez ninguém tenha pensado que a internet seria a infraestrutura para tudo, mas a lógica econômica disse: "Bom, sai mais barato fazer isso pela inter-

---

uma decisão longe de justa e objetiva. Foi uma pressão coordenada exercida em um clima politizado pelo governo dos EUA e não será a última vez que veremos esse tipo de pressão. Felizmente, há uma maneira de contornar este e outros bloqueios financeiros com um método de pagamento global imune à pressão política e à censura monetária" (Matonis, 2012a).

net". (...) Então a arquitetura da tecnologia está se transformando em um fator fundamental, capaz de afetar todas as outras áreas, e é isso que precisamos repensar. Quero dizer, se quisermos uma forma de economia descentralizada para lidar com nossos pagamentos, precisamos ter algum controle dessa infraestrutura (Assange et al., 2013, p. 107, grifos meus).

Mas é o próprio Julian Assange, alçado àquela altura à condição de herói da liberdade na rede, quem verbaliza o *zeitgeist* da comunidade de entusiastas e defensores das criptomoedas, concedendo uma justificativa "libertária" para a necessidade de uma "moeda eletrônica":

> É de extrema importância criar uma moeda eletrônica justamente porque o controle dos meios de pagamento constitui um dos três ingredientes do Estado [controle sobre as forças armadas em uma determinada região, controle sobre uma infraestrutura de comunicações e controle sobre uma infraestrutura financeira]. (...) Se retirarmos o monopólio estatal dos meios de interação econômica, removeremos um dos três principais ingredientes do Estado. *No modelo do Estado como uma máfia, no qual o Estado não passa de um esquema de extorsão, ele tira o dinheiro das pessoas de todas as maneiras possíveis.* É importante para o Estado poder controlar os fluxos monetários, possibilitando assim a arrecadação de dinheiro, *mas também para simplesmente controlar o que as pessoas fazem – dando incentivos aqui, removendo acolá,* banindo completamente determinadas atividades, organizações ou interações entre certas organizações (Assange et al., 2013, p. 104-5, grifos meus).

A essa altura o leitor não precisará de muito esforço para traçar as origens dessa definição particular de Estado, um lugar comum entre os adeptos das mais radicalizadas dentre as doutrinas neoliberais. De Hayek a Friedman, de Reagan a Tatcher, o Estado "que tira dinheiro das pessoas de todas as maneiras possíveis" reaparece na retórica rebelde de um dos *hackers* mais conhecidos do planeta.

Apesar da confusão que essa retórica *antiestablishment* inicialmente suscita, resta evidente a filosofia política que sustenta tal "comunidade" e porque, conforme Applebaum,

> os *cypherpunks* queriam criar sistemas que nos permitissem pagar uns aos outros de maneira verdadeiramente livre, na qual a interferência seria impossível. (...) A ideia é poder criar moedas anônimas, em oposição a Visa/Mastercard[48], que representam uma moeda possível de ser rastreada (Assange et al., 2013, p. 104).

Ainda que não esteja entre meus objetivos uma análise detida da filosofia e prática do movimento *cypherpunk*, do qual grande parte dos pioneiros e entusiasmados defensores do Bitcoin fazem parte, veremos que é correto dizer que a variante de (neo)liberalismo radical que professam não deixa de falar diretamente às impressões, sensações e sentimentos prementes de nossa época: a busca por proteção e privacidade[49] nas comunicações frente aos grandes monopólios público-privados da informação, a descrença generalizada nas dis-

---

[48] A despeito de retórica e ação aparentemente (e, por vezes, de modo irônico, efetivamente) voltada contra o poder corporativo, o que realmente surge, conforme veremos em mais detalhes à frente, como imperativo é um ataque prioritário à supervisão e às restrições estabelecidas pelo poder governamental – de quem as empresas se aproximam posteriormente de modo a obter vantagens (um problema de incentivo, portanto). Entre as *startups* e as propostas mais recentes de empresas baseadas na tecnologia *Blockchain* (a mesma que dá base ao Bitcoin), por exemplo, o que emerge de modo bastante claro é uma defesa da ação completamente livre de regulamentação para o poder corporativo e financeiro.

[49] Para Dodd (2017), o Bitcoin, em um mundo pós-2001, parece ser a antítese do uso crescente pelo Estado, após o 11 de setembro, do sistema financeiro convencional para fins de segurança. Daí ser particularmente atraente para aqueles de ideologia libertária e/ou anarquista que querem ver o dinheiro livre do controle dos governos.

tintas esferas do Estado como representante legítimo e promotor da vontade pública frente ao que aparece como sua captura pelo poder econômico, a impotência da cidadania frente ao que aparece como a ascensão de uma plutocracia global, a exigência de transparência na ação pública como forma de prevenção à corrupção, a busca por novas formas horizontais, autônomas, descentralizadas e autogeridas de associativismo em rede etc. Reside também aí parte do fascínio que inspira. O Bitcoin é o desdobramento de uma combinação contraditória entre o desenvolvimento e intensificação do processo de neoliberalização das sociedades capitalistas e seus limites, problemas e promessas não realizadas, no contexto de esgotamento e crise do capitalismo pós-2008; o contorcionismo, em suma, de uma ideologia de modo a dar inteligibilidade ao mundo que a desafia.

Pensemos, por um momento, no destino trágico de dois dentre os mais conhecidos "heróis" desse combate intransigente pela "privacidade para os fracos, transparência para os poderosos": Julian Assange e Edward Snowden. O primeiro, "preso" por anos na Embaixada do Equador no Reino Unido e caçado pela maior potência bélica do planeta (país que até aqui foi agente ativo de propagação global do neoliberalismo "realmente existente"), se debate contra o globalismo neoliberal-democrata tendo de conspirar, para isso, com ninguém menos que Donald Trump e a Rússia de Vladimir Putin. Acaba, mais tarde, preso pela polícia de Londres (podendo vir a ser extraditado para os EUA), com anuência das autoridades equatorianas que, anos antes, e sob outra direção e contexto político, haviam lhe concedido refúgio e, depois, cidadania. O segundo, sob pena de encontrar o mesmo destino trágico que espera o primeiro, termina, após fugir de uma perseguição implacável, asilado pela mesma Rússia de Putin, que, sabemos, está igualmente longe de ser um exemplo luminoso no quesito defesa das liberdades civis. Dois campeões do idealismo liberal que acabam, como haveria de ser, enredados na incontornável disputa geopolítica da ordem global realmente existente.

Em meio a isso tudo, o caso do Bitcoin é especialmente elucidativo porque deixa evidente o caráter utópico das prescrições neoliberais, aqui autointituladas como "libertárias" (*libertarian*)[50]. Não se trata de produzir apenas ou centralmente novos aparelhos ou dispositivos de governança – traduzidos em controle, disciplinamento e orientação sistêmica das práticas econômicas – mas de transformar radicalmente a realidade social em nome de um ideal normativo de liberdade (negativa, individual), numa postura que se pensa e se pretende realizar como *antiestablishment*, como "revolucionária". É, assim, entre *hackers* procurados pelos aparelhos de segurança do Estado, empreendedores do Vale do Silício e altos financistas de Wall Street, que o Bitcoin se apresenta como um contrafactual do dinhei-

---

[50] Há certa complexidade na interação entre os termos "liberalismo clássico", "neoliberalismo" e "libertarianismo", que ora se aproximam, ora se afastam ao longo do tempo (Mirowski, 2009), ainda que sempre tendo buscado, é certo, certa unidade política. O "libertarianismo" costuma remeter ao pensamento da segunda geração de economistas da Escola Austríaca – especialmente Friedrich von Hayek e Ludwig von Mises – que, nos anos 1930 e 1940, em resposta ao que alegavam serem perigos "totalitários" e intervencionistas equivalentes ao comunismo e ao fascismo, buscaram estender sua teoria econômica ao campo da filosofia política. O trabalho mais conhecido deste gênero é o livro Caminho da Servidão (Hayek, 2010), publicado em 1944. Ao procurar uma definição para seu pensamento, Hayek oscilou entre o "liberal clássico" (uma vez que traçava sua genealogia a pensadores como John Stuart Mill, John Locke e Adam Smith) e o, então pouco usado, "libertário", termo que sugere um foco na liberdade, conceito-chave para esses pensadores. Quando o trabalho de Hayek e Mises foi absorvido por economistas e pensadores políticos conservadores nos EUA como Murray Rothbard, Milton Friedman e Robert Nozick, o selo "libertário" foi o que de fato pegou. O termo "neoliberal", por sua vez, origina-se não como sinônimo, mas como um antônimo para o pensamento liberal clássico de Hayek e Mises dentro do pensamento neoliberal mais amplo. Neste caso, há pontos específicos de origem histórica: o Colóquio Walter Lippman de 1938 e a conferência de Mont Pèlerin de 1947. Aqui, o termo "neoliberal" emerge no contexto de certa oposição ao liberalismo clássico, que permanecia atado, de acordo com seus críticos, a certos princípios políticos liberais existentes que retinham ainda algum interesse pela igualdade social. Originalmente, Hayek e Mises se opunham a esse modo de pensar, mas, com o passar do tempo, a Sociedade Mont Pèlerin se expandiu politicamente de modo a abranger tanto o "liberalismo clássico" quanto sua contraparte "neoliberal".

ro realmente existente (pensemos, por um momento, nos contrafactuais do método weberiano), mas um contrafactual "real", e não apenas ideal, que age e produz efeitos no mundo, que se desdobra em meio às consequências não pretendidas de sua ação. Ainda que pouco ou nada desses efeitos indique, conforme veremos, a viabilidade de uma realização prática dessa utopia, é certo que seu impacto não pode ser menosprezado: o Bitcoin pressiona os horizontes de possibilidade do dinheiro capitalista em nosso tempo, forçando os agentes econômicos e as sociedades a repensá-lo (criticamente?) – o que não implica, como se verá, que se abra mão de uma oposição, não raro aberta, contra ele. É como se uma trágica batalha entre o neoliberalismo utópico e o neoliberalismo realmente existente estivesse em curso para o que parece ser, ao menos até aqui, o azar de todos nós.

De modo a melhor compreendermos este fenômeno, vejamos mais de perto como se dá o funcionamento, a história de surgimento e o "conteúdo social" do Bitcoin.

Um panorama do Bitcoin: definição, histórico e modo de funcionamento

O Bitcoin é uma moeda digital alternativa[51] e um sistema de pagamento online independente, criado em 2009, com base em um *paper*

---

[51] Cabe aqui a breve ressalva de que o Bitcoin não é a única nem mesmo a primeira forma de dinheiro digital. A natureza "digital" do Bitcoin, portanto, não é o que faz dele algo novo e único. De fato, a maior parte do dinheiro existente – incluindo, naturalmente, as moedas soberanas como o real, o dólar, o euro e tantas outras – já é digital ou "virtual" (na verdade, o dinheiro, como relação social, é sempre uma virtualidade). Pouco mais de 90% da quantidade total de dinheiro circula de modo não físico. Pensemos nos empréstimos bancários, no uso de cartões de crédito e débito, nas transferências e movimentações bancárias pela internet, na compra de bens e serviços por meio de pagamentos eletrônicos, todo esse dinheiro é "digital". Apenas uma quantidade minoritária assume a forma de papel ou metal. O Bitcoin tampouco é singular por ser uma moeda digital "autônoma", já que essas também estão em toda a parte. Pensemos nas moedas comunitárias e locais, ou ainda nos sistemas de pontuação de redes de lojas e estabelecimentos comerciais, nas milhas áreas para passageiros frequentes, entre outros

apócrifo, assinado por Satoshi Nakamoto[52] – ente cuja verdadeira identidade nunca foi revelada. Tecnicamente, o Bitcoin é um *software* de código aberto que suporta o movimento de moedas e pode ser monitorado por todos os usuários em todo o mundo, sendo que os participantes no desenvolvimento e aprimoramento de seu código não podem, supostamente, fazer alterações que transcendem a lógica de seu *design* original. Pode ser entendido, assim, como uma construção de duas camadas, composta por uma infraestrutura de rede global, por um lado, e uma pequena comunidade de desenvolvedores, por outro. Como uma moeda digital descentralizada, que opera em uma rede par a par (*peer-to-peer*)[53], pode ser usada para

---

mecanismos. Esses são todos meios de troca que podem ser acumulados para que sejam trocados (ainda que de modo restrito) por bens e serviços específicos. O que faz do Bitcoin e das criptomoedas algo particular deve-se à forma relativamente nova de tecnologia de *software* criptográfico chamado *Blockchain*, por meio do qual está estruturado seu modo de funcionamento.

[52] O texto de Satoshi Nakamoto, cujo nome se presume ser um pseudônimo, foi divulgado em 2008 em um artigo técnico. Em 11 de janeiro de 2009, o projeto Bitcoin foi anunciado na lista de discussão Cryptography, sendo que já antes uma página havia sido criada na plataforma Sourceforge (Barber et al., 2012). Pouco se sabe sobre o status do fundador do Bitcoin, cujo envolvimento no projeto terminou em meados de 2010. Tampouco é confirmado se Nakamoto é um indivíduo ou um grupo.

[53] Tipo de arquitetura de redes de computadores em que cada um dos pontos ou nós da rede funciona tanto como cliente quanto como servidor, permitindo o compartilhamento de serviços e dados sem a necessidade de um servidor central. Seu principal objetivo é a transmissão de arquivos e seu surgimento possibilitou, por exemplo, o compartilhamento em massa de músicas e filmes. No caso do Bitcoin, seu *software* não existe em um único local físico ou na "nuvem". Partes de seu programa são executadas simultaneamente em dezenas de milhares de computadores em todo o mundo. Não depende, por isso, de nenhum desses computadores em particular, mas das muitas máquinas que compõem conjuntamente sua rede. Além disso, muitos desses computadores (aqueles que executam o programa completo do Bitcoin) hospedam cópias do registro geral de todas as transações – embora não seja necessário hospedar todos esses registros para se utilizar o sistema do Bitcoin. É devido a essas qualidades de seu *software* que o sistema é descrito como "descentralizado" (não existe uma autoridade central única

comprar um número relativamente limitado de bens e serviços na internet. Um produto dos humores políticos "libertários" (ou "libertarianos") que ganham terreno no mundo pós-crise de 2008, o Bitcoin, a primeira[54] e mais importante dentre as criptomoedas[55], tem como ideia-força retirar do par bancos-governos o poder de emissão e gestão do dinheiro.

Do ponto de vista técnico, trata-se, sem dúvida, de algo inédito: uma moeda gerida de maneira descentralizada e anônima (ou, mais precisamente, pseudônima), amparada por criptografia robusta. Sua administração algorítmica está baseada em um livro público (o chamado *ledger*), aberto[56] e, portanto, auditável, que registra todas

---

que publica e mantém o *software*) e/ou "distribuído" (o *software* em si está hospedado em inúmeras máquinas individuais, separadas, na rede).

[54] Apesar de ser a primeira criptomoeda, o Bitcoin não é a primeira tentativa de se criar algo análogo a um meio de troca digital criptografado. Anos antes de Nakamoto, David Chaum (1983) propusera um sistema anônimo de pagamentos eletrônicos e Nick Szabo teve a ideia de um recurso digital, "escasso", semelhante aos metais preciosos, na forma de "Bit-gold" – algo que, para produzir novas unidades, se valia de complicados desafios algorítmicos que, para serem resolvidos, exigiam grande poder computacional; o mesmo procedimento usado pelo Bitcoin. Da mesma forma, o criptógrafo Wei Dai desenvolveu um conceito chamado B-money, uma maneira viável de garantir a execução confiável de contratos em um sistema de completo anonimato em que "seus participantes não podem estar ligados a seus nomes verdadeiros ou locais físicos" (Dai, 1998).

[55] Há milhares de outras criptomoedas no mercado, que, em geral, são inspiradas no conceito e modo de funcionamento do Bitcoin, com a adição eventual de recursos, aspectos e mecanismos mais ou menos distintos. No começo de maio de 2019, quando esta edição foi finalizada, o indexador Coin Market Cap contabilizava um total de 2149 criptomoedas. Ver: https://coinmarketcap.com/all/views/all/. Acesso em: 05 de maio de 2019.

[56] O Bitcoin é um projeto de código aberto, algo que certamente contribui para sua adoção e difusão (Kostakis e Giotitsas, 2014). A abertura do código busca tornar o desenvolvimento de serviços e aplicativos correlatos mais fácil e flexível, e o processo de transação mais transparente ao sujeitar a criação de novas moedas ao escrutínio público (Grinberg, 2011). Para mais sobre a vantagem competitiva dos empreendimentos de código aberto em

as transações no momento em que são realizadas. O processamento dessas transações, em blocos (daí *Blockchain*, em livre tradução, "corrente de blocos"[57]), é realizado pelos próprios usuários do sistema que, ao utilizarem de seu poder de processamento computacional em prol da "comunidade", recebem em troca um incentivo pecuniário em Bitcoin – algo que é apoiado, ademais, pela resolução de problemas matemáticos por essas mesmas máquinas. Assim são produzidos (ou "minerados"), trocados e verificados os Bitcoins.

A emissão de novas unidades dessa moeda ocorre, então, como resposta à solução ("trabalho"/dispêndio de poder computacional) de desafios ou quebra-cabeças algorítmicos (em verdade, equações) que são programados para ascenderem, de modo escalar, a níveis sempre crescentes de complexidade – algo que contribui para a compensação e a manutenção de um registro público (uma cadeia de blocos) de todas as transações realizadas. Veremos à frente como tal modelo de emissão monetária, intensivo em poder computacional, leva à concentração das unidades de Bitcoin nas mãos de um pequeno grupo de "mineradores" dotados de altíssimo poder de processamento (máquinas, *pools* de mineração, dispêndio de energia, recursos, em suma, materiais).

Cabe destacarmos a diferença central, do ponto de vista técnico-gerencial, dessa criptomoeda em relação às moedas convencionais. Abstratamente, se pensamos em uma moeda estritamente física (uma moeda de ouro, por exemplo), sabemos que, como meio de troca, ela é privada e excludente, ou seja, passa, no momento da troca, de uma mão à outra. Não é o que ocorre, necessariamente, com uma moeda não física (estritamente contábil e/ou apenas digital). Não sendo materialmente excludente, esse meio de troca pode levar ao problema do gasto duplicado (a mesma unidade monetária sendo trocada por vários bens ao mesmo tempo, ou seja, uma fraude no

---

relação aos de código proprietário ver Weber (2004) e Benkler (2006).

[57] Uma maneira de visualizar este processo é imaginar uma grande planilha, contendo o registro de tudo o que aconteceu na rede durante certo período de tempo, com cada nova linha de dados sendo adicionada a cada dez minutos.

sistema de trocas). Ora, se uma moeda é não física e totalmente digital (uma sequência numérica em um computador), a única garantia que impede sua cópia e reprodução infinita é o fato de que uma organização ou autoridade central (pública ou privada, mas preferencialmente a primeira) mantenha um registro de todas as transações realizadas – que é o que fazem, nessa ordem de importância, os bancos centrais, os bancos comerciais e as empresas privadas (companhias de cartão de crédito, etc.). O Bitcoin busca romper com essa necessidade de um ponto focal, autoridade central, "nó" ou núcleo de processamento das transações realizadas com um determinado meio de troca, fazendo-o de modo completamente descentralizado[58]. Assim, nenhuma instituição ou companhia faz a custódia de seu *ledger* (o arquivo das transações que garante que, quando se gasta uma unidade de Bitcoin, haverá uma unidade a menos na "carteira"[59] digi-

---

[58] Veremos de modo mais detido à frente que "a valorização da 'descentralização' como um bem em si mesmo muitas vezes obscurece tanto quanto revela (Galloway, 2014; Golumbia, 2012), e há inúmeras maneiras pelas quais, apesar de sua natureza tecnicamente descentralizada, o Bitcoin funciona como um sistema centralizado e *locus* concentrado de poder financeiro (ver, por exemplo, Wile 2013)" (Golumbia, 2016, p. 130).

[59] Uma carteira Bitcoin é o *software* que permite aos usuários manterem Bitcoins em seus próprios computadores sem precisarem hospedar o *ledger* completo. Os Bitcoins podem ser transferidos por meio de um dos muitos mercados ou espaços de negociação voltados para essa finalidade ou podem, ainda, ser enviados diretamente para a carteira de um usuário utilizando do endereço fornecido pelo titular dessa carteira. Esse endereço, como todos os dados do Bitcoin, é criptografado – trata-se de uma sequência de letras, números e símbolos que não significam nada sem o uso de um *software* de tradução e as chaves apropriadas. Tecnicamente, o endereço é a versão criptografada de uma "chave pública" criptográfica, que não pode ser decodificada sem a "chave privada" do usuário. Apesar de todas as transações na rede Bitcoin serem públicas e estarem disponíveis para todos os usuários, como os endereços são criptografados, nada mais sobre a identidade do portador da carteira é tornado disponível, de modo que uma carteira não pode supostamente ser diretamente relacionada a uma identidade offline. A possibilidade de se identificar as verdadeiras identidades bem como os métodos potenciais para obscurecê-las são tópicos de discussão intensa na

tal), residindo aqui, certamente, sua principal inovação tecnológica (Barber et al., 2012). O Bitcoin consegue, assim, tecnicamente, evitar o problema do duplo pagamento sem precisar, para isso, recorrer a uma autoridade central de compensação das transações monetárias.

Foi o algoritmo divulgado no *paper* assinado por Nakamoto que tornou esse arranjo factível[60]. Por meio dele é possível gerar uma sequência binária única que assegura que, antes que o valor seja transferido de um dispositivo para outro, um determinado número de outros usuários (anônimos, não diretamente envolvidos na transação e situados em qualquer ponto da rede) tenham de rastrear a transferência, verificando que um determinado valor de fato deixou o aparelho do comprador antes de ser transferido ao vendedor. De

---

comunidade das criptomoedas (Meiklejohn e Orlandi, 2015). Um endereço de Bitcoin é apenas um número, mas, conforme alguns especialistas têm afirmado, se informações suficientes são coletadas (por meio de sites e fóruns), a identidade do proprietário pode, com alguma dificuldade, ser revelada (Martins e Yang 2011; Möser, 2013), uma vez que cada moeda pode ser rastreada desde sua mineração até sua atual propriedade. Já foi demonstrado, por exemplo, que alguém com habilidade e recursos para fazer uma triangulação de históricos de transações poderia identificar até 40% dos usuários finais do Bitcoin (Androulaki et al., 2012; Reid e Harrigan, 2011).

[60] Conjuntamente, como se disse, a uma série de outras tecnologias e desenvolvimentos pregressos. Conforme resgata Karlstrøm (2014), o Bitcoin não pode ser devidamente compreendido se não levarmos em consideração a importância das tecnologias que lhe servem de base. Entre elas, menciona a capacidade de vincular digitalmente transações a fontes específicas, a criptografia de dados para comunicação segura, a possibilidade de transações com carimbo de data (*timestamping*) e, enfim, o uso de problemas algorítmicos para verificá-los, bem como outras funções que se baseiam em tecnologias que foram originalmente desenvolvidas para outros usos que não as criptomoedas. Algumas dessas ferramentas existem, nos lembra ainda o autor, desde o final dos anos 1990. Assim, juntas (e combinadas com uma dimensão considerável de poder computacional que esses procedimentos exigem), tais tecnologias vão ao encontro das condições necessárias à construção de algo como o Bitcoin. De certo modo, os protocolos subjacentes a esta criptomoeda estão enraizados em uma tradição de pensamento e um conjunto específico de comandos de *software*.

modo a impedir a cópia/duplicação de uma unidade de moeda, bem como outras fraudes, a custódia e policiamento desse livro de transações são, como se disse, realizados de modo público, descentralizado e auditável, levado a cabo por todos os integrantes da "comunidade" de trocas. As transações em Bitcoin são ademais irreversíveis: uma vez que uma transação é registrada no *Blockchain*, ninguém tem autoridade para revertê-la.

O algoritmo determina ainda que haja uma emissão/produção estável de Bitcoins (ou seja, de sequências numéricas) ao longo do tempo, em consonância com o poder computacional mobilizado pelos usuários no processamento das transferências e na manutenção pública e coletiva do registro de transações – manutenção essa, acredita-se, livre da necessidade de confiança em alguma agência governamental ou corporação privada (que agiriam, conforme esse pensamento, mobilizando agendas e interesses próprios). Como o número de transações (e, assim, o tamanho do "bloco") cresce exponencialmente com o tempo, o poder computacional a ser disponibilizado em prol da "comunidade" de modo a se obter uma nova unidade de moeda ("minerá-la") também cresce exponencialmente – algo que serve, acredita-se, para novamente legitimar a dinâmica de incentivos[61] em questão (os diferentes usuários competem uns contra os outros para ver quem consegue processar o bloco mais rapidamente; o sistema está configurado para produzir um novo bloco a cada dez minutos em média, e os problemas se tornam mais computacionalmente difíceis quanto mais nós houver na rede, de modo a manter fixo esse cronograma)[62].

---

[61] "Por convenção, a primeira transação em um bloco é uma transação especial que inicia uma nova unidade de moeda pertencente ao criador do bloco. Isso adiciona um incentivo para que os nós suportem a rede e forneça uma maneira de distribuir as moedas inicialmente em circulação, uma vez que não há autoridade central para emiti-las. A adição constante de uma quantidade constante de novas moedas é análoga aos mineradores de ouro que gastam recursos para adicionar ouro à circulação. No nosso caso, o que é gasto é o tempo da CPU e a eletricidade" (Nakamoto, 2008, p. 4).

[62] Devido à dimensão sempre crescente do *Blockchain* (que é, como vimos, um registro de todas as transações em Bitcoin já realizadas, desde o seu

Com isso, espera-se que os "mineradores", como um todo, ao buscarem seus próprios interesses individuais, tornem o sistema de pagamentos do Bitcoin melhor e mais seguro, já que suas soluções para os quebra-cabeças algorítmicos impactam diretamente na melhoria dos pagamentos e da infraestrutura de processamento que oferece suporte à circulação online da moeda digital[63].

Esse modo de funcionamento levou à criação de uma grande comunidade de experientes especialistas em computação, os "mineradores", que se dedicam a encontrar as soluções criptográficas exigidas para a obtenção de Bitcoins como recompensa. No entanto, ao mesmo tempo, e contraditoriamente, a atração de especialistas em computação altamente capacitados também tornou a comunidade vulnerável a ataques de *hackers*, roubo online e demais ações criminosas que utilizam de sua rede altamente segura para fins ilícitos, como lavagem de dinheiro ou tráfico de drogas (Kaminska, 2015)[64].

---

início), qualquer computador que participe atualmente da mineração de Bitcoins deve dispor de capacidades substanciais de processamento e rede. Embora em seus primórdios, o Bitcoin pudesse ser explorado por computadores domésticos de modo relativamente rápido, hoje a maior parte da mineração é feita por meio da junção (*pools*) de dispositivos e sistemas dedicados de alta potência (algo também conhecido como *mining farms*, em tradução direta, "fazendas de mineração"). Este fato tem levantado questões relevantes sobre o alegado potencial do Bitcoin em democratizar e descentralizar as trocas monetárias. Isso porque, de certo modo, o sistema acaba assim exposto ao que se tem chamado o "problema dos 51%", ou seja, se um ente qualquer for capaz de controlar mais de 51% das operações de mineração em algum momento – algo que era antes impensável, mas que já chegou a ocorrer – ele poderá, pelo menos teoricamente, mudar as regras de funcionamento do Bitcoin (Felten, 2014; Otar, 2015). Ademais, conforme veremos à frente, isso faz com que a quantidade de energia total consumida pelas operações realizadas com *Blockchain* seja grande o suficiente para fazer do Bitcoin um sistema insustentável, conforme têm sugerido alguns especialistas (Malmo, 2015).

[63] Para outras discussões sobre o Bitcoin como um sistema alternativo de pagamentos ver Hill (2013) e Frisby (2014).

[64] Com a incógnita em torno de Satoshi Nakamoto, que "desapareceu" pouco tempo depois que o sistema entrou no ar, o Bitcoin ficou sem nenhuma

Mas se todo o exposto até aqui já oferece indícios bastante claros quanto ao conteúdo político e ideológico que embasa seu funcionamento técnico (privacidade incondicional, desconfiança frente à qualquer tipo de gestão centralizada, ação orientada pelo ganho individual como motor de maximização da utilidade coletiva, o todo aparecendo como a mera soma das partes, ação não deliberativa articulada por meio de rígidos protocolos e regras técnicas impessoais), nada atesta de modo mais flagrante sua normatividade socialmente enraizada (falo aqui da "*embeddedness*"[65] de Polanyi) do que a regra,

---

figura de destaque ou instituição que pudesse falar em seu nome. Em partes foi isso que justificou a criação, em setembro de 2012, da Bitcoin Foundation – um grupo estadunidense de *lobby* focado em padronizar, proteger e promover o Bitcoin. Com uma direção composta por alguns dos maiores nomes do espaço Bitcoin, a Bitcoin Foundation pretendia fazer pelo Bitcoin o que a Linux Foundation tinha feito pelo *software* livre: pagar aos desenvolvedores para trabalharem em tempo integral no projeto, estabelecendo melhores práticas e, o mais importante, trazendo legitimidade e construindo confiança no ecossistema Bitcoin. Logo após a sua criação, preocupações foram levantadas em relação à legitimidade desse grupo de indivíduos autosselecionados para atuar como a referência pública do Bitcoin – para além, é claro, da ironia em se ter uma moeda virtual "descentralizada", como o Bitcoin, sendo representada por uma organização centralizada e com fins lucrativos. A Fundação Bitcoin tem sido duramente criticada, além disso, devido aos vários escândalos aos quais os membros de seu conselho estiveram associados. Estes incluem Charlie Shrem, que esteve envolvido em operações no mercado online de substâncias ilícitas, conhecido como Silk Road; Peter Vessenes e Mark Karpeles, envolvidos com os escândalos da extinta Mt. Gox; e Brock Pierce, cuja eleição, em razão de sua história duvidosa no espaço da moeda virtual, criou uma enorme controvérsia dentro da Bitcoin Foundation, levando à renúncia de nove membros. Apesar da existência da fundação, ela não é reconhecida por toda a comunidade, de modo que o Bitcoin não tem um rosto público e nenhuma instituição real que possa representá-lo. Ainda assim, as pessoas continuam a utilizá-lo, a manter seu protocolo e a confiar em sua infraestrutura técnica para um número considerável de operações comerciais (e não comerciais).

[65] Constitui assertiva já bem estabelecida na sociologia econômica que os mercados e a economia em geral devem ser vistos como inseridos em seus contextos sociais mais amplos, com regras mediadas por laços e instituições

embutida em seu algoritmo-base, que fixa uma oferta total de 21 milhões de Bitcoins a serem decrescentemente criados/minerados até o ano de 2140.

Determinada antecipadamente pelo(s) seu(s) desenvolvedor(es), e cravada na estrutura do algoritmo, essa limitação decorre da crença de que o valor do dinheiro depende apenas da quantidade total de moeda ofertada – um argumento econômico, e não exatamente informático, derivado da concepção monetarista de inflação proposta por Milton Friedman e outros[66]. Tal regra configura, em grande parte, o motivo do entusiasmo especial dos "libertários" em economia – tipicamente preocupados com os vieses inflacionários do dinheiro fiduciário, supostamente emitido à revelia pelo o que eles consideram ser governos intrinsecamente irresponsáveis – quanto ao Bitcoin. Assim é que, de

---

sociais que são o resultado de desenvolvimentos historicamente contingentes (Granovetter, 1985). Ou seja, os mercados só podem existir e funcionar de modo relativamente eficiente se considerável esforço for empenhado em sua criação e manutenção. O estudo de tais enraizamentos (*embeddedness*) dos mercados nesta subdisciplina tendeu a se concentrar, assim, na investigação dos vínculos existentes entre os atores, nas regras informais de interação, nos posicionamentos e instituições variadas (Swedberg, 1994), com foco especial no modo como os mercados estão ligados a certos arranjos institucionais. A ideia principal é a de que não se pode oferecer uma imagem correta dos mercados sem se considerar a forma como as redes formais e informais, a regulamentação governamental e as instituições políticas os moldam. Isso significa que combinações variadas de redes, regulamentos e instituições produzirão diferentes tipos de mercados, uma afirmação que, sabemos, contraria a teoria econômica convencional. Para um resgate panorâmico e história da sociologia econômica ver Swedberg (2004). Para críticas deste paradigma ver Krippner (2001), Gemici (2007), Dale (2011) e Calnitsky (2014).

[66] Somada nesse caso, ao argumento hayekiano (Hayek, 1976) em defesa da "desnacionalização" do dinheiro e da livre concorrência para sua emissão privada. De acordo com essa linha de pensamento, a criação de criptomoedas concorrentes, por exemplo, ajudará a manter o próprio Bitcoin sob controle, incentivando-o a ser mais eficiente. Assim, se o Bitcoin não conseguir atender seus usuários de maneira confiável e justa, diz-se, os usuários poderão simplesmente adotar outro sistema.

modo a salvaguardar seu valor, uma vez alcançada essa quantidade, sua produção deve ser interrompida, tendo os usuários de lidar com essas 21 milhões de unidades de criptomoeda. Até que este suprimento máximo seja alcançado, a facilidade com a qual os usuários podem "minerar" novos Bitcoins é inversamente proporcional à quantidade total de Bitcoins já "extraídos" do algoritmo. Ora, isso significa, objetivamente, que o algoritmo do Bitcoin foi programado a partir de uma fé inabalável na *Teoria Quantitativa da Moeda*. Contra a inflação, a emissão do dinheiro deve, aqui, como queria Friedman, respeitar uma regra fixa e pré-estabelecida que, na prática, extingue a necessidade de política econômica, bem como a própria existência de algo como um Banco Central ("autonomia do Banco Central frente às pressões políticas", como querem certos liberais contemporâneos, seria uma proposição por demais moderada!). Não chega a ser uma coincidência que o próprio Friedman tenha sugerido, no começo da década de 1990, que o *Federal Reserve*, o "Banco Central" estadunidense, fosse substituído justamente por um computador[67] – programado para aumentar a oferta de dinheiro com base no crescimento populacional (Cerruti, 2014, p. 96).

---

[67] "Ele [Friedman] não era um defensor do Sistema da Reserva Federal, como indica em sua carta de 23 de abril de 1993, e achava que este deveria ser substituído por um programa de computador para aumentar a oferta monetária de acordo com o aumento da população (cerca de 3 para 5% ao ano). Isso significaria que o FED não seria utilizado para imprimir dinheiro essencialmente para financiar os gastos deficitários do governo" (Cerruti, 2014, p. 96). Algo que, de acordo com Deroy Murdock (em texto de 8 de dezembro de 1999, publicado no site do Cato Institute) também teria sido afirmado em entrevista: "Em uma entrevista em seu modesto escritório na Hoover Institution da Universidade de Stanford, Friedman ofereceu três ideias radicais talvez destinadas à sabedoria convencional. 'Não precisamos do Fed', diz Milton Friedman, movendo um abridor de cartas enquanto fala. 'Eu tenho, por muitos anos, sido a favor da substituição do Fed por um computador', acrescenta. A cada ano, este 'imprimiria um determinado número de dólares em papel' para aumentar a oferta monetária. 'O mesmo número, mês após mês, semana após semana, ano após ano'". Disponível em: https://www.cato.org/publications/commentary/milton-rose-friedman-offer-radical-ideas-21st-century. Acessado em: 05 de maio de 2019.

De certo modo coerente com esta forma de conceber o dinheiro, o Bitcoin busca, ademais, mimetizar o ouro[68], utilizando-o como paradigma de moeda – algo que aparece, desde já, inscrito no jargão utilizado pelos usuários – "mineradores", "mineração", "fazendas de mineração", bem como toda uma plêiade de representações que remetem ao processo de obtenção do metal precioso. Nesta forma de "metalismo digital" (Maurer et al., 2013), há também uma escassez de unidades monetárias (neste caso artificial, o teto de 21 milhões de unidades) e, como no dinheiro metálico, só se pode obtê-lo trocando por outros bens (dólares incluídos, claro) ou "garimpando-o", por meio do já descrito processo de "mineração" que envolve, de acordo com esta arquitetura, certo "trabalho" (dispêndio de energia/processamento computacional). Trata-se de algo que impõe graves restrições à sua circulação.

A leitura da teoria do dinheiro de Marx, que veremos em mais detalhes nos capítulos subsequentes, nos permite concluir que todo dinheiro é, em certo sentido, "virtual"[69] – sua materialidade fundamental não é outra que não uma "materialidade social": o fato de servir como veículo de objetivação de relações sociais concretas sob o capitalismo, isto é, mecanismo de representação e realização do valor. No entanto, conforme observa Nigel Dodd (2017), embora o Bitcoin não seja uma exceção ao argumento geral de que todo dinheiro é virtual, a teoria que o sustenta depende de ideia oposta, ou seja, de que o dinheiro obtém seu valor a partir de suas propriedades materiais como meio de troca. Assim, uma moeda que efetivamente imite

---

[68] "A adição constante de uma quantidade constante de novas moedas é análoga aos mineradores de ouro que gastam recursos para adicionar ouro à circulação" (Nakamoto, 2008). Não apenas a retórica, mas também as imagens em torno do Bitcoin fazem explícitas ao ouro. O site bitcoin.org, por exemplo, exibe um vídeo animado em que bitcoins são retratados como moedas de ouro que são lascadas da rocha por um pequeno machado.

[69] Trata-se de postulado tornado já hegemônico, ademais, no campo da sociologia e da antropologia do dinheiro, mesmo que sob abordagens teóricas distintas. Para algumas dessas abordagens ver Hart (2001), Dodd (2014), Ingham (2004) e Graeber (2011).

as propriedades do ouro na forma virtual – representando os "limites naturais" de oferta que servem de âncora ao metalismo monetário – poderá bem servir, acredita-se, ao propósito de impedir governos e bancos de aumentarem "artificialmente" sua oferta, como quer a ortodoxia econômica[70]. Uma imagem do dinheiro como uma coisa que deve ser mantida escassa de modo a proteger seu valor é o que o sustenta, portanto, a lógica fundamental desta criptomoeda. Eis, então, o paradoxo apresentado por Dodd (2017): sendo nitidamente um processo social, o Bitcoin busca negar justamente aquilo que o constitui de modo mais intrínseco – seu caráter sociorrelacional, a comunidade de usuários e entusiastas que mobiliza, algo nitidamente perpassado por certas crenças e formas de confiança[71].

---

[70] Conforme recordam Maurer et al. (2013), foi justamente essa filosofia que levou Locke a associar o dinheiro "sadio" à liberdade, dado emancipá-lo do controle do governo – algo que também aparece na retórica dos entusiastas do Bitcoin. Para mais sobre a importância do pensamento de Locke para os argumentos em defesa da austeridade econômica ver Blyth (2017).

[71] "Essas inconsistências emergem claramente na fala dos usuários do Bitcoin (tanto mineradores quanto *traders*), e é fascinante ver como elas são tratadas. Quando perguntei a um *trader* de Bitcoin sobre a teoria do dinheiro subjacente à sua compreensão da criptomoeda, ele comparou o Bitcoin ao ouro; de fato, ele sugeriu que a moeda era superior ao ouro porque sua oferta poderia ser absolutamente fixada (com 21 milhões de moedas) pelo software subjacente. Ao mesmo tempo, ele admitiu que é possível para o cientista-chefe do Bitcoin remover o teto da produção de Bitcoins, por exemplo, dobrando o número total de Bitcoins que serão minerados para 42 milhões. Para muitos observadores, isso pode ser uma coisa boa, porque aliviaria pressões inerentemente deflacionárias dentro do sistema, ou até porque permitiria que o sistema fosse 'administrado' de acordo com as condições econômicas vigentes, como um sistema monetário convencional. No entanto, tal movimento enfraqueceria os ideais tecno-utópicos que são tão importantes para o Bitcoin, que dependem do argumento de que a emissão de Bitcoins nunca pode ser alterada. Quando eu coloquei este ponto para o *trader* em uma pergunta, ele sugeriu que a crença de que o número total de Bitcoins nunca excederia 21 milhões atua como uma ficção socialmente necessária que mantém a rede unida. Em outras palavras, embora o cientista-chefe do Bitcoin pudesse de fato elevar o limite, era altamente improvável que o fizesse porque tal ação destruiria o sistema de crenças que sustenta a própria rede.

É certo que essa curiosa forma de moeda digital demorou algum tempo para deixar de ser apenas mais um intrigante e promissor experimento *hacker* e cair de vez nas graças dos investidores. Mas assim que isso ocorreu, sua trajetória de evolução vem sendo surpreendente. Durante seu espetacular período de decolagem, o Bitcoin encontrou alguma aceitação entre as empresas online (inclusive gigantes como Amazon, PayPal, Overstock, Subway, Baidu), obtendo certa reputação de oferecer custos de transação menores do que o uso de cartões de crédito online e por ser mais rápido e seguro do que as transferências tradicionais feitas pelos bancos. Seu lançamento bem-sucedido gerou toda uma infraestrutura de provedores de serviços baseados em Bitcoin, notadamente desenvolvedores de *software*, espaços de negociação e mercados online de moeda. O enfrentamento ao bloqueio financeiro imposto ao Wikileaks em 2010, por meio de transações com Bitcoin , e a criação e desenvolvimento da Silk Road[72] a partir 2011 – um mercado online de serviços, produtos e substâncias ilícitas que operava por meio de Bitcoins (Barratt, 2012; Meiklejohn et al., 2013) – possibilitou ao Bitcoin crescer em notoriedade e número de usuários. Ao longo do ano de 2013, o valor

---

Em outras palavras, o *trader* com quem eu estava falando parece se comportar como um resoluto metalista, enquanto pensa como um construcionista social. Ele não viu contradição em sua posição" (Dodd, 2017, p. 8-9).

[72] Christin (2013) forneceu uma estimativa aproximada de que os negócios relacionados à Silk Road constituíam entre 4,5% e 9% de todos os negócios em mercados nos quais o Bitcoin era negociado por outras moedas convencionais. A importância das negociações na Silk Road para a economia do Bitcoin é ainda amparada em dados mais recentes divulgados em conexão com a apreensão feita pelo FBI, sugerindo que receitas no total de 9,5 milhões de Bitcoins foram coletadas por meio do site (Fernholz, 2013). Conforme aponta Bjerg (2016, p. 63): "Se o Bitcoin eventualmente evoluir para uma moeda totalmente funcional com uma base madura de usuários e se os futuros historiadores vierem a escrever a história do Bitcoin, não é improvável que eles apontem para a Silk Road como um fator importante no arranque inicial da moeda. A Silk Road pode ter sido o instigador inicial do desejo pelo Bitcoin como dinheiro".

do Bitcoin em relação às moedas mundiais oficiais, como o dólar estadunidense, disparou[73].

Mas eis que, no final de 2013, quando se transforma em um tópico de grande discussão midiática, começam seus reveses. A causa foi uma combinação de restrições governamentais – começando com a proibição do Banco Popular da China em dezembro de 2013 – e escândalos operacionais, como o fechamento da Silk Road pelo governo estadunidense em outubro de 2013, seguido pelo desastroso colapso do Mt. Gox, o maior mercado de Bitcoins do mundo, em fevereiro de 2014. Desde então, o Bitcoin viu quedas acentuadas em seu valor, o que causou grandes perdas em toda a sua rede. Em meados de 2016, especialmente a partir de 2017, uma nova e espantosa rodada de altas, com máximas históricas, volta a ocorrer. Discutirei mais à frente o significado e dimensões desses movimentos.

Para além de certo crescimento e, em especial, por sua altíssima volatilidade, outro aspecto que tem chamado a atenção recentemente para o Bitcoin refere-se aos usos potenciais da tecnologia *Blockchain*. Vimos que o livro público de registros de transações (o *ledger*) é a primeira forma de implementação ampla de uma certa tecnologia ou, mais especificamente, de uma forma de *software* chamada *Blockchain* – em verdade, a grande inovação de fato trazida pelo Bitcoin. É precisamente a engenharia mobilizada na constituição dessa "cadeia de blocos" que possibilita que as transações sejam únicas e autênticas. O *Blockchain* é justamente o tal *ledger* público e compartilhado no qual todas as transações em Bitcoin devidamente confirmadas são incluídas e "publicadas" de modo cronológico – algo realizado por meio de criptografia. Dele depende toda a rede Bitcoin. Assim é, como vimos, que as "carteiras" dos usuários individuais podem calcular seu saldo e as transações (compras e vendas) com Bitcoins podem ser atestadas como realmente provenientes daquele usuário.

---

[73] Passando de U$ 13,00 em 1º de janeiro de 2013 a U$ 1.132,00 em 28 de novembro do mesmo ano.

Pois bem. Ocorre que esse livro público distribuído, habilitado por criptografia, e o *Blockchain* usado para sua implementação, podem ter aplicações mais amplas, para além de seus usos atuais. Variações dessa tecnologia já foram implementadas na construção de programas similares (como no caso das inúmeras outras criptomoedas posteriores), mas seu potencial de uso alternativo tem sido acompanhado de perto também por outros setores da economia, especialmente o financeiro (e não deixa de ser um tanto irônico, frente aos humores "libertarianos" de seus ideólogos, que grandes bancos comerciais e mesmo bancos centrais estejam entre os principais interessados)[74].

Entre os usos alternativos propostos para o *Blockchain* está a criação das chamadas "Organizações Autônomas Descentralizadas" (DAO, *Decentralized Autonomous Organization*) ou "Corporações Autônomas Descentralizadas" (DAC, *Decentralized Autonomous Corporation*). De acordo Vitalik Buterin, co-fundador do Ethereum, o mais conhecido projeto de generalização da tecnologia *Blockchain* para além das criptomoedas[75], uma DAO "é uma entidade que vive

---

[74] Os entusiastas e defensores das criptomoedas argumentam, em geral, que o *Blockchain* é uma das principais razões por trás do sucesso do Bitcoin. Mas sustentam também que a ideia de outros *Blockchains* descolados da produção de criptomoedas faz pouco ou nenhum sentido, já que, assim, estaria ausente o incentivo monetário fundamental para o engajamento da comunidade de processadores/desenvolvedores em sua manutenção. Em resposta, aqueles engajados em processos de generalização do *Blockchain* argumentam que, na maioria dos setores, a flexibilidade e a utilidade são os únicos incentivos de fato necessários. Assim, o *Blockchain* pode ser mantido por uma entidade central, como uma empresa ou um grupo de empresas, por exemplo, que o utilizará como base para a construção de uma infraestrutura de comunicação mais barata e eficiente; uma corrente autorizada, controlada e adaptada a necessidades específicas, ou seja, uma ferramenta de regulação em si mesma.

[75] Apesar de produzir sua própria criptomoeda, conhecida como Ether, o projeto Ethereum, que tem seu próprio *Blockchain*, não tem como objetivo central a produção de moeda. Junto de outras iniciativas como a Invictus Innovations e Ripple Labs, o Ethereum faz parte de uma série de plataformas

na internet e existe de forma autônoma, mas também depende significativamente da contratação de indivíduos para executar determinadas tarefas que o próprio autômato não pode fazer" (Buterin, 2014). Uma DAO "toma decisões por ela mesma", apesar de não ser uma forma de inteligência artificial, e tem ainda um "capital interno". Conforme Buterin (2014), ela "contém algum tipo de propriedade interna que é valiosa de alguma forma, e tem a capacidade de usar essa propriedade como um mecanismo para recompensar certas atividades"[76].

Uma das formas recorrentes de ilustração deste conceito são os chamados "contratos inteligentes". O eminente criptógrafo Nick Szabo (1996) os definiu como "protocolos de computador que facilitam, verificam, executam e aplicam os termos de um acordo comercial". Trata-se de um tipo de contrato que, uma vez acordado por ambas as partes, se realiza quando as condições pré-determinadas forem atendidas, sem que as partes precisem tomar medidas ou ações adicionais; um contrato que se "autocumpre" de modo "descentralizado" (não existe em nenhum local específico) e "autônomo" (funciona sozinho sem a intervenção de outros agentes). Para Buterin (2014):

---

que passaram a ser descritas como "Bitcoin 2.0". Essas plataformas compartilham a suposição de que a tecnologia *Blockchain* pode ser usada em aplicações diversas como *e-commerce*, contratos inteligentes e várias outras transações financeiras. Em todos os casos, a principal característica distintiva continua focada na descentralização, ou seja, na noção de um livro distribuído, um banco de dados mantido simultaneamente por todos os nós da rede.

[76] "O Bitcoin é o primeiro protótipo de uma corporação autônoma descentralizada real (DAC), onde os detentores de Bitcoin são acionistas da Bitcoin Inc. Stan Larimer, presidente da Invictus Innovations, define uma DAC da seguinte forma: 'DACs (Corporações Autônomas Decentralizadas) funcionam sem qualquer envolvimento humano sob o controle de um conjunto incorruptível de regras de negócios. (É por isso que elas devem ser distribuídas e autônomas). Essas regras são implementadas como um software de código aberto, publicamente auditável, distribuído entre os computadores das partes interessadas'" (Duivestein, 2015).

Um contrato inteligente é a forma mais simples de automação descentralizada, e é mais fácil e precisamente definido da seguinte forma: um contrato inteligente é um mecanismo que envolve ativos digitais e duas ou mais partes, em que algumas ou todas as partes colocam ativos e esses ativos são automaticamente redistribuídos entre essas partes do acordo por meio de uma fórmula baseada em certos dados que não são conhecidos no momento em que o contrato é iniciado.

O objetivo final é declaradamente estabelecer, por essa via, um sistema de registro de tudo (transações de propriedades, registros civis, diplomas de estudo etc.) que não possa ser corrompido e não precise de nenhuma terceira parte para verificar se o que está registrado é de fato verdadeiro. Isso ocorre porque tudo é armazenado no *Blockchain*, que supostamente ninguém controla e ninguém pode mexer[77].

Mas se, em um primeiro olhar, o princípio parece atraente, cabe recordarmos que a ideia de descentralização em questão remete diretamente ao axioma hayekiano de que os mercados, e não as estruturas políticas formais, é que são os espaços legítimos para o exercício do poder[78]. Assim, resultados positivos advém, acredita-se, da

---

[77] *Strictu sensu*, trata-se de um mal-entendido sobre o conceito do *Blockchain* dizer que esse é totalmente descentralizado e não controlado por ninguém. Isso porque o desenvolvimento subjacente de um sistema *Blockchain* é, na verdade, atribuído a um grupo de desenvolvedores principais. Contratos inteligentes, por exemplo, são fundamentalmente uma coleção de códigos e dados que são programados e implantados em um *Blockchain* por certos programadores humanos. Veremos que esse fato produz desdobramentos importantes quanto à "governança" do sistema Bitcoin – que é teórica e retoricamente "descentralizado", mas, na prática, técnica e economicamente bastante centralizado.

[78] Em seu artigo *The Use of Knowledge in Society*, Hayek (1945) defende que, na maior parte das vezes, sistemas descentralizados garantem um melhor uso do conhecimento. Tal artigo tem influenciado inúmeros projetos de tecnologia no Vale do Silício, com destaque para a Wikipedia. Jimmy Wales, seu fundador, declarou que "O trabalho de Hayek sobre teoria dos preços é fundamental para meu próprio pensamento sobre como gerenciar o Pro-

imposição das estruturas competitivas de mercado àquelas dimensões e tarefas sociais (como a emissão de dinheiro) que os governos historicamente reivindicam como parte restrita ao seu domínio. Daí que ao ingênuo e diletante interesse de alguns pela "descentralização" como um valor em si mesmo estão acoplados, conscientemente ou não, direcionamentos e desdobramentos outros.

À parte a retórica de "democratização" que tais empreendimentos em geral mobilizam, há uma flagrante afinidade com a busca por novos e mais sofisticados mecanismos que sirvam à articulação empresarial em rede (e supostamente "descentralizada"[79]), característica do capitalismo contemporâneo, ferramentas que possibilitam, ademais, atenuar ou contornar a necessidade de supervisão legal e democrática por meio de órgãos externos. Com o *Blockchain*, o argumento, que ganhou bastante terreno nas últimas décadas, de que a regulação de mercado deve ser intrusiva ao mínimo e, ademais, ser autorrealizada, certamente se fortalece. Ocorre que muitos dos problemas econômicos e políticos mais sérios contemporaneamente emergem justamente da capacidade de tais "corporações" para atuarem de maneira "descentralizada" e "autônoma" em sua busca por concentração de capital.

De modo a melhor explorar essa relação, precisaremos nos dedicar, com maior minúcia, ao conteúdo ideológico que ampara concei-

---

jeto da Wikipédia". Disponível em: http://reason.com/archives/2007/05/30/wikipedia-and-beyond/. Acesso em: 05 de maio de 2019.

[79] Sabemos, não apenas pela experiência das instituições financeiras e das gigantes da internet, mas de inúmeros outros setores, que esse definitivamente não é o caso. Em paralelo à reestruturação da grande empresa capitalista e constituição de novo modelo das "empresas em rede", as fusões e aquisições características da mundialização capitalista nas últimas décadas produziram uma tremenda concentração de controle não apenas das plataformas, mas do conteúdo circulante nas redes de informação. De fato, à medida que a tecnologia digital se espalhava por todo o mundo, em nome de *slogans* legítimos, ainda que vagos, como a "liberdade na internet", a riqueza e o poder se concentraram enormemente.

tualmente a ideia de uma moeda privada, autônoma, pseudônima, de emissão descentralizada e criptográfica, como o Bitcoin.

O conteúdo social e ideológico do Bitcoin

A crise de 2008 fez aprofundar, como vimos, o ceticismo em relação ao papel das autoridades, especialmente de governos e Bancos Centrais. É compreensível, neste quadro, que muitos se entusiasmem com a ideia de uma moeda que políticos e banqueiros não possam "manipular". Assim é que o Bitcoin, não raro, é apresentado como uma moeda *antiestablishment*, antissistema e antiestado, um conceito ambicioso, em suma, que promete mudar o funcionamento da economia global.

Como premissa central, a ideia do dinheiro como uma "coisa" ou "objeto" que deve ser apartado dos conflitos da vida social de modo a estar protegido de sua odiosa manipulação por intermediários bancários e autoridades políticas. Daí uma moeda "neutra" e totalmente mecanizada, supostamente livre de "influências" de qualquer natureza. Contra a crise institucional-representativa contemporânea, menos política e não mais: trata-se de remover completamente a ação político-discricionária e, assim, a necessidade de confiança do mundo do dinheiro.

Para além de um meio prático de troca, essa moeda configura-se também como um instrumento ideológico. Como outras formas de dinheiro, o Bitcoin é sustentado por um conjunto de suposições sobre a organização da sociedade e o papel que o dinheiro desempenha dentro dela. Logo se nota, por essa via, que as raízes ideológicas do Bitcoin estão assentadas em uma forma específica de libertarianismo tecnológico: de um lado a imagem "libertária" de uma moeda sem Estado, de outro a promessa de uma libertação dos problemas da política por meio da tecnologia. Os ideólogos libertários, é certo, estiveram, não por acaso, entre os primeiros a enxergar o potencial político de uma rede pretensamente descentralizada e pseudônima, como a internet.

Dito isso, é possível notar uma flagrante tensão no interior da retórica que sustenta o Bitcoin: este é constituído, veremos, por certas características (como arranjos materiais e institucionais específicos, organização social, hierarquia política e até necessidade de confiança) que estão em direto desacordo com a ideologia política e a teoria do dinheiro que o amparam, ou seja, o Bitcoin porta características que suas ideias-força buscam justamente negar. Por isso, paradoxalmente, conforme destaca Dodd (2017), mesmo a contragosto, esta criptomoeda serve como uma poderosa demonstração do caráter sociorrelacional do dinheiro[80].

Assim é que alguns autores[81] têm se dedicado ao que aqui chamaremos o "conteúdo social"[82] do Bitcoin, ou seja, seus aspectos políticos, simbólicos e ideológicos. Defenderei que, desde esse ponto de vista, o Bitcoin é conformado, em termos práticos, por dois sistemas de crença distintos, mas mutuamente atraentes (especialmente a partir do pós-crise de 2008): o "ciberlibertarianismo" de *cypherpunks* e criptoanarquistas, de um lado, e o pensamento social e econômico neoliberal e libertário ou libertariano, de outro; uma conformação que reivindica para si uma versão "heroica" e utópica de liberalismo como *ethos* fundamental de ação.

---

[80] "(...) Essa moeda gerou uma viva comunidade em torno de seus ideais políticos, depende de um alto grau de organização social para ser produzida, tem uma estrutura social discernível e é caracterizada por assimetrias de riqueza e poder que não são diferentes do sistema financeiro convencional" (Dodd, 2017, p. 1).

[81] Ver Karlstrøm (2014), Kostakis e Giotitsas (2014), Golumbia (2016), Bjerg (2016) e Dood (2017).

[82] Conforme os sociólogos da ciência e da tecnologia vêm argumentando há muito tempo, fatores humanos, sociais e políticos inevitavelmente emergem da interação e uso, bem como da própria concepção, dos artefatos tecnológicos, que moldam e são moldados pelo seu uso prático. Para uma discussão sobre o conteúdo social da técnica e da tecnologia ver Paraná (2016).

***

Vimos que a segurança e o anonimato das transações com Bitcoins é garantida por um *software* criptográfico; um protocolo, como se disse, que está baseado nos desenvolvimentos obtidos por criptógrafos desde a década de 1980, muito antes da maioria da população ter acesso à internet. É justamente neste período que os princípios básicos do movimento de criptoanarquisas e *cypherpunks* começam a ser estabelecidos; um movimento que, nas décadas seguintes, no quadro de avanço e penetração das novas tecnologias de informação e comunicação, teve papel importante nas lutas contra as primeiras tentativas de controle governamental sobre comunicações eletrônicas (Zimmermann, 1991).

De modo mais amplo, o ciberlibertarianismo[83] pode ser resumido no princípio de que "os governos não devem regular a internet" (Malcom, 2013). De modo específico, tem sido descrito como a crença segundo a qual a liberdade inevitavelmente emergirá do crescente uso e desenvolvimento da tecnologia digital. Assim é que qualquer forma de interferência ou regulação deste desenvolvimento tendem a ser contrários à "liberdade"[84]. Trata-se, conforme celebremente explicado por Richard Barbrook e Andy Cameron (1996, p.3), naquilo que chamaram de "Californian Ideology", da ideia de que

---

[83] Descrições detalhadas do ciberlibertarianismo podem ser encontradas em Barbrook e Cameron (1996) e Winner (1997). Para análise mais recentes sobre ver Turner (2008) e Golumbia (2013 e 2016).

[84] Para um exemplo elucidativo ver a famosa "Declaration of the Independence of Cyberspace" (1996), escrita por John Perry Barlow – ativista libertário e fundador da Electronic Frontier Foundation, uma das principais organizações em defesa dos direitos digitais e da indústria de tecnologia – para quem "os governos do mundo industrial" não são "bem-vindos" e "não têm soberania" no mundo digital. O texto, parcialmente inspirado na Declaração de Independência dos Estados Unidos, foi escrito durante o Fórum Econômico Mundial, em Davos, como resposta à aprovação da Lei de Telecomunicações de 1996 nos Estados Unidos. Para a íntegra do texto: https://www.eff.org/cyberspace-independence. Acesso em: 05 de maio de 2019.

> As tecnologias da informação (...) empoderam o indivíduo, aumentam a liberdade pessoal e reduzem radicalmente o poder do Estado-nação. Estruturas de poder sociais, políticas e legais existentes desaparecerão para serem substituídas por interações irrestritas entre indivíduos autônomos e seus softwares. De fato, tentativas de interferir contra essas forças econômicas e tecnológicas elementares, particularmente pelo governo, apenas retornam contra aqueles que são tolos o suficiente para desafiarem as leis primárias da natureza.

De acordo com Langdon Winner (1997, p. 14-15) ser um ciberlibertário é basicamente acreditar que

> O dinamismo da tecnologia digital é o nosso verdadeiro destino. Não há tempo para pausar, refletir ou pedir maior influência na conformação desses desenvolvimentos (...). Nos escritos dos ciberlibertários, aqueles que são capazes de enfrentar o desafio são os campeões do próximo milênio. O resto está destinado a definhar no pó.

Para David Golumbia (2013, p. 1), o termo "ciberlibertarianismo" remete às crenças

> que podem ser resumidas através de um slogan como "A informatização irá te libertar". (...). Entre os corolários que se seguem a partir desta crença central incluem-se: uma resistência à crítica da incorporação da informática em qualquer esfera da vida humana; uma busca de soluções para problemas que considera os métodos técnicos antes da determinação analítica dos próprios problemas; o privilégio de métodos quantitativos frente aos demais e, por vezes, a exclusão dos qualitativos; o uso de padrões especiais para avaliação de práticas computacionais que diferem daqueles usados na avaliação de práticas não computacionais; e um foco abran-

gente no poder do indivíduo e na liberdade individual, mesmo quando se entende que esse indivíduo está inserido em uma variedade de redes.

Sabemos que, há décadas[85], o movimento *cypherpunk* vem defendendo a necessidade de meios privados e seguros de comunicação, livres da vigilância das autoridades governamentais. Mas o movimento não se preocupou apenas com a criptografia segura de dados, estando a supervisão governamental das transações financeiras desde cedo presente em sua agenda. Por isso, buscou também formas de contornar o papel do Estado na emissão e gestão do dinheiro. Já conhecemos, pelas palavras de Julian Assange no começo deste capítulo, o raciocínio em questão: se a faculdade do Estado em taxar seus cidadãos for dificultada, uma vez que as transferências monetárias se tornem impossíveis de serem rastreadas, também estará comprometida sua capacidade de reivindicar parte da propriedade dos indivíduos (a propriedade é sempre individual) e, assim, de autofinanciar-se.

Os primeiros desenvolvedores e adeptos do Bitcoin expressaram abertamente sua simpatia por essas ideias[86]. "O protocolo provavelmente pode ser mais eficiente e seguro, mas espero que este seja um passo para tornar a *cripto-anarquia* uma possibilidade prática e teórica", afirmou Wei Dai (1998). "É muito atraente para o *ponto de vista libertário* se pudermos explicá-lo corretamente. Eu

---

[85] Ver, por exemplo, *The Crypto Anarquist Manifesto* (1992) (Disponível em: http://www.activism.net/cypherpunk/crypto-anarchy.html. Acesso em: 06 de maio de 2019), *The Cypherpunk's Manifesto* (1993) (Disponível em: https://www.activism.net/cypherpunk/manifesto.html. Acesso em: 06 de maio de 2019) e *The Cyphernomicon* (1994) (Disponível em: http://www.kreps.org/hackers/overheads/11cyphernervs.pdf . Acesso em: 06 de maio de 2019).

[86] Para relatos e análises sobre o papel de criptoanarquistas e *cypherpunks* na criação do Bitcoin ver Boase (2013), DuPont (2014) e Popper (2015). Para análises sob o ponto de vista dos defensores do Bitcoin ver Redman (2015) e Lopp (2016).

sou melhor com código do que com palavras, no entanto", declarou o próprio Nakamoto[87].

Eis que vão se tornando, assim, evidentes os mencionados vínculos entre o ciberlibertarianismo, de um lado, e o pensamento social e econômico neoliberal e libertariano, de outro. Para Winner (1997, p. 14), o ponto crítico do ciberlibertarianismo como um sistema de crenças é justamente o fato de que ele "liga o entusiasmo extasiante por formas de vida mediadas eletronicamente com idéias libertárias radicais de direita sobre a definição adequada de liberdade, vida social, economia e política".

Entre os termos que mais aparecem em debates, fóruns, eventos e discussões sobre o Bitcoin, dentro ou fora do mundo virtual, encontramos "liberdade" e "governo", um par central da retórica ciberlibertária. O conceito de "liberdade" empunhado pelos ciberlibertários tende basicamente a se encontrar com o significado presente na expressão "livre mercado", ou seja, livre da ação e regulação governamental. Uma liberdade, portanto, inerentemente negativa (e carregada de um forte conteúdo moral[88]). Vimos anteriormente que o valor supremo mobilizado pelo neoliberalismo é a liberdade indi-

---

[87] Em comunicação com o *cypherpunk* Hal Finney em novembro de 2008. Disponível em: https://www.mail-archive.com/cryptography@metzdowd.com/msg10001.html. Acesso em: 17 de abril de 2018.

[88] Conforme observação feita por Karlstrøm (2014, p. 8), "É importante notar que o apoio dos cypherpunks ao anarquismo de livre mercado não é moldado exclusivamente em termos de uma liberdade negativa de intervenção em relação aos outros, em que cada um é deixado livre da vigilância dos demais. Ainda mais importante é o apoio moral explícito aos mercados dentro do discurso econômico (Fourcade e Healy, 2007). Esse apoio assume várias formas, desde o argumento de que a troca e o comércio são fatores civilizadores ("parceiros no comércio não fazem guerra um contra o outro"), passando pelo argumento de que os mercados são uma condição necessária para a liberdade em outras áreas da política, chegando à convicção corrente de que o crescimento econômico é o melhor (e único?) caminho para o progresso humano. Fourcade e Healy argumentam que 'os mercados desempenham um poderoso papel moralizador na prática, definindo categorias de valor' (Fourcade & Healy, 2007, p. 301)".

vidual. Liberdade essa concebida como a prerrogativa conferida aos indivíduos de construírem para si um domínio particular/protegido: o domínio da propriedade.

O "governo", por seu turno, tende a aparecer aqui como inerentemente "totalitário" ou "tirânico", existindo, em abstrato, basicamente para restringir a liberdade individual. Um poder, em sua forma, diferente de outros, mas certamente não em termos de sua responsabilidade para com a política democrática. Longe de uma instituição social perpassada por conflitos, contradições e complexidades, o conceito-base de Estado restrito que aqui emerge é aquele como o "monopólio do uso legítimo da força física em um determinado território" (Weber, 1982)[89] – com pouco esforço sendo realizado, é certo, na distinção entre uso legítimo e ilegítimo do poder estatal. Para além dessa, naturalmente, a ideia subjacente de um governo tendencialmente corrupto e em qualquer caso ineficiente porque perturbador do processo de autorregulação dos mercados, sempre tendentes ao equilíbrio[90]. A própria ideia mais ampla de governança aparece como um princípio cujo tempo já passou, algo a ser substituído ou superado por mecanismos de mercado ou análogos ao mercado.

Assim é que a crença ciberlibertária básica de que os governos não devem, em hipótese alguma, regular a internet tende a ancorar-se no postulado de que governos existem fundamentalmente para restringir e não para promover a liberdade humana. Nessa que aparece como uma retórica sobre a necessidade de limitação do poder, esse tende a ser automaticamente igualado ao governo, com a internet apare-

---

[89] "O Estado é aquela comunidade humana que, dentro de determinado território – este, o 'território', faz parte de suas características – reclama para si (com êxito) o monopólio da coação física legítima" (Weber, 1982, p. 98).

[90] Lembremos do famoso discurso de posse de Ronald Reagan em 1981 no qual afirma que "o governo não é a solução para os nossos problemas; o governo é o problema" – algo mais tarde desenvolvido por Milton Friedman, ator-chave na criação da doutrina econômica neoliberal (e que veio ser conselheiro econômico do próprio Reagan) em *Why Government Is the Problem* (Friedman, 1993).

cendo sempre como uma espécie de oposição natural a esse poder. Disso resulta, como seria de se esperar, certa confusão entre a ação dos indivíduos em busca de liberdade civil com as ações de grandes e lucrativas empresas capitalistas na internet (algo bem representado na "Californian Ideology" das iniciativas, projetos e empresas do Vale do Silício), bem como na maior energia dedicada pelos defensores da privacidade na rede contra os abusos cometidos por governos frente àquela mobilização contra os desmandos de grandes empresas capitalistas[91]. Na realidade, raramente é problematizada a necessidade de mecanismos que atuem na restrição do poder corporativo, algo relacionado, na melhor das hipóteses, a uma enorme ingenuidade quanto às dinâmicas de concentração de capital.

Vai ficando evidente, desse modo, que o pensamento econômico e político em que o Bitcoin está baseado emerge diretamente de ideias que vão desde Friedrich Hayek, Ludwig von Mises e outros autores da Escola Austríaca, chegando à Escola de Chicago de Milton Friedman e seus seguidores – algo que tem servido para animar, ademais, direta ou indiretamente, certo extremismo político típico das teorias da conspiração em torno do surgimento e

---

[91] Algo correspondente, mesmo que por vezes de modo difuso, ao pressuposto de que, por mais que os abusos derivados do poder de grandes corporações sejam indesejáveis, esses são tendencialmente menos danosos e perigosos do que os abusos perpetrados pelo poder governamental (que reivindica atuar em nome do público, da lei, da maioria) – para essa razão, a pior forma de "ditadura" é a ditadura da maioria (Mill, 1991). Para além desse argumento, digamos, de filosofia política, emerge ainda o argumento "econômico": os abusos empresariais são, em geral, passíveis de correção por meio das próprias leis impessoais do mercado, ao passo que os abusos cometidos pelo Estado são, eles mesmos, desestabilizadores das dinâmicas de funcionamento do mercado. Para críticos como Noam Chomsky (2015), conhecido pensador libertário de esquerda, declaradamente antigoverno, as teorias libertarianas promovem, assim, uma "tirania corporativa, significando tirania por incontáveis concentrações privadas de poder, o pior tipo de tirania que você pode imaginar".

existência do *Federal Reserve* por parte da extrema-direita estadunidense[92] (Golumbia, 2016).

Sabemos que, ao menos desde a década de 1950, o economista Milton Friedman, professor da Universidade de Chicago, membro-fundador e presidente, no início dos anos 1970, da Sociedade Mont Pèlerin, promoveu, como vimos, o ponto de vista de que a inflação é sempre e em todo lugar um fenômeno monetário (Friedman, 1968). Assim, a inflação e a deflação são, conforme essa visão, causadas pela política monetária e não por aspectos e dimensões econômicas outras, sendo, em verdade, apenas um nome alternativo para a emissão de dinheiro pelos Bancos Centrais; um resultado direto de sua ação desestabilizadora. Desse modo, ao invés de tomarem medidas para administrar a inflação ou a deflação em resposta a pressões econômicas externas, os Bancos Centrais devem, ao contrário, sair do caminho ou, ainda melhor, serem simplesmente abolidos.

Vimos ademais que, sob um conjunto específico de condições, essas ideias ganharam enorme prestígio, tornando-se constitutivas do pensamento *mainstream* em economia, algo que se conformou, ademais, em um novo programa prático para a direita política: ao invés de apenas mais uma rodada de *laissez-faire*, tratava-se, vimos, de assumir o controle do poder Estatal para "discipliná-lo" em torno de fins bas-

---

[92] Trata-se de caracterizações do *Federal Reserve* como um dispositivo dirigido por banqueiros conspiradores que querem que "o Estado controle a vida de todos" (Weiner, 2013); alegações que têm sido promovidas nos Estados Unidos por políticos de extrema direita, como Ron Paul, ele mesmo um conhecido defensor do Bitcoin (Borchgrevink, 2014). "Apesar da orientação direitista geral de grande parte da cultura digital, o conspiracionismo quanto ao Banco Central é relativamente novo por lá, conquistando uma posição relevante apenas com a introdução do Bitcoin e do *Blockchain*. Na literatura sobre o Bitcoin, como nos escritos de conspiração sobre o Banco Central, lemos que o Fed é um banco privado que esconde seu propósito real; que rouba dinheiro de alguns cidadãos particulares e o coloca nas mãos das 'elites' que o controlam; que o próprio Fed é secretamente dirigido por um obscuro grupo de elites, muitas vezes composto de judeus e membros de famílias bancárias inglesas, como os Rothschilds; e assim por diante" (Golumbia, 2016, p. 52-3).

tante específicos. Quando Friedman assume como conselheiro do presidente dos Estados Unidos Ronald Reagan, em 1981, torna-se um dos principais arquitetos de um programa prático "monetarista", segundo o qual a modulação contínua da oferta de moeda deveria controlar a inflação. Assim é que Friedman, apesar de desejar a abolição do Banco Central, seguia escrevendo páginas e mais páginas, bem como prestando consultoria a governos em todo o mundo, sobre como esse deveria, caso continuasse existindo, ser administrado[93].

Tal caracterização da inflação e do papel da autoridade monetária ganhou difusão popular por meio instituições públicas e privadas, fundações, universidades, *think tanks* financiados por grandes empresas e partidos de direita, contando ainda, é claro, com a ajuda de grandes revistas, canais de televisão, estações de rádio e, mais recentemente, inúmeros portais de internet. Pela mesma via, tornou-se também uma visão repetida com persistência e certo automatismo em parte significativa das discussões sobre o Bitcoin, independentemente das filiações políticas em questão. Desde representantes da extrema direita anarcocapitalista até "respeitados" analistas[94] em veículos como a rede CNN, o Wall Street Journal, New York Times, Forbes, entre outros, é possível verificar a mesma insistência na natureza monetária da inflação e a consequente imunidade do Bitcoin a esse problema (devido à sua emissão limitada); algo tomado, de partida, como um dado inquestionável, uma verdade autoevidente.

Em meio ao celebracionismo entusiasmado do caráter disruptivo das criptomoedas aparece ainda, em muitos fóruns de debate sobre o Bitcoin, a conhecida alegação extremista de que o governo existe, em verdade, para pilhar, por meio da tributação, os indivíduos daquilo que produzem por eles mesmos, devendo os impostos serem combatidos e seu não pagamento justificado como um ato de resis-

---

[93] Para mais sobre ver "Best of Both Worlds: An Interview with Milton Friedman" (1995). Disponível em: http://reason.com/archives/1995/06/01/best-of-both-worlds/print. Acesso em: 06 de maio de 2019.

[94] Para exemplos de análises dessa natureza ver Vigna e Casey (2015) e Pagliery (2014).

tência política legítima[95]. Além, é claro, da ideia correlata de que os Bancos Centrais emitem sempre mais dinheiro com o objetivo deliberado de corroer o valor da propriedade dos indivíduos em vias de subjugá-los, ou ainda a afirmação de que o desacoplamento entre o ouro, uma mercadoria com valor intrínseco, e o papel-moeda "sem valor" é algo, na verdade, concebido para espoliar os cidadãos de sua riqueza pessoal. Pouca atenção é concedida, nesses espaços, como não chega a surpreender, à concentração de poder empresarial ou à necessidade de mecanismos outros que não os de mercado para a responsabilização daqueles que protagonizam abusos de seu poder privado não regulamentado.

Mas alguém dirá, corretamente, que nem todos aqueles que compõem este movimento, ou apoiam as ações do ciberlibertarianismo, declaram-se como ciberlibertários ou "libertários", e tampouco se identificam necessariamente com partidos e forças políticas à direita[96].

Conforme oportunamente recorda Golumbia (2016), muitos criadores e dirigentes de empresas de novas tecnologias digitais, e mesmo alguns líderes do setor que não trabalham para corporações,

---

[95] "(...) Assim como a Segunda Emenda nos Estados Unidos, em seu núcleo, continua sendo o direito final de um povo livre para impedir sua repressão política última, um poderoso instrumento é necessário para impedir uma repressão correspondente – a supremacia monetária do Estado" (Matonis, 2012b).

[96] Dodd (2017) menciona uma pesquisa conduzida por Caitlin Lustig – uma estudante de doutorado do Departamento de Informática da Universidade da Califórnia, em Irvine – com 510 membros da comunidade dos fóruns Bitcoin (https://bitcointalk.org/) e /r/bitcoin (http://redd.it/1ojfxx) – um universo de pesquisa conformado por pessoas com idade entre 25 e 34 anos, predominantemente masculino (96%), e no qual metade dos participantes estava baseada nos EUA (e um quarto na Califórnia). Lustig descobriu que quase 60% dos entrevistados se declararam libertários e 27%, anarquistas (embora deva ser enfatizado que os entrevistados podiam escolher mais de uma opção – portanto, mais 25% disseram que eram de esquerda, enquanto 36% responderam sim à opção "moderados"). Os resultados podem ser visualizados em: https://bitcointalk.org/index.php?topic=486149.msg5354626#msg5354626. Acesso em: 06 de maio de 2019.

declaram abertamente adesão às ideias libertárias e seus congêneres[97]. Além disso, o número de figuras proeminentes que se opõem a tais posicionamentos políticos (que passaram a configurar uma espécie de "senso comum" difuso entre os empreendedores do Vale do Silício) é pequeno, e suas objeções são frequentemente superficiais. No entanto, segundo o autor, é verdade que:

> (...) o grupo de pessoas cujas crenças merecem ser rotuladas como "ciberlibertárias" é muito maior do que esse. O princípio central do ciberlibertarismo – a insistência de que "os governos não deveriam regular a internet" – parece ser compatível com uma ampla gama de pontos de vista políticos. Como escreveu o analista de política global sênior da EFF, Jeremy Malcolm (2013): "Mesmo os ativistas politicamente progressistas tendem a ser mais desconfiados da intervenção

---

[97] Uma breve lista de adeptos do libertarianismo inclui nomes de peso como Sergey Brin e Eric Schmidt (Google), Travis Kalanick (Uber), Peter Thiel (PayPal), Elon Musk (Tesla/SpaceX), Jimmy Wales (fundador da Wikipedia) e Eric Steven Raymond (famoso escritor e ativista *hacker*). No caso dos grandes empreendedores do Vale do Silício, tal adesão ao libertarianismo remete, em certa medida, à influência direta da literatura Ayn Rand – com destaque para os seus livros *Atlas Shrugged* e *The Fountainhead*. Sua "filosofia ética" do egoísmo racional, o chamado "Objetivismo", rejeita o altruísmo, sustentando que a virtude moral reside na busca racional de fins egoístas. Seus textos exaltam apaixonadamente as virtudes do capitalismo e combatem os males do coletivismo e do estatismo, alcançado enorme influência entre liberais, libertários e conservadores estadunidenses. *Atlas Shrugged*, por exemplo, retrata grandes empresários como pensadores heroicos e produtivos e venera o capitalismo como o único sistema social que pode oferecer a tais mentes a liberdade para criar e produzir os valores materiais dos quais todas as demais pessoas dependem; dando uma expressão estética à defesa do individualismo, da autoconfiança, do empreendedorismo e dos mercados livres. Entre aqueles que foram declaradamente inspirados pelas imagens e ideias produzidas por Rand estão Peter Thiel, Travis Kalanick, Steve Jobs, o atual presidente estadunidense Donald Trump e o ex-presidente do Fed Alan Greespan, que frequentou seu círculo pessoal durante a juventude.

governamental on-line do que off-line, em uma expressão de excepcionalismo da internet (Golumbia, 2016, p. 17).

É correto, assim, dizer que "no mundo do Bitcoin existem tipos os mais diversos – hippies, anarquistas, *cypherpunks*, criptógrafos, especialistas em sistemas de pagamento, ativistas metalistas, *traders* e curiosos" (Maurer et al., 2013, p. 2) –, e não apenas, claro, libertários à direita. Ocorre que, em meio a essa pluralidade, mesmos os eventuais simpatizantes não libertários acabam, muitas vezes inadvertidamente, por aceitar certas definições, representações e termos de ação provenientes da direita liberal. Quando se trata de tais tecnologias digitais, o referido conteúdo ideológico se inscreve no "código técnico" dos próprios artefatos tecnológicos, independentemente das simpatias em questão, expressando-se por meio de seu modo de funcionamento.

No caso específico do Bitcoin, embora seja inegável que muitos que utilizam e defendem esta criptomoeda não subscrevam tais teorias políticas e econômicas, é certo que seu funcionamento e conteúdo sociotécnico estão baseados em suposições e conceitos que emergem diretamente dessas, com resultados e consequências práticas que passaremos em revista à frente. O fato é que, quando se trata do Bitcoin, uma certa ideologia prática, que produz efeitos materiais concretos para a configuração de um estatuto específico para essa moeda, faz-se bastante visível no *ethos* de ação de seus usuários e entusiastas.

O Bitcoin está tecnicamente assentado, assim, em uma estrutura ideológica fortemente informada pelas críticas monetaristas e libertárias do sistema monetário convencional. Em um dos primeiros anúncios de que o sistema Bitcoin estava em operação, o próprio Nakamoto justificou sua criação com base na visão monetarista de inflação[98]:

---

[98] Em postagem de 11 de fevereiro de 2009 no Fórum da P2P Foundation. Disponível em: http://p2pfoundation.ning.com/forum/topics/bitcoin-open-source. Acesso em: 06 de maio de 2019.

O problema básico da moeda convencional é toda a confiança necessária para que ela funcione. O Banco Central deve ser confiável para não depreciar a moeda, mas a história das moedas fiduciárias está cheia de violações dessa confiança. Os bancos devem ser confiáveis para manter nosso dinheiro e transferi-lo eletronicamente, mas eles o emprestam em ondas de bolhas de crédito com apenas uma fração de reserva.

Para além dessa imagem de um "desbasamento" ou desvalorização da moeda como produto direto da ação do Banco Central estar ancorada, como vimos, em uma definição teórica bastante específica, o próprio Bitcoin veio, ele mesmo, ironicamente, e a despeito de sua emissão controlada e supostamente livre da necessidade de confiança, a produzir uma dinâmica de bolha especulativa.

Assim é que, desde uma perspectiva monetária, o raciocínio por trás do apoio político ao Bitcoin reside na ideia de que não se pode *confiar* nos governos em sua tarefa de gestão do dinheiro, já que estes irão sempre e irresistivelmente ampliar a oferta monetária com base em conveniências políticas, mesmo que isso resulte em inflação.

Trata-se de uma crítica, como é praxe nos círculos libertários, dirigida especialmente ao sistema de reservas fracionárias, por meio do qual os bancos privados "criam" dinheiro à medida em que concedem empréstimos ("autorizados" ou socialmente validados por meio da possibilidade de conversão em dinheiro fiduciário do Banco Central). Desde esse ponto de vista, o problema do sistema monetário atual estaria no modo como esse relaciona sistematicamente a criação de dinheiro à produção de dívida. Conforme oportunamente observa Dodd (2017), o Bitcoin atrai, assim, justamente aqueles que consideram a dívida como algo moral, econômica e politicamente problemática; sentimento que se expressa, especialmente no pós-crise de 2008, em uma crítica de tonalidade antissistêmica ao poder e influência dos bancos e do chamado "Sistema de Wall Street". Daí também as repetidas alegações de que o Bitcoin representa uma ameaça frontal ao poder monetário dos Estados-nação e dos grandes bancos.

Ainda com Dodd (2017), é plausível dizer que, para além de uma pretensa moeda, o Bitcoin pode ser visto como um movimento social, mesmo que difuso e um tanto mal definido. Em qualquer caso, uma clara postura de protesto é certamente um dos fatores de coesão fundamentais à comunidade de usuários e defensores do Bitcoin. O que serve para eles, serve também, em certa medida, para o público em geral: somado ao fascínio em torno de sua alta volatilidade e do fato de operar nas bordas do regime legal, o interesse pelo Bitcoin ressoa as discussões sobre a natureza do dinheiro e do sistema bancário, sobre a relação entre finanças e o Estado, que foram desencadeados pela crise de 2008. Em meio a um pós-crise de continuidade e até ampliação do poder político e econômico das finanças em relação à sociedade, o Bitcoin aparece como uma forma prática e ousada de encaminhamento da constatação de que há profundos problemas com o sistema monetário existente – problemas esses que pedem soluções radicais, e não apenas tímidas e fragmentadas reformas.

O Bitcoin aparece, assim, como uma junção de I) ideologia neoliberal de mercado; II) atitude de protesto perante o *establishment* político e econômico; e III) determinismo/utopismo tecnológico. Respondendo ao primeiro, uma forma ortodoxa de conceber o dinheiro como neutro e exógeno, como uma "coisa" e não uma relação social; em consonância com o segundo, a construção de estruturas de ação horizontais, descentralizadas/distribuídas e automatizadas que devem prescindir de confiança para serem operadas, todas encontradas, por fim, no terceiro ponto: a crença ufanística na capacidade da tecnologia (neutra) de substituir a política, no poder da técnica para moldar ou redesenhar o sistema social, a ideia de que para todo problema (mesmos os coletivo-decisórios) há sempre uma solução tecnológica.

A retórica de distribuição de poder por toda a rede de computadores (e do registro público de todas as transações por meio do *Blockchain*) certamente reforça a imagem democrática de um dinheiro "do povo e para o povo", livre da ação das elites de políticos e banqueiros de Wall Street: "Propusemos um sistema para transações eletrônicas que não depende da confiança", orgulha-se Nakamoto (2008, p. 8). Frente ao problema da corrupção, a estrutura de "incentivos" do Bitcoin é deliberadamente construída de tal modo que, acredita-se, é mais lucrativo aos potenciais fraudadores gastarem seu poder de processamento computacional ajudando a manter o sistema do que o corrompendo. Assim é que, conforme lembra Ole Bjerg (2016), para os criadores e entusiastas do Bitcoin é a competição, e não a confiança, o que deve manter o sistema "honesto". Nas palavras de Nakamoto (2008, p. 4):

> O incentivo pode ajudar a encorajar os nós a permanecerem honestos. Se um agressor ganancioso conseguir reunir mais poder de CPU do que todos os nós honestos, ele terá de escolher entre usá-lo para fraudar as pessoas, roubando seus pagamentos ou usando-o para gerar novas moedas. Ele perceberá ser mais lucrativo jogar de acordo com as regras, regras que o favorecem com mais moedas novas do que todos os outros, do que solapar o sistema e a validade de sua própria riqueza.

Mais do que qualquer regra ou sistemas de incentivo em questão, um dos aspectos distintivos do Bitcoin está no fato de buscar atingir seus objetivos pré-definidos por meios tecnológicos. Enquanto em outras formas de moeda – sejam elas soberanas, alternativas ou complementares – certas regras, modos de funcionamento, objetivos, bem como as tarefas necessárias para sua implementação são levadas a cabo por instituições, organizações, conselhos e organismos, na via de consentimento ou coerção, no Bitcoin estas são delegadas diretamente às máquinas.

Uma emissão restrita, governada de modo eficiente por uma tecnologia supostamente livre de intervenção humana, e que lhe confere, enquanto dinheiro, propriedades semelhantes ao ouro, um "lastro". Um dinheiro "honesto", que remove completamente, não apenas os bancos e Estados, mas qualquer forma política de sua produção e gestão, e cujo controle não pertence a ninguém. Eis a utopia do Bitcoin; *a utopia tecnocrática de uma moeda apolítica* (Varoufakis, 2013; Kostakis e Giotitsas, 2014; Dodd, 2017).

Mas esta tecnoutopia é também, como toda utopia, uma crença amparada em um conjunto de práticas sociais (ou seja, humanas) – o que certamente, e isso é o mais curioso, entra em contradição com o aspecto mais elementar de seu conteúdo (livrar o sistema justamente da intermediação humana). A regra de oferta limitada de Bitcoins, para citar um aspecto central, é garantida por máquinas, mas concebida a partir de certas crenças sociais e sustentada, como tal, por um conjunto (restrito) de pessoas que podem, a rigor, alterá-la se necessário. Como a ideia de uma política monetária puramente técnica, não política, e dos Bancos Centrais como instituições plenamente "independentes", trata-se de uma ficção socialmente necessária, uma "representação da relação imaginária" objetivada em práticas sociais e que tem efeitos materiais, ou seja, ideologia.

É possível encontrar no Bitcoin, é certo, uma inseparável relação entre a visão restrita de dinheiro – como um simples meio de troca, um "instrumento" neutro e exógeno – e aquela que concebe a tecnologia como, em si, capaz de substituir, direcionar ou automatizar relações e ações sociais "indesejáveis". Mas este é apenas mais um capítulo na longa história de afinidade entre determinismo tecnológico e pensamento econômico liberal, entre ufanismo tecnológico e celebração do poder irresistível do capital. A ideologia que separa economia e política, tomando como já dados ou naturais os processos e relações sociais históricas que constituem a vida socioprodutiva, não pode conceber o progresso tecnológico senão como natural, linear, inexorável, um *Deus ex machina*.

Foi a fé inabalável em modelos matemáticos e soluções tecnológicas para problemas de informação na economia que sustentou, por exemplo, a aposta dos agentes no gerenciamento do risco de crédito através dos sinistros mecanismos de securitização que desabaram em 2008[99]. A mesma "coisificação" de relações sociais, a mesma celebração fetichista do virtuosismo tecnológico e confiança inabalável em sistemas e mecanismos, que poucas pessoas que os utilizam realmente entendem, sustenta a penetração dos robôs e mecanismos de negociação automatizadas nos mercados de todo o mundo, o amplo complexo tecno-operacional da *Finança Digitalizada* (Paraná, 2016) e, é claro, o próprio sistema do Bitcoin.

Sobre isso, veremos de modo mais detido à frente que o fetichismo nos aparece como matéria-prima significativa do processo de produção ideológica (e, assim, como um elemento importante para a construção de uma teoria da ideologia, na medida em que aponta para aqueles mecanismos de percepção da realidade que estão ligados não às vontades subjetivas, mas às condições gerais de um modo de produção transmitidas aos sujeitos). Eis, portanto, que o fetichismo do dinheiro e o fetichismo tecnológico materializam-se, no caso do Bitcoin, justamente pela via do primado do indivíduo,

---

[99] Conforme observa Harvey (2008, p. 79): "A teoria neoliberal da mudança tecnológica se sustenta nos poderes coercitivos da competição para levar à busca de novos produtos, de novos métodos de produção e de novas formas organizacionais. Mas esse impulso se incorpora de tal ponto ao senso comum dos empreendedores que se torna um fetiche: a crença de que para todo e qualquer problema há um remédio tecnológico. Na medida em que se torna hegemônica não só no interior das corporações, mas também dentro do aparato do Estado (no setor militar em especial), essa crença reproduz fortes tendências independentes de mudança tecnológica que podem tornar-se desestabilizadoras quando não contraproducentes. Os desenvolvimentos tecnológicos podem sair do controle quando setores que só se dedicam à inovação tecnológica criam novos produtos e novas maneiras de fazer coisas para os quais ainda não há mercado (produzem-se novos produtos farmacêuticos para os quais se inventam novas doenças). Além disso, atravessadores talentosos podem mobilizar inovações tecnológicas para solapar relações sociais e instituições dominantes e, por meio de suas atividades, até mesmo reformular o senso comum para sua própria vantagem pecuniária. Há, portanto, um vínculo constitutivo entre dinamismo tecnológico, instabilidade, dissolução de solidariedade social, degradação ambiental, desindustrialização, aceleradas mudanças das relações espaço-tempo, bolhas especulativas e a tendência geral de formação de crises no capitalismo".

sustentando uma ilusão de liberdade e igualdade como pressuposto e resultado das trocas no mercado, algo que atua, sabemos, para naturalizar e dehistoricizar o regime do capital. No caso da ideologia do Bitcoin, esse fetichismo representa justamente o deslocamento segundo o qual a estrutura do modo de produção capitalista se apresenta no campo da vida cotidiana e se oferece à consciência e ação dos agentes.

Assim é que o Bitcoin, inadvertidamente ou não, segue a tendência mais ampla, reforçada sob o neoliberalismo, de desenvolvimento e utilização de *softwares* para desmantelamento, e não o fortalecimento, dos sistemas e mecanismos de governança democrática, algo realizado a pedido de ninguém para além de empresas e seus tecnólogos que procuram contornar ou constranger, em favor de seu interesse econômico direto, a ação da esfera política. Que muitos desses mesmos criptoanarquistas e *cypherpunks* – para não mencionar os empreendedores do mundo das criptomoedas que trabalham diretamente em conjunto com grandes *venture capitalists* do Vale do Silício – circulem no mesmo microambiente geográfico e cultural dos dirigentes das maiores corporações do mundo, partilhando de suas aspirações, ideias e visão de mundo, não é exatamente uma ocasionalidade e talvez nos diga algo sobre suas atitudes em relação ao poder corporativo altamente concentrado. Um utopismo tecnológico que, bem-intencionado ou não, não apresenta um prospecto lá muito igualitário de sociedade.

Alguns analistas, como por exemplo Nigel Dodd (2017), insistem, no entanto, que seria equivocado homogeneizar o Bitcoin em termos políticos já que sua comunidade de usuários é ideologicamente diversa e, muitas vezes, movida por interesses pragmáticos, podendo o Bitcoin assumir distintos significados políticos. Se isso é, em parte, correto, só pode ser dessa forma apresentado, no entanto, caso se ignore a política inscrita, não apenas na retórica difusa de seus usuários e entusiastas, mas nos protocolos e códigos técnicos de seu funcionamento. Que, como todo artefato tecnológico, seu uso programado possa ser, em parte, subvertido não muda o fato de que estão postos constrangimentos estruturais, ou seja, um direcionamento geral, forte, que deve ser considerado na análise do fenômeno. Ponderações como a mencionada tendem a mobilizar a noção de afiliação política em termos muito restritos, como a participação direta em movimentos, ações, articulações políticas ou a adesão a um conjunto coerente de proposições programáticas. Assim, alguma diversidade ideológica e pragmatismo tecnológico e econômico não alteram o fato de esta ser uma comunidade articulada em torno de um imaginário que possibilita ao Bitcoin ser anunciado como "apolítico" e, ao mesmo tempo, ser profundamente político – para além, é claro, do fascínio que atrai como um ativo financeiro altamente volátil e, portanto, eminentemente especulativo.

Por isso, a questão não é apenas e simplesmente que o Bitcoin é atrativo àqueles situados na direita política neoliberal. Mas que o próprio funcionamento técnico desta criptomoeda depende justamente de suposições ofertadas diretamente por este campo – algo que, para além de contribuir na difusão de tais suposições enviesadas (como se fossem "neutras" e completamente separáveis do contexto em que foram geradas, conforme o método, típico dessa matriz de pensamento, de obscurecer seu caráter e função social), produz efeitos e consequências materiais concretas, como veremos à frente. Neste caso, ainda que relevantes, importam menos as alianças abertamente políticas de seus idealizadores e usuários do que a política que está implicada em sua prática – que, como se disse, emerge aqui como uma determinada forma de conceber a natureza e o papel do dinheiro, a ação do Estado e até mesmo o papel das corporações do mundo digital, nesta que é, nitidamente, uma equação de poder. Não são apenas aqueles que se veem como libertários, portanto, que, por meio da adoção do Bitcoin e das comunidades políticas ao seu redor, propagam, intencionalmente ou não, tais visões políticas e econômicas.

A Economia Política do Bitcoin

Discutidas sua ideologia e retórica, para além de outros aspectos sociais e políticos, adentremos, finalmente, à crítica da economia política do Bitcoin. Começando por uma caracterização geral, passaremos em revista, para além de seu status frente à conjuntura presente do capitalismo mundial, aspectos técnicos, institucionais, distributivos e monetários do Bitcoin, para demonstrar, ao final, porque essa criptomoeda não é, e não pode ser, dinheiro. Comecemos por alguns dados significativos.

A capitalização total do mercado de criptomoedas (ao todo, elas são 2.156) passa dos US$ 187 bilhões. Desse total, o Bitcoin responde sozinho por US$ 103,6 bilhões[100]. Parece muito, mas o mercado de criptomoedas é, na verdade, minúsculo[101] se comparado a outros[102]; correspondendo a aproximadamente 0,23% do mercado global de ações (estimado em US$ 80 trilhões), algo em torno de 0,034% do mercado global de derivativos (estimado em US$ 542 trilhões)[103] e, por fim, cerca de 0,66% do mercado imobiliário global (estimado em US$ 280 trilhões)[104]. Ainda assim, no fim de 2017, durante sua alta

---

[100] Dados de maio de 2019. Disponível em: https://coinmarketcap.com/all/views/all/. Acesso em: 06 de maio 2019.

[101] Números compilados e apresentados pela revista Fortune em dezembro de 2017, quando o Bitcoin disparou para perto dos US$18 mil, apontavam que o mercado total de Bitcoins correspondia a apenas: "2,4% das moedas e notas bancárias que totalizam US$ 7,6 trilhões, 2,3% do mercado de ouro de US$ 7,7 trilhões, 0,25% do mercado de ações global de US$ 73 trilhões, 0,19% dos US$ 90,4 trilhões da oferta ampla de moeda, 0,083% do mercado imobiliário de US$ 217 trilhões, 0,033% do mercado de derivativos de US$ 544 trilhões.". Disponível em: http://fortune.com/2017/12/04/bitcoin-cryptocurrency-tiny-asset/. Acesso em: 06 de maio 2019.

[102] Cabe, aqui, observar que o seu pequeno volume de utilização é um dos aspectos que contribui para impedir que o Bitcoin funcione como dinheiro em sentido pleno, ou seja, como relação social generalizada, articulando processos de trabalho privados e validando socialmente a produção.

[103] Os dados sobre o mercado de ações e derivativos têm como fonte o Bank for International Settlements (BIS). Disponível em: https://www.bis.org/list/statistics/index.htm. Acesso em: 06 de maio de 2019.

[104] Dados disponíveis em: https://www.savills.com/impacts/market-trends/8-things-you-need-to-know-about-the-value-of-global-real-estate.html. Acesso em: 06 de maio de 2019.

inédita, a capitalização total do mercado de Bitcoins ultrapassou o Produto Interno Bruto (PIB) de países como Catar, Kuwait, Hungria, Romênia, Nova Zelândia, Iraque, Argélia, entre outros[105].

No ano de 2018, a média global de transações de Bitcoins por dia gravitou em torno de 250 mil, sempre com volumes diários bastante discrepantes entre si, algo que acompanha a alta volatilidade de sua cotação[106]. Em circulação, mais de 17,6 milhões de unidades de Bitcoin (de um total de 21 milhões a serem mineradas até 2140).

As moedas nacionais contra as quais o Bitcoin é mais transacionado são, via de regra, o dólar estadunidense, o iene japonês, o euro e o won coreano[107] – o que nos que permite, por associação, ter uma noção dos países em que há maior movimentação neste mercado. Dados compilados pela plataforma LocalBitcoin mostram que, em 2017, ano de alta recorde dessa criptomoeda, os países onde mais cresceu o intercâmbio de moeda local por Bitcoins foram nesta ordem: China (crescimento de mais de 2.000%), Nigéria (mais de 1.500%), Colômbia (cerca de 1.200%), Venezuela (mais de 700%) e Peru (mais de 500%)[108]. Em alguns casos, a evolução pode estar relacionada à procura de contraventores, traficantes e criminosos[109].

---

[105] Disponível em: https://www.bloomberg.com/news/articles/2017-12-04/bitcoin-now-bigger-than-buffett-boeing-and-new-zealand-economy. Acesso em: 06 de maio de 2019.

[106] Dados disponíveis em: https://www.cryptocompare.com/coins/btc/analysis/USD?period=1Y. Acesso em: 06 de maio de 2019.

[107] Para dados de janeiro de 2018, referentes ao ano de 2017, ver: https://www.bloomberg.com/graphics/2017-bitcoin-volume/. Acesso em: 06 de maio de 2019. Naturalmente, os percentuais variam ao longo do movimento das transações em um certo intervalo de tempo. O volume diário de Bitcoins transacionados contra as principais moedas nacionais pode ser acompanhado pela seguinte plataforma: https://www.cryptocompare.com/coins/btc/analysis/USD. Acesso em: 06 de maio de 2019.

[108] O volume semanal transacionado por país pode ser acompanhado em: https://coin.dance/volume/localbitcoins. Para dados específicos do Brasil: https://coin.dance/volume/localbitcoins/BRL. Acesso em: 06 de maio de 2019.

[109] Ver: https://elpais.com/economia/2018/04/09/actuali-

Quanto ao engajamento da comunidade em conteúdos sobre o Bitcoin na internet, dados do Google Analytics, compilados pela plataforma coin.dance, demonstram que ele é esmagadoramente masculino (90,1% das interações)[110]. Classificados por idade, a maioria se encontra nas faixas de 25 a 34 anos (47,7%) e de 35 a 44 anos (28,5%), sendo os demais correspondentes a: 45 a 54 anos (9,6%), 18 a 24 anos (9,4%) e mais de 55 anos (4,6%)[111].

Apesar de digital, a operação do mercado de Bitcoins é, obviamente, sustentada por um enorme aparato material. Para além da materialidade social de comunidades, ideologias, relações e instituições que amparam seu funcionamento, há uma robusta materialidade física em questão: uma infraestrutura de máquinas e processadores, cabos, redes e, é claro, o brutal consumo de energia relacionado ao custoso processo de mineração de novas unidades de criptomoeda; o que traz preocupações relevantes sobre os efeitos e impactos do sistema quanto à sustentabilidade ambiental.

De acordo com o indexador Digiconomist, o consumo total de energia da rede Bitcoin em 2017 foi de mais de 42 TWh. Isso é proporcional às emissões de 20 megatoneladas de CO_2, ou aproximadamente um milhão de voos transatlânticos. Para o período que vai de maio de 2018 a maio de 2019, o total consumido estimado já passava de 58 TWh. O Digiconomist estima ainda que o processamento da transação de apenas um Bitcoin chega a consumir a mesma quantidade de energia de cem mil transações com cartões de crédito Visa[112]. Relatório do banco holandês ING calcula que uma única transação

---

dad/1523262661_217667.html#?id_externo_nwl=newsletter_lomejor20180415m. Acesso em: 06 de maio de 2019.

[110] Disponível em: https://coin.dance/stats/gender. Acesso em: 06 de maio de 2019.

[111] Disponível em: https://coin.dance/stats/age. Acesso em: 06 de maio de 2019.

[112] Disponível em: https://digiconomist.net/bitcoin-energy-consumption. Acesso em: 06 de maio de 2019.

de Bitcoin consome energia suficiente para abastecer uma residência média por um mês inteiro[113].

Pesquisa conduzida pelo serviço britânico de comparação de energia, o PowerCompare, apontou que a eletricidade total utilizada para minerar Bitcoins em 2018 ultrapassou o uso anual de energia em mais de 175 países[114], excedendo, por exemplo o consumo de eletricidade na Irlanda e na maioria das nações africanas. Relatório publicado pela Agência Internacional de Energia (IEA)[115] indicou que, se o sistema Bitcoin fosse um país, estaria à frente de Kuwait, Colômbia e Suíça no quesito consumo anual de energia. Dado o caráter estratégico do controle sobre as fontes de energia em todo o mundo, sobretudo em um quadro marcado pelas preocupações quanto à crise climática, esta realidade aponta com especial clareza para a determinação material dessa "moeda imaterial" em termos de poder político e econômico.

Como em outros aspectos do mundo digital, o Bitcoin suscita também inúmeras preocupações quanto à segurança. No que se refere à sua robustez técnica, ainda que a arquitetura do Bitcoin tenha inúmeras vezes provado sua resiliência a ataques, o sistema não é de todo confiável. As dúvidas mais importantes estão relacionadas à segurança de seu protocolo. Uma vez que o sistema está em constante desenvolvimento, não é conhecida a quantidade de falhas que podem estar presentes em seu código[116], e à medida que a popularidade

---

[113] Disponível em: https://think.ing.com/downloads/pdf/opinion/why-bitcoin-transactions-are-more-expensive-than-you-think. Acesso em: 06 de maio de 2019

[114] Disponível em: https://powercompare.co.uk/bitcoin/. Acesso em: 06 de maio de 2019.

[115] Disponível em: https://webstore.iea.org/key-world-energy-statistics-2017. Acesso em: 06 de maio de 2019.

[116] Martins e Yang (2011) sustentam ter localizado as características do código Bitcoin que o tornam propenso a ataques. Eyal e Sirer (2013) afirmam ter localizado uma falha de segurança que permite a criação irregular de Bitcoin através do processo de mineração. Kroll et al. (2013) vão além para

do Bitcoin cresce aumenta também o número de pessoas em busca de tais lacunas e das potenciais vantagens que podem obter a partir delas. A hipótese de um invasor se apropriar do algoritmo e manipulá-lo em seu benefício é pequena, mas materialmente possível. De modo a evitá-lo, o Bitcoin está, a todo tempo, sendo minuciosamente examinado em busca de falhas de segurança, o que, no entanto, não tem servido para evitar que elas ocorram. Mesmo que consideremos o algoritmo como totalmente seguro, há ainda o perigo de roubos e fraudes nas trocas e na custódia das unidades de Bitcoin.

Como em outras formas de moeda digital, os usuários podem armazenar seus Bitcoins em uma conta própria hospedada em uma instituição, uma espécie de "banco" virtual informal (que, naturalmente, não opera sob as mesmas regras e garantias dos bancos comuns) – no caso do Bitcoin, trata-se das chamadas *exchanges*, criadas especificamente para esse fim. Muitas dessas *exchanges*, que são também espaços de compra e venda de Bitcoins, além de outros serviços associados, vêm sendo implicadas em fraudes e manipulações de todo tipo[117]. Em parte, isso decorre do *design* deliberado do Bitcoin para impedir a regulamentação externa[118]: mesmo que algumas dessas empresas contem com uma excelente segurança computacional, na ausência de entidades de supervisão, controle e garantia

---

afirmar que a ecologia do Bitcoin irá necessariamente precisar de estruturas de governança para sobreviver e reparar suas falhas, conforme já ocorre em outros projetos de código aberto.

[117] Em menos de uma década, *hackers* roubaram cerca de US$ 1,2 bilhão em Bitcoin e Ether, duas das moedas digitais mais populares, de acordo com Lex Sokolin, diretor global de estratégia de tecnologia financeira da Autonomous Research LLP. Se mensurados em relação aos preços elevados do momento em que este trabalho é escrito, o valor seria muito maior. Para uma linha do tempo das principais ocorrências de roubo desde 2012 ver: https://www.bloomberg.com/news/articles/2018-01-29/cryptocurrency-markets-are-juicy-targets-for-hackers-timeline. Acesso em: 06 de maio de 2019.

[118] Vimos antes que seus defensores vinculam tal resistência ao comprometimento com uma noção específica de "liberdade".

das partes, pouco pode ser feito quando as companhias desaparecem com os Bitcoins de seus clientes.

Como vimos anteriormente, os usuários podem, ainda, diferentemente de outras formas de moeda digital, executar um pequeno *software* chamado "carteira Bitcoin" (*e-wallet*) e, assim, guardarem seus Bitcoins, "fisicamente", em suas próprias máquinas, ao invés de em contas online. Há, no entanto, a possibilidade dessas carteiras digitais (onde são armazenados fisicamente os Bitcoins de um usuário) serem simplesmente extraviadas, danificadas ou, quando desprotegidas, roubadas. Se, por exemplo, o disco rígido onde estão armazenadas as unidades de Bitcoin for destruído, se houver falhas de *hardware* ou a infecção do dispositivo por um vírus, estas unidades de criptomoeda podem ser perdidas[119]. Nesse caso, se não houver sido realizado um *backup*, tais Bitcoins permanecerão sem proprietário e, portanto, sem utilização. Sendo removidos da economia Bitcoin para sempre, não podem ser reescritos e ou reinseridos no sistema (lembrando que há um limite de emissão estabelecido em 21 milhões de unidades).

Conforme problematizei antes, um aspecto do qual grande parte da comunidade de entusiastas do Bitcoin se orgulha é a quase impossibilidade de tributação no interior do sistema. Quando as propriedades financeiras dos indivíduos são difíceis de rastrear, a aferição do valor de seus ativos para fins de tributação torna-se igualmente difícil. Isso multiplica as preocupações com os paraísos fiscais que já representam parte expressiva nas economias modernas (Zucman, 2015). Desse modo, o Bitcoin é, certamente, um recurso a mais a facilitar esquemas de lavagem de dinheiro. Como não podem ser rastreados até a fonte original, e como os Bitcoins podem ser armazenados como qualquer outro arquivo em meio digital, o único ponto

---

[119] Há registros de várias pessoas que perderam o que veio a se constituir como verdadeiras "fortunas" em Bitcoin. Ver, por exemplo, o caso do britânico James Howells, que perdeu milhões de libras. Disponível em: https://www.theguardian.com/technology/2013/nov/27/hard-drive-bitcoin-landfill-site. Acesso em: 06 de maio 2019.

de interceptação para os legisladores é o momento de sua conversão por outras moedas regulares. Ao reduzirem o poder da aplicação da lei, tais atividades têm implicações óbvias.

Tudo somado, sem regras e regulamentos (para além dos protocolos técnicos) garantidos por instituições do Estado, sem mecanismos claros de acompanhamento, supervisão e tributação, sem garantias quanto a reparações em casos de fraudes, o espaço Bitcoin se constitui como um verdadeiro "faroeste financeiro"[120].

Em geral, os defensores do Bitcoin respondem a essas críticas em torno das possibilidades de evasão, ataques, roubos e fraudes no espaço da criptomoedas apontando que as transações com dinheiro soberano podem enfrentar algumas das mesmas falhas[121]. Em partes, isso é correto. Mas que um instrumento tenha falhas não implica que devemos aceitar outro com as mesmas falhas – ainda mais quando este outro se pretende uma forma nova e superior de moeda. A pergunta, então, é: se o Bitcoin não evita certos problemas que ocorrem com outras formas de dinheiro, não sendo, desde esse aspecto, uma forma "superior" de dinheiro, por que, então, adotá-lo?

---

[120] Não surpreendentemente, no momento em que ocorrem roubos e fraudes, alguns dos mais enfáticos oponentes da regulamentação governamental acabam por lamentar justamente a ausência de aspectos típicos à atividade regulatória e ao papel dos intermediários contra os quais lutam tão implacavelmente. É o caso, por exemplo, conforme recorda Golumbia (2016), do árduo defensor do Bitcoin Rick Falkvinge (2013). Para ele, apesar de argumentar que, para o Bitcoin, "a inexequibilidade de regras governamentais é um atributo, não um *bug*", as manipulações observáveis no mercado de Bitcoins, que ele define como "atividade ilegal de negociação", representam "trapaça de algum tipo, quebra do contrato social" – ainda que, observa, seja uma "ironia" que as pessoas se utilizem de instrumentos e espaços desregulados para se engajarem justamente nas atividades que a regulação existe para proibir. Ao que rebate Golumbia (2016, p. 86): "A ironia não está nesse uso; mas na insistência tipicamente direitista de que a eliminação das regulamentações elimina, de alguma forma, o comportamento que as regulamentações existem especificamente para impedir".

[121] Ver, por exemplo, Brito e Castillo (2013) e Patron (2015).

Para além dos problemas mencionados, há ainda questões quanto a outros aspectos técnicos, como a escalabilidade do processo de verificação das transações, que tendem a ser cada vez mais demoradas e intensivas em processamento, algo que amplia o tempo exigido para sua compensação. Isso levanta também, como vimos, questões em torno de sustentabilidade ambiental do Bitcoin, já que é enorme e crescente a quantidade de energia utilizada não apenas no processamento das transações, mas também na verificação preventiva contra fraudes.

Embora as transações com Bitcoins sejam criptografadas utilizando métodos de última geração, a maneira como elas são implementadas pode gerar algumas dificuldades. A depender dos casos, um sistema descentralizado pode ser mais dificilmente corrigido e atualizado do que um sistema centralmente controlado. Isso se deve à própria natureza das soluções de *software peer-to-peer*: a maioria dos usuários tem de concordar com as mudanças (ou então alguém é encarregado, de alguma forma, de efetuar as mudanças que são "boas" para a maioria).

Trata-se de um problema, no entanto, que aqui, novamente, apresenta-se como técnico enquanto oculta seu caráter político. Se antes verificamos um paradoxo discursivo no interior da retórica do Bitcoin (pretende-se apolítico, mas está amparado por agudas premissas políticas; prentede-se livre de confiança, mas opera com base em uma comunidade coesionada em torno de certos valores e visões de mundo), a partir da análise mobilizada em Filippi e Loveluck (2016), percebemos que esse paradoxo se estende, como seria de se esperar, ao seu próprio modo de funcionamento técnico: estruturando sua rede e protocolos para um processamento descentralizado, distribuído e colaborativo, o código do Bitcoin é, em verdade, controlado por um grupo bastante restrito de *experts*[122].

---

[122] "Por um lado, com o objetivo de se autogovernar e se autossustentar, a rede Bitcoin exibe uma abordagem fortemente orientada pelo mercado para questões de confiança e coordenação social, que foi incorporada diretamente ao protocolo técnico. Por outro lado, apesar de ser um projeto

Tal situação de controle tem sido objeto de conflitos no interior da comunidade de usuários. Um exemplo bastante elucidativo ocorreu em 2015. Quando o sistema do Bitcoin se deparou com a questão técnica sobre o tamanho dos blocos que compõem o *Blockchain* (problema que poderia eventualmente resultar na instabilidade e lentidão ainda maior no processamento das transações), foi aberta, na comunidade, uma disputa (em verdade, uma guerra, que envolveu o banimento de indivíduos proeminentes de certos fóruns de debate e até mesmo ciberataques contra algumas plataformas) em torno da mudança para uma nova versão do *software* (conforme jargão de desenvolvedores de *software* de código aberto: um *fork*[123]). No decorrer dessa tensão, houve o rompimento de dois indivíduos com acesso total ao código do Bitcoin (aqueles que desenvolveram e apoiaram o *fork*) contra outros que se opuseram a eles[124] (Bustillos,

---

de código aberto, o desenvolvimento e a manutenção do código Bitcoin dependem de um pequeno núcleo de desenvolvedores altamente qualificados que desempenham um papel fundamental no design da plataforma" (Filippi e Loveluck, 2016, p. 1).

[123] A depender do alcance e da intensidade das mudanças em questão (se mais ou menos estruturais) um fork pode ser caracterizado como "hard" ou "soft". Para uma explicação didática sobre o que é um *fork*, ver: https://www.youtube.com/watch?v=6LxsofIujcw. Acesso em: 06 de maio de 2019. Ver também: https://blog.coinbase.com/what-is-a-bitcoin-fork-cba07fe73ef1. Acesso em: 06 de maio 2019.

[124] Para um detalhamento e análise desse episódio, que os autores caracterizaram como uma verdadeira "crise de governança", ver Filippi e Loveluck (2016). De acordo com os autores, "Essa crise de governança é reveladora das limitações da excessiva dependência de ferramentas tecnológicas para resolver questões de coordenação social e de intercâmbio econômico" (Filippi e Loveluck, 2016, p. 2). "(...) independentemente da robustez e viabilidade técnica do protocolo Bitcoin, essa crise de governança e falha na resolução de conflitos tem destacado a fragilidade dos atuais mecanismos de tomada de decisão dentro do projeto Bitcoin. Também enfatizou a tensão entre a natureza (teoricamente) descentralizada da rede Bitcoin e o modelo de governança altamente centralizado que surgiu em torno dela, que se baseou na boa vontade e interesses alinhados de apenas um punhado de pessoas" (Filippi e Loveluck, 2016, p. 9).

2015). Tensões como essas continuam acontecendo em casos análogos. São, nitidamente, episódios que colocam em debate as dinâmicas de poder e de autoridade na rede, demonstrando que a governança da plataforma é, em si, altamente concentrada, a despeito da retórica de seus entusiastas[125].

Assim é que, conforme apontam analistas[126], apesar da alegação de que o Bitcoin é uma rede horizontal e distribuída, que pulveriza o poder (político) de emissão de moeda, trata-se de um empreendimento caracterizado por altíssimo grau alto de hierarquia política e concentração econômica. O Bitcoin não apenas replica, mas exacerba as mesmas desigualdades de riqueza e poder que podem ser encontradas no sistema financeiro dominante, alvo de sua crítica. Isso porque, para além do controle político do "código" por uma pequena elite de técnicos, na prática, o *software* do Bitcoin favorece os produtores (ou "mineradores") mais poderosos, promovendo, desse modo, concentração de "capital" e práticas monopolistas. E, aqui, as dinâmicas tradicionais de concentração de riqueza materializam-se em funcionalidades embutidas no próprio mecanismo técnico de produção monetária: na lógica excludente de competição entre os mineradores para o processamento das transações. Na medida em que favorece aqueles que têm maior poder de processamento computacional, a produção de Bitcoins é dominada por um pequeno número de mineradores e *pools* de mineração. Atualmente, mais de 13% do total de Bitcoins já minerados (mais de 15% do valor total em dólares) são de propriedade dos 100 usuários mais ricos, e 95,6% dos Bitcoins são detidos por apenas 2,94% dos "endereços"[127]. No fim de 2017, cerca de 1.000 pessoas, as chamadas *Bitcoins Whales*, já

---

[125] E aqui, novamente, mesmo diante de uma forma restrita de meio de troca, nos deparamos com a indefectível contradição entre forças de centralização e descentralização que envolvem as demais formas de dinheiro, como veremos à frente.

[126] Varoufakis (2013), Kostakis e Giotitsas (2014) e Dodd (2017).

[127] Dados de maio de 2019. Fonte: https://bitinfocharts.com/top-100-richest-bitcoin-addresses.html. Acesso em: 06 de maio de 2019.

controlavam 40% de todo mercado[128]. A concentração de riqueza em um pequeno grupo de endereços – sejam indivíduos ou corretoras – significa que alguns poucos jogadores proeminentes podem ter uma influência massiva no mercado de Bitcoins.

O surgimento desta "aristocracia" do Bitcoin, conforme observam Kostakis e Giotitsas (2014), é resultado da própria arquitetura do código[129]. Os membros da aristocracia são aqueles que entraram no jogo do Bitcoin logo no início, quando era fácil criar novas unidades, bem como os donos de supercomputadores especializados em mineração de Bitcoins. Os "criptopobres", por sua vez, são os retardatários que precisam comprar Bitcoins pagando, devido à valorização da moeda, um preço crescente em dólares, euros ou similares[130]. O fato de uma pequena porcentagem de usuários acumular uma grande quantidade de Bitcoins revela, no sistema desta criptomoeda, justamente as mesmas características do sistema de crédito usual que, aqui, alegadamente se busca superar.

---

[128] Ver "The Bitcoin Whales: 1,000 People Who Own 40 Percent of the Market". Um dos analistas citados na reportagem sustenta que "esse poucos investidores podem ligar uns para os outros, e provavelmente o fazem". Disponível em: https://www.bloomberg.com/news/articles/2017-12-08/the-bitcoin-whales-1-000-people-who-own-40-percent-of-the-market. Acesso em: 06 de maio de 2019.

[129] Conforme observa Dodd (2017, p.12): "É irônico, mas significativo, que isso seja resultado de características técnicas do design do Bitcoin. Digo significativo, porque sugere que outra criptomoeda com um novo design poderia evitar essa tendência de concentrar tanto a produção monetária – o que é exatamente o que os projetistas de outras altcoins, como Litecoin e Dogecoin, vêm reivindicando. Em resposta a essa dinâmica, os entusiastas do Bitcoin mais igualitários desenvolveram o Bitcoin Scrypt (http://bitcoinscrypt.org/), que está comprometido com a 'Descentralização da Mineração'. Esse contraste entre a dinâmica dos *pools* de mineração (onde o tamanho relativo é recompensado proporcionalmente) *versus* a descentralização da mineração é ideologicamente carregado".

[130] Essa é uma das razões pela qual alguns críticos acusam o Bitcoin de ser um elaborado esquema Ponzi ou (pirâmide) que favorece desproporcionalmente os primeiros entrantes.

Mas, para além de questões de justiça distributiva, isso levanta sérios questionamentos sobre a possibilidade de poucos agentes manipularem em seu favor o movimento desse mercado[131], provocando, com isso, graves instabilidades – algo que ameaçaria a viabilidade do sistema como um todo[132] (sobretudo diante da generalizada falta de supervisão e regulamentação que o caracteriza). À medida que se olha quem, onde e com o que se está minerando, aquilo que, à primeira vista, aparecia como uma rede tecnológica "neutra", revela-se imediatamente como um espaço socialmente estruturado e politicamente hierarquizado. Mas eis que isso nos leva a outro ponto fundamental: o que está em jogo, em termos econômicos, quanto a sua espantosa volatilidade. Vejamos.

Sabemos que o Bitcoin é deliberadamente escasso, limitado a 21 milhões de unidades a serem emitidas até 2140. Enquanto este livro estava sendo editado, em maio de 2019, o número total de unidades em circulação passava das 17,6 milhões[133]. Mesmo com mais de 83%

---

[131] Após analisarem o *Blockchain* e os padrões de armazenamento de informações do Bitcoin, Ron e Shamir (2013) isolaram as transações com altas somas para depois descobrirem que quase todas estavam relacionadas a uma única grande transação que teria ocorrido em novembro de 2010. Os pesquisadores notaram que os usuários envolvidos nessa transação pareciam ter tentado encobrir seus rastros por meio de vários métodos. A pesquisa revelou ainda um esquema levado a cabo por uma minoria de cerca de 1% para enganar os demais usuários, colocando em risco, durante o processo, todo o sistema.

[132] É matematicamente possível, por exemplo, para um minerador (ou *pool* de mineração) com enorme poder de processamento, monopolizar a criação de novas moedas, ou seja, contribuir de tal monta para os processos computacionais do Bitcoin de modo a efetivamente controlar todo o sistema, pondo fim à sua estrutura descentralizada. Se isso chegar a acontecer, o Bitcoin será o sistema monetário mais hierárquico já imaginado – algo que faria o caráter assimétrico do sistema monetário existente, no qual o dinheiro é criado por meio de empréstimos bancários comerciais, parecer singelo em comparação.

[133] Disponível em: https://Blockchain.info/pt/charts/total=-bitcoins?timespan-all. Acesso em: 06 de maio de 2019.

das unidades previstas já tendo sido emitidas, não consta que o Bitcoin tenha alcançado, até aqui, a meta de se tornar um meio de troca relevante para a transação de bens e serviços em todo o mundo. Se, no entanto, hipoteticamente, esta criptomoeda ganhar penetração no mercado como meio de troca (o que, repita-se, não tem sido o caso), uma quantidade crescente de bens e serviços será comercializada com ela. Dadas as fortes restrições de emissão embutidas no algoritmo concebido por Satoshi Nakamoto, a taxa de crescimento das transações pode ser maior do que o suprimento de novas unidades monetárias, isto é, um volume restrito de Bitcoins frente a uma procura crescente por unidades a serem utilizadas nas trocas. Se for este o caso, pode ocorrer uma apreciação da criptomoeda (já que a proporção entre a quantidade disponível de Bitcoins e a quantidade de bens e serviços cairá). Essa alta apreciação pode redundar, por fim, em deflação dos preços de bens e serviços, o que, por seu turno, dificulta enormemente a circulação da moeda (já que a expectativa de que ela continuará apreciando pode levar os agentes a retê-la). Assim é que a economia social do Bitcoin tende, estruturalmente, à deflação (Varoufakis, 2013). Uma moeda tendencialmente deflacionária (em que a demanda especulativa predomina frente à demanda por transações reais), como o Bitcoin, pressiona o produtor/vendedor a vender o mais rápido possível (já que, considerando o lapso entre produção e venda, o preço de venda tende a se comprimir em relação ao preço de produção), e incentiva os compradores a esperarem o máximo possível para consumirem (de modo a ampliar seu poder de compra), situação essa que pode levar à recessão.

Mas o cenário acima delineado é bastante restrito e se aplicaria apenas caso o Bitcoin fosse, de fato, dinheiro, ou mesmo uma forma estável de meio de troca, algo que definitivamente não se aplica (veremos isso com mais cuidado à frente). Daí porque, apesar das tendências acima descritas, não há que se dizer que o Bitcoin seja necessariamente deflacionário, já que isso depende também de outros fatores.

Vejamos outro exemplo, agora, sim, factual, e não apenas hipotético (Golumbia, 2016). Trata-se do declínio do preço do Bitcoin de pouco menos de US$ 1.000 no final de 2013 para cerca de US$ 200 em meados de 2015[134]. Isso representa algo em torno de 500% de inflação em um período de dezoito meses (apesar de uma emissão controlada de Bitcoins, de apenas 10%, ao longo do mesmo período de tempo[135]), ou seja, um produto comprado por um Bitcoin no final de 2013 custaria nada menos do que cinco Bitcoins em meados de 2015. Não muito diferente do que ocorreu entre dezembro de 2017 e abril de 2018 quando a cotação caiu de mais de US$ 19.000 para pouco menos de US$ 7.000[136]. Assim é que, apesar de seus defensores celebrarem esta criptomoeda como se fosse imune à inflação, o Bitcoin tem, para o terror de suas simpatias monetaristas, experimentado ocasionalmente não apenas inflação, mas hiperinflação.

Esses problemas poderiam ser enfrentados por meio de um "tateamento" ou calibramento monetário em favor de alguma estabilidade do dinheiro; um ajustamento da emissão contra os efeitos deflacionários ou mesmo contra os efeitos inflacionários, em caso diverso. Para que isso fosse possível, no entanto, seria necessário um poder central com reconhecimento social, uma dinâmica política de administração da moeda *vis-à-vis* às instabilidades de mercado, em suma, um "Banco Central de Bitcoins"; algo, naturalmente, conflitante com o propósito mesmo de se criar uma moeda totalmente descentralizada como o Bitcoin.

Por isso é que, objetivando controlar tecnicamente a moeda (por meio da substituição da autoridade monetária pela máquina) com o fito de controlar a inflação (aqui, limitadamente, compreendida, já

---

[134] Para o histórico dos preços do Bitcoin em dólar ver: https://www.coindesk.com/price/. Acesso em: 06 de maio de 2019.

[135] Para um panorama da evolução da emissão de novas unidades de Bitcoin ver: https://Blockchain.info/pt/charts/total-bitcoins?timespan=all. Acesso em: 06 de maio de 2019.

[136] Em maio de 2019, enquanto este livro estava sendo editado, a cotação estava em torno de US$ 5.500.

vimos, como resultado direto da emissão de moeda), o teto de fornecimento fixo do Bitcoin tem aparecido como uma de suas características mais importantes. Ocorre que, diversamente do que se espera, uma das consequências mais expressivas disso tem sido a extrema volatilidade de seu preço em relação ao dólar (e às outras moedas). Isso porque, apesar de sua emissão controlada, suas flutuações estão sujeitas apenas à interação entre oferta e demanda[137], como convém a uma mercadoria privada[138]. Assim, sua oferta limitada, reforçada por regras de emissão complexas e intensivas em tempo/processamento computacional, por vezes se depara com uma demanda aquecida; o que tem dado origem a surtos especulativos que impulsionam ainda mais o valor de negociação do Bitcoin. A dinâmica de tais espirais especulativas, relacionadas à sua alta volatilidade, se converteu no principal atrativo para aqueles que buscam o Bitcoin como investimento – o que, por sua vez, volta a reforçar tal espiral, num processo autorreferente.

Assim é que inúmeros analistas e críticos, provenientes de distintas matrizes e correntes de pensamento, têm visto na assombrosa valorização do Bitcoin uma forma de esquema Ponzi ou pirâmide em vias de colapsar e, mais especificamente, uma bolha especula-

---

[137] Ou seja, como não é concebido ou compreendido como um bem semipúblico, passível de violência e confiança (Aglietta e Orléan, 2002), perpassado por dinâmicas políticas de gestão em torno da contradição centralização-descentralização e de seu caráter ao mesmo tempo privado e social (como mecanismo de representação e realização do valor), o Bitcoin não pode aqui sofrer nenhuma ação "estabilizadora".

[138] Para Golumbia (2016, p.126-7), além de uma mercadoria digital, o Bitcoin pode ser visto como um derivativo. "De fato, como os ciclos de rápida deflação e inflação provocam constantes trocas de Bitcoins por outras formas de reserva de valor, geralmente moedas nacionais, o Bitcoin pode ser mais facilmente entendido não apenas como uma mercadoria, apenas uma entre muitas outras mercadorias digitais, mas também um tipo de derivativo em si – uma opção ou contrato futuro relacionado ao valor de outros instrumentos e sobre o qual investidores de todos os tipos podem especular e, dependendo do volume das transações, manipular o mercado".

tiva[139]. Essa é a opinião, por exemplo, para além de inúmeros investidores proeminentes e agentes governamentais, de quatro ganhadores do prêmio Nobel de economia: Joseph Stiglitz[140], Paul Krugman[141], Richard Thaler[142] e Robert Schiller[143].

O aumento no preço da criptomoeda foi realmente extraordinário: de quase 60 vezes nos últimos três anos. Sem qualquer tipo de âncora evidente, sendo negociado em mercados amplamente desregulados e envolto em um frenesi de especulação quanto ao futuro de uma tecnologia que ainda não produziu efeitos sólidos na transformação da economia e dos processos produtivos, os arroubos de megalomania que parecem rondar a economia do Bitcoin soam estranhamente familiares. Um levantamento realizado pela agência de notícias Bloomberg, em parceria com o Centro Internacional de Finanças da Universidade de Yale[144], comparou a variação do Bitcoin com o comportamento de outras bolhas especulativas ocorridas ao longo da história e chegou à conclusão de que a espantosa ascensão da criptomoeda superou as altas expressivas do Nasdaq Composite Index na década de 1990, as bolhas do Mississippi e dos Mares do Sul no século

---

[139] Para uma análise das "Manias, pânicos e crises" econômicas ao longo da história ver Kindleberger e Aliber (2013).

[140] Ver: https://www.bloomberg.com/news/articles/2017-11-29/bitcoin-ought-to-be-outlawed-nobel-prize-winner-stiglitz-says-jal10hxd. Acesso em: 06 de maio 2019.

[141] Ver: https://www.nytimes.com/2018/01/29/opinion/bitcoin-bubble-fraud.html. Acesso em: 29 abr. 2019.

[142] Ver: https://eco.pt/2018/01/22/nobel-da-economia-ao-eco-o-mercado-que-mais-me-parece-uma-bolha-e-a-bitcoin-e-as-suas-irmas/. Acesso em: 06 de maio 2019.

[143] Ver: https://www.theguardian.com/business/2018/jan/25/bitcoin-wont-last-in-world-of-finance-warns-nobel-winning-economist. Acesso em: 06 de maio 2019.

[144] Disponível em: https://www.bloomberg.com/news/articles/2018-01-17/did-bitcoin-just-burst-how-it-compares-to-history-s-big-bubbles. Acesso em: 06 de maio 2019.

XVIII e, até mesmo, a bolha das tulipas holandesas no século XVII. Tudo somado, o Bitcoin se apresenta como mais um caso típico em que o preço de um ativo sobe exponencialmente por nenhuma outra razão a não ser a expectativa dos investidores de que ele continuará subindo, ou seja, uma bolha.

De modo a justificar esse comportamento dos preços, argumenta-se, bem ao gosto do monetarismo, que o Bitcoin vem sendo procurado como uma forma segura de proteção da riqueza frente às moedas nacionais instáveis e infladas, no pós-crise, por seguidas rodadas de "flexibilização quantitativa"[145]. Ocorre que não há evidências de uma procura generalizada por ativos fixos na economia. Ativos considerados "seguros", como o dólar e o ouro, não estiveram submetidos, no último período, ao mesmo processo de valorização acentuada, não havendo, por exemplo, uma correlação entre os preços do ouro e do Bitcoin.

Outro argumento sustenta que a criptomoeda está subindo em virtude de sua procura e aceitação crescentes como meio de troca. De fato, isso não se verifica (na verdade algumas grandes empresas que aceitavam Bitcoin como forma de pagamento têm deixado de fazê-lo) e tampouco se justifica, já que, para além de outras limitações (como tempo de processamento das transações em geral maior do que o de outros meios de pagamento digital, e vulnerabilidade a fraudes em um ambiente refratário à regulamentação), a altíssima volatilidade do Bitcoin inviabiliza, na prática, sua utilização como meio de troca. Na verdade, se compararmos, no intervalo dos últi-

---

[145] *Quantitative easing* (QE) ou flexibilização quantitativa é uma estratégia macroeconômica, uma ação de política monetária, empregada pelo Banco Central de um país sob risco de deflação de modo a estimular a economia. Grosso modo, trata-se da criação de dinheiro novo, por meio de bancos comerciais, autorizada pelo Banco Central, mediante o cumprimento de normas pré-estabelecidas. Sob o *quantitative easing*, em geral, os bancos centrais compram uma grande quantidade de títulos (bancários, de governo, empréstimos comerciais ou até ações) no mercado financeiro e de capitais, o que se converte em depósitos na conta de bancos comerciais e, assim, nova oferta de dinheiro a ser emprestado por esses.

mos dois anos, o comportamento do preço em dólares do Bitcoin[146], de um lado, e do número total de transações realizadas com Bitcoins[147], de outro, identificaremos um nítido descompasso, o que sugere que essa criptomoeda está claramente inflada em relação ao seu uso (transacional) efetivo. Outro dado que reforça essa avaliação é o movimento do número de usuários[148]. É possível notar que o número de endereços sobe e desce acompanhando justamente o movimento de alta e baixa do preço do Bitcoin; uma prova adicional de que seu uso e procura é majoritariamente guiado por interesse especulativo e não pela necessidade de dispô-lo como meio de troca.

Por fim, tem-se argumentado que a enorme valorização do Bitcoin se deve à percepção de valor em torno da tecnologia *Blockchain*, que dá suporte à criptomoeda. Vimos, no entanto, que, contrariamente à tese de que o *Blockchain* não pode funcionar devidamente sem o incentivo pecuniário característico dos mecanismos de "mineração" de criptomoeda, sabemos que esse pode assumir usos e intencionalidades as mais diversas, não estando necessariamente atado ao Bitcoin ou a qualquer outra criptomoeda.

Mas embora seja praticamente impossível prever o estouro da bolha do Bitcoin, parece pouco provável, até o momento, que isso venha a desencadear uma crise financeira de grandes proporções (como o efeito dominó que os CDOs e os CDSs[149], que estavam interconecta-

---

[146] Disponível em: https://Blockchain.info/pt/charts/market=-price?timespan-2years. Acesso em: 06 de maio de 2019.

[147] Disponível em: https://Blockchain.info/pt/charts/n-transactions?timespan=-2years. Acesso em: 06 de maio de 2019.

[148] Ao todo, no início de maio de 2019, o sistema contabilizava 462.167 endereços Bitcoin. Dados disponíveis em: https://Blockchain.info/charts/n-unique-addresses?timespan=all. Acesso em: 06 de maio de 2019.

[149] Instrumentos financeiros geralmente apoiados em hipotecas. *Collateralized Debt Obligation* (CDO) é um produto financeiro estruturado que reúne ativos geradores de fluxo de caixa e reempacota esse conjunto de ativos em parcelas que podem ser vendidas aos investidores. *Credit Default Dwap* (CDS) é um derivativo ou contrato financeiro que permite ao investidor "trocar" ou compensar seu risco de crédito com o de outro investidor.

dos com inúmeros outros aspectos do setor financeiro, provocaram durante a crise financeira de 2008). Apesar de seu crescimento sem precedentes, o valor de mercado total do Bitcoin, vimos anteriormente, ainda é minúsculo se comparado ao setor financeiro como um todo; sendo, desse modo, restrito o eventual efeito contágio de uma quebra. O que não quer dizer que essa realidade não possa escalar, daí a preocupação crescente de autoridades em todo o mundo. Algo que poderia alterar esse cenário, por exemplo, é o surgimento e negociação generalizada de novos instrumentos financeiros e derivativos baseados em Bitcoin, como o que passou a ser negociado na Bolsa de Chicago a partir do final de 2017[150].

As razões para a existência de mais essa bolha não residem em outros aspectos, portanto, que não na própria conjuntura do capitalismo presente. Reconstruindo a trajetória do Bitcoin, vimos que após uma primeira onda de adoção pela comunidade de *geeks*, *cypherpunks* e criptoanarquistas, uma segunda, e certamente maior, rodada de disseminação do Bitcoin seguiu o advento da *Silk Road* em 2011. Porém, o que realmente o colocou no radar de um público ampliado foram as oportunidades para a especulação que apareceram quando investidores de todo o mundo começaram a acumular Bitcoins, comprando-os ou minerando-os, com o único propósito de obter ganhos especulativos de curto-prazo[151]. Essa tendência – a maximização do ganho especulativo de curtíssimo prazo (Paraná,

---

[150] Ver: http://www.bbc.com/news/business-42304657. Acesso em: 06 de maio de 2019.

[151] Também houve em paralelo, ainda que em menor medida, é certo, uma onda de interesse motivada pela "novidade" da tecnologia em si – algo que tem atraído a atenção do setor financeiro, sobretudo nesta fase de saturação de investimentos tecnológicos, após a ampla informatização e, posteriormente, a disseminação generalizada de mecanismos de negociação automatizada e de alta velocidade no setor (Paraná, 2017b). Em meio a certa dificuldade de implementação dos avanços em inteligência artificial nos mercados, o entusiasmo em torno do *Blockchain* como a tecnologia disruptiva do momento é também parte do frenesi e da busca sempre incessante dos mercados por antecipar a nova rodada de "destruição criativa".

2016) – é um reflexo claro, sabemos, da ordem social, econômica e política capitalista, particularmente em sua fase neoliberal. Eis o que esconde, portanto, o celebracionismo tecnológico em torno do Bitcoin: as relações de produção capitalistas, em geral, e a conjuntura de crescente financeirização, em particular. Fica evidente, assim, que mesmo uma tecnologia "descentralizada" e projetada especificamente para promover a desintermediação e a ruptura financeira não está imune às tendências inerentes à sociedade capitalista moderna para concentrar riqueza e poder (não que o sistema do Bitcoin tenha, de fato, como objetivo combatê-las).

Eis, então, um dos segredos por trás do *boom* das criptomoedas. Do ponto de vista estrutural, a rápida valorização do Bitcoin é apenas mais uma ponta do *iceberg* da financeirização generalizada a que as economias vêm sendo submetidas nas últimas décadas. Turbinado pela liberalização e desregulamentação financeira, pelo engajamento dos Estados no processo generalizado de inflação de ativos, pela privatização de bens e serviços públicos e estatais, a corrida do Bitcoin, bem como as demais venturas e desventuras dessa forma de inovação financeira, não é causa, mas o sintoma de um problema maior: o excesso de riqueza concentrada na esfera financeira que, sem se dirigir a investimentos produtivos, vive da busca constante por novas oportunidades de ganhos fictícios de curtíssimo prazo (Paraná, 2016). Eis seu paradoxo. Antes do que uma nova fonte de perturbações, a corrida do Bitcoin é um produto da instabilidade sistêmica vinculada à submissão crescente da reprodução da vida social aos objetivos, temporalidades e modos de funcionamento da finança.

Compreendido isso, podemos voltar às suas debilidades como pretensa forma de moeda. É que o limite fixo para a emissão de Bitcoins, a concentração crescente de sua propriedade e a volatilidade de seus preços, fatores que tendem a se reforçar[152], colocam em con-

---

[152] Conforme apresentei anteriormente, uma oferta inelástica em face de uma demanda volátil contribui para tornar o Bitcoin instável em relação às moedas estabelecidas. Uma vez mantida ou ampliada a demanda por Bitcoins (especulativa ou não) – o que não está dado –, quanto mais a quan-

traposição, de um modo especialmente radical, os usos do Bitcoin: de um lado, como meio de troca, e, de outro, como veículo de especulação, ou seja, entre aqueles que o utilizam para trocar bens e serviços e aqueles que o buscam como forma de acumular riqueza; uma tensão crescente que não faz outra coisa senão ampliar ainda mais suas instabilidades[153]. Assim, a volatilidade da taxa de câmbio do Bitcoin, que já passou por vários e intensos ciclos de elevação e queda, é, em última análise, um impedimento a sua disseminação como moeda, pois cria incerteza significativa, o que prejudica sua capacidade de servir como meio de troca e como reserva de valor, impondo, no mais, grandes perdas a seus usuários. É certamente possível, a depender dos acontecimentos, que um número considerável de estabelecimentos venha a aceitar o Bitcoin como meio de troca, pelo menos até certo ponto. Mas daí a sobrepor, de modo "revolucionário", os demais meios existentes, tornando-se hegemônico, é um longo e, absolutamente improvável, caminho.

As flutuações inerentes, como vimos, mas também os custos e incertezas envolvidos na troca de Bitcoins por outros instrumentos mais amplamente aceitos, acabam mitigando alguns daqueles que seriam supostamente seus pontos fortes. As inevitáveis taxas de

---

tidade em circulação se aproximar do limite de 21 milhões, mais seu preço tende a subir, algo que cria, como vem ocorrendo, flutuações acentuadas em seu preço. Aqueles que entraram primeiro no sistema e aqueles com computadores poderosos contam com vantagem significativa sobre os demais usuários quanto à possibilidade de obterem mais unidades. O acúmulo de unidades de Bitcoins nas mãos de alguns poucos aumenta, por sua vez, o risco de flutuações através da retenção deliberada ou da negociação de grandes quantias de modo a manipular seu preço.

[153] "Embora seja verdade, para todas as moedas, que sempre há alguma demanda especulativa por elas em oposição a uma demanda transacional, no caso do Bitcon a demanda especulativa supera e muito a demanda por transações. E enquanto isso for assim, sua volatilidade permanecerá imensa e deterá aqueles que poderiam entrar na economia do Bitcoin como usuários (em oposição aos especuladores). Desse modo, assim como o dinheiro ruim afasta o dinheiro bom (a famosa 'lei' de Gresham), a demanda especulativa por Bitcoins afasta sua demanda por transações" (Varoufakis, 2013).

câmbio e demais cobranças por parte dos intermediários que as negociam, por exemplo, reinstauram justamente os "custos de transação" que os entusiastas do Bitcoin tanto alegam combater. Quanto à eventual "reversibilidade" das transações já realizadas, algo que o algoritmo do Bitcoin impede, para o uso de cartões de crédito e de certas transferências bancárias, isso é visto pela maioria dos clientes antes como uma garantia ou recurso necessário (pensemos em erros, cobranças indevidas, fraudes) do que como uma falha ou problema a ser evitado a qualquer custo. Ou seja, conforme nos lembra Golumbia (2016), para grande parte dos usuários, outros meios de troca contam com alguns benefícios que o Bitcoin rejeita explicitamente, e quanto mais se percebe a importância dessas vantagens, menos revolucionário o Bitcoin parece. Assim é que a probabilidade de uso generalizado desta criptomoeda apresenta-se em razão inversa ao seu potencial "revolucionário"; quanto mais parecido aos meios de troca existentes, mais chances tem de ser adotado, mas quanto mais isso acontece, menos singular e "disruptivo" se torna o Bitcoin, algo que termina por colocar em questão sua própria razão de ser.

Descrevi, até aqui, os riscos, problemas técnicos e desvantagens do Bitcoin como meio de pagamento; abordei ainda seu caráter desregulamentado, concentrado, volátil e altamente especulativo, introduzindo algumas críticas a sua pretensão como eventual forma hegemônica de dinheiro. Como seria de esperar, a despeito de um longo processo de desarmamento político e jurídico dos sistemas e mecanismos de regulação de mercado nas últimas décadas, tais questões não têm passado despercebidas pelos agentes de mercado e, especialmente, pelas autoridades reguladoras.

Vimos que as criptomoedas, para além de uma capitalização considerada pequena, são transacionadas integralmente em *exchanges* e espaços alternativos na internet, não tendo sido plenamente incorporadas, ainda, aos mercados e espaços regulares de negociação de ativos financeiros (com a exceção dos derivativos de Bitcoins que começam, aos poucos, a ser implementados, como é caso da Bolsa de Chicago). Ainda assim, como uma pretensa alternativa ao sistema de pagamento tradicional, o Bitcoin e as criptomoedas vêm atraindo a atenção de Bancos Centrais e agências reguladoras. Inúmeras declarações de representantes de governos, autoridades monetárias e organismos internacionais têm alertado sobre os riscos e eventuais problemas envolvendo as transações com criptomoedas. Apesar de o Bitcoin ser construído para evitar a regulação econômica que o Banco Central tipicamente exerce sobre a emissão de moeda e a taxas de juros, isso não quer dizer que, como ativo, possa – ainda que seja seu *moto* buscá-lo – escapar completamente de certa regulação jurídica e policiamento estatal. Em todo caso, não se trata de uma tarefa simples.

Em primeiro lugar, há, entre as autoridades, a questão de como o Bitcoin deve ser classificado, se como uma moeda virtual, um ativo/propriedade ou uma mercadoria. Depois, há a dúvida sobre a necessidade de regulamentar as transações com Bitcoins e, em caso positivo, qual a melhor forma de fazê-lo, especialmente no que diz respeito às regras contra a evasão de divisas, lavagem de dinheiro e o financiamento de atividades ilícitas. Finalmente, os reguladores avaliam se irão permitir o engajamento dos bancos em transações com Bitcoins e, em caso positivo, de que maneira. Como a economia das criptomoedas está ainda em seu estágio inicial, as autoridades vêm, em geral, adotando a postura de aguardar para obter mais informações antes de uma decisão definitiva a respeito de qual abordagem empregar. Uma dúvida central é saber como tais criptomoedas se comportarão quando operarem em uma escala ampliada (se é que isso virá a ocorrer algum dia) e de que maneira podem ou não eventualmente desestabilizar os mercados e as práticas monetárias e financeiras correntes.

Há, por consequência, entre os reguladores, certa ambiguidade e poucos consensos. Agustín Carstens, gerente-geral do Bank for International Settlements (BIS) – conhecido como o Banco central dos Bancos Centrais – condenou o Bitcoin como a "combinação de uma bolha, um esquema Ponzi e um desastre ambiental"[154]. O chefe do

---

[154] Disponível em: https://www.ft.com/content/78bf5612-0b1a-11e8-839d-41ca-06376bf2. Acesso em: 06 de maio 2019.

BIS disse ainda que os Bancos Centrais devem reprimir o Bitcoin e outras criptomoedas para impedi-los de "pegar carona" nas instituições tradicionais e se tornarem, assim, uma "ameaça à estabilidade financeira". O Fundo Monetário Internacional (FMI), por sua vez, vem adotando uma postura menos combativa, mas tampouco permissiva. Sua dirigente, Christine Lagarde, disse que os ativos criptográficos, como o Bitcoin, podem tornar os mercados financeiros mais eficientes, mas que sua emissão de forma privada ainda é arriscada e instável. Lagarde defendeu a adoção de uma agenda regulatória que não prejudique a inovação trazida por essa tecnologia[155]. Estamos ainda longe, portanto, de um consenso sobre o assunto entre os organismos e autoridades regulatórias nacionais e internacionais.

Bitcoin como dinheiro?

No caminho trilhado até aqui, refletimos sobre o contexto geral e as condições de possibilidade que ensejaram o advento do Bitcoin; ao que se sucedeu um exame de sua retórica e ideias constitutivas, da comunidade de usuários e entusiastas que o ampara, de seu conteúdo político e ideológico. Daí seguimos para a construção de uma primeira análise da economia política do Bitcoin, apresentando alguns de seus graves problemas e limitações. Cabe finalmente encararmos, agora, como um desdobramento natural deste percurso lógico, sua pretensa natureza monetária, demonstrando, assim, porque essa criptomoeda não é, e não pode ser, dinheiro, no sentido pleno do termo. Reforçarei, a esta altura, a impossibilidade material, sob o capitalismo avançado, da existência de um dinheiro apolítico ou sem política, como se pretende o Bitcoin, e, assim, o caráter absolutamente ilusório da utopia tecnocrática de economia e sociedade que lhe confere significado.

Podemos definir o dinheiro, em termos abstratos, como um mecanismo de representação e realização do valor (sem o qual não

---

[155] Disponível em: https://blogs.imf.org/2018/04/16/an-even-handed-approach-to-crypto-assets/. Acesso em: 06 de maio de 2019.

haveria capital e capitalismo), perpassado por violência e confiança, coerção e ideologia, e por uma dimensão simbólica. O dinheiro, como consequência de uma forma social específica assumida pelo trabalho, realiza a mediação, via mercado, da produção privada frente às necessidades sociais. Por isso, conceber o trabalho e seus produtos em uma sociedade capitalista como independentes do dinheiro significaria imaginar que o trabalho e a riqueza podem existir sem nenhuma forma social específica; o que nos transportaria de volta àquela "ilusão" de todo pensamento (como é o caso daquele em que se ampara o Bitcoin) que concebe o dinheiro como desimportante, como mero instrumento técnico de facilitação das trocas. O capitalismo, como economia mercantil-monetária, não pode ser pensado como uma economia de troca simples. Não se trata de pensarmos uma economia real contra uma economia monetária, mas de pensarmos a própria realidade monetária ou a importância do dinheiro no mundo real da economia de mercado capitalista. Ou seja, se o capitalismo necessita do dinheiro para funcionar como tal, o dinheiro, por seu turno, tem na operacionalização prática deste modo de produção sua razão de existir. Por isso é que a pequena circulação e a grande instabilidade monetária características do Bitcoin impõem enormes problemas para a articulação entre os processos privados de trabalho, tarefa fundamental do dinheiro no capitalismo.

Faz-se necessário, ainda, relacionarmos a análise das práticas monetárias em constante modificação às diversas formas de imposição da "restrição monetária". A coerção ou restrição monetária significa a necessidade de reprodução adequada do dinheiro como o *equivalente geral* para toda a produção mercantil (como é o capitalismo). Tal reprodução tem no Estado um ponto fundamental de apoio. Isso porque sem o Estado não há fixação de um padrão de preços como unidade de medidas e tampouco a formação de uma moeda nacional a ser trocada por moedas estrangeiras[156]. A ação monetária do

---

[156] Caso se insista em conceber o ouro como forma primeva de dinheiro, mesmo aqui o Estado revela-se essencial: sem ele não haveria cunhagem do ouro em moedas que circulavam no âmbito de um dado país ou mesmo a

Estado, conforme nos lembra Suzanne de Brunhoff (1978a, p. 61-62) tem, assim, um duplo caráter. De um lado, ela

> ratifica certas contradições do equivalente geral, disfarçando o papel determinante do valor de troca e validando práticas monetárias diversificadas (cunhagem de moedas de ouro, emissão de cédulas eventualmente não convertíveis em ouro). Mas, por outro lado, ela contribui para a necessária articulação das formas e das funções da moeda.

Mas a intervenção monetária do Estado tem como pressuposto a própria existência desta restrição ou coerção, coerção que se manifesta no uso de um dinheiro que deve a todo momento ser aceito como meio de pagamento estável e válido, tanto no país quanto no plano internacional. Esta coerção não é outra que não a coerção do *equivalente geral*.

Nas economias capitalistas, o dinheiro é simultaneamente um bem público e um objeto de desejo privado. Nessa condição de "bem público", é referência para todos os atos de produção e troca de mercadorias, bem como para mensuração da riqueza. É por isso que deve estar sujeito a normas de emissão, circulação e destruição que sustentem e reafirmem de modo continuado sua universalidade como padrão de preços, meio de circulação e forma geral da riqueza. Concretamente, o dinheiro capitalista está assentado, então, em dois componentes: um privado, a moeda dos bancos, e outro público, a moeda do Banco Central. Por isso, a reprodução do dinheiro como equivalente geral implica a combinação de operações privadas ("descentralizadas") bem como um processo de centralização pública[157].

---

garantia da validade dos signos de ouro utilizados como meios de circulação.

[157] Às contradições centralização x descentralização e público x privado, que caracterizam o dinheiro, poderíamos talvez adicionar ainda uma contradição opacidade x transparência ou privacidade x publicidade, algo que tem implicações para uma análise do Bitcoin. Isso porque, ao mesmo tempo em que o dinheiro se refere à riqueza privada e acumulada privadamente, os

Sem isso, a instabilidade monetária pode desembocar numa crise da própria moeda. No caso da ocorrência de crises monetárias[158], o que a intervenção pública faz é oferecer um "suporte social" para que seja mantida a equivalência da moeda bancária com a moeda estatal (para que aquela seja validada socialmente). Daí o papel imprescindível de "emprestador em última instância", papel de um órgão público, que não pode, sob este arranjo, ser suprimido ou ocupado por outro agente. Assim, a política monetária do Estado está submetida a um "tateamento social" entre dois grandes objetivos: de um lado prover o dinheiro necessário ao processo de acumulação capitalista e, de outro, atuar de modo a garantir a manutenção do reconhecimento social desse dinheiro como forma universal da riqueza. Trata-se de processo perpassado por disputa sociais e, situado, como querem Michel Aglietta e André Orléan (2002), entre as margens da violência e da confiança. Ora, são precisamente tais necessidades e dinâmicas que a teoria e a prática do Bitcoin parecem ignorar. Tal negligência e as limitações disso decorrentes revelam-se com especial clareza por meio de uma análise das funções do dinheiro no caso do Bitcoin.

Apesar de aparecer como mais um meio de troca, os defensores do Bitcoin frequentemente o promovem como uma "nova forma de dinheiro". Mas dinheiro (como equivalente geral) e meio de troca, como veremos nos próximos capítulos, não são a mesma coisa. O dinheiro tem de realizar certas funções – medida de valor, padrão de preços, meio de circulação, meio de pagamento, meio de entesouramento e dinheiro mundial – de modo a bem cumprir seu papel na dinâmica econômica capitalista. As funções do dinheiro, como veremos, são consequências de sua natureza (de equivalente geral

---

fluxos monetários precisam ser de algum modo acompanhados e geridos pelo par Bancos-Estado, seja para efeitos de ação da política econômica seja por razões tributárias, jurídicas, etc.

[158] Lembrando que, quando ocorre uma crise monetária, em geral, ou crise de solvência de um banco, em particular, fica patente que a corrida para resgatar os depósitos do banco em questão significa que esse não é mais considerado como emissor de uma moeda confiável.

e monopolizador da capacidade de troca), e não o contrário: aquilo que o dinheiro *faz* segue aquilo que o dinheiro *é*. Porque o dinheiro monopoliza a permutabilidade entre as mercadorias, também mede o valor, facilita as trocas, liquida as dívidas, e assim por diante. Há, por conseguinte, uma coesão interna entre as funções do dinheiro (Fine e Lavapvitsas, 2000).

Vejamos rapidamente o que são e como funcionam tais funções. Como medida geral do valor (ou unidade de conta), o dinheiro expressa, em determinada quantidade, o valor de cada mercadoria. Para que seja especificado o preço de uma mercadoria, é preciso que haja uma definição clara daquilo que funciona como dinheiro (ouro, nota de papel, etc.). Mas, para isso, o dinheiro não precisa estar necessariamente "em mãos", servindo antes como um numerário (em geral instaurado e garantido pela autoridade política do Estado). Como meio de circulação (ou de troca) e de pagamento[159], o dinheiro opera como mediador/intermediário da troca de mercadorias, como o veículo que possibilita a troca de um objeto por outro. Como meio de entesouramento (ou reserva de valor), o dinheiro é retirado da circulação. Desse modo, não mais funciona como mediador da circulação de mercadorias, operando como uma manifestação independente do valor, exterior ao processo de circulação. Por fim, na função dinheiro mundial, o dinheiro precisa cumprir, no mercado global, todas as funções de uma moeda nacional, sendo aceito mundialmente para cada uma dessas funções.

Tais funções se contradizem e se complementam, ou seja, se articulam contraditoriamente no transcorrer do processo econômico. A ideia de uma complementariedade contraditória entre as funções do

---

[159] Para Marx, como meio de pagamento, distintamente à sua função como meio de circulação/troca (M-D-M), a compra ocorre aqui antes do pagamento, e o dinheiro aparece apenas depois de transferidas as mercadorias entre os agentes da transação (M-M ... D). Nesse caso, o dinheiro não funciona apenas de modo a mediar uma transação que possibilita a circulação de mercadorias, mas como meio de pagamento que conclui uma transação que já ocorreu.

dinheiro aponta, nas palavras de Maria de Lourdes Mollo (1993, p. 213), para o fato de que "se houver uma polarização ou preferência generalizada da moeda numa de suas funções, outras funções opostas a ela deixam de ser cumpridas, e é esse não cumprimento que provoca problemas sérios no funcionamento das economias". Esse é um ponto fundamental para a compreensão de por que o Bitcoin não é dinheiro.

A intensificação ou generalização da preferência pelo dinheiro em sua função meio de entesouramento, por exemplo, represa o dinheiro que deveria circular como viabilizador das transações de compra e venda. Uma vez que tais trocas permeiam todas as relações em uma economia capitalista, tal interrupção da circulação coloca em xeque a própria reprodução social. Em via oposta, a recusa socialmente generalizada desse dinheiro como meio de entesouramento (ou reserva de valor) significa a própria rejeição do dinheiro como valor socialmente reconhecido, o que impede que ele funcione e seja utilizado como medida de valor. A isso relacionado, a rejeição de uma certa medida de valor/unidade de conta acaba debilitando a utilização do dinheiro (ou de seu representante) como meio de circulação. Isso porque, em situações de perda de reconhecimento social do dinheiro, sempre há a possibilidade de rejeitá-lo como meio de circulação – mesmo nos casos em que está dada a possibilidade de equivalência entre a unidade de medida em questão (ou seu representante) e uma outra unidade de conta alternativa.

Isso não quer dizer, no entanto, que o dinheiro não possa existir como tal senão cumprindo plena e integralmente todas as suas funções – algo que guarda implicações quanto à nossa investigação sobre a natureza monetária do Bitcoin. Há possibilidade de que algumas dessas funções se estabeleçam antes de outras, por exemplo. Trata-se de um processo em que "as funções vão se adicionando umas às outras com o surgimento e o desenvolvimento das dinâmicas monetárias; seu caráter complementar vai se impondo e dando dinamismo e força coesiva à moeda enquanto relação social" (Mollo, 1993, p. 124).

Conforme oportunamente observam Lévy-Garboua e Weymuller (1979, apud Lipietz, 1985, p. 90):

> Novas formas de dinheiro só aparecem de forma gradual e, a princípio, raramente são vistas como complementares às formas existentes: elas aparecem mais como "promessas de dinheiro", que são um dispositivo técnico para fazer circular o dinheiro (real). Mas, à medida que essa técnica se espalha, seu uso, inicialmente visto como uma forma de economizar dinheiro, torna-se cada vez mais difícil de distinguir do uso monetário "real". A perspectiva então muda, e o instrumento é logo reconhecido como dinheiro. A hierarquia das formas monetárias é, portanto, evolutiva e os limites da moeda um tanto confusos; alguns instrumentos podem ser analisados ao mesmo tempo como meios de acelerar a circulação do dinheiro e como formas monetárias de pleno direito.

Se isso é correto, cabe notar que, em qualquer caso, sob pena de insustentável instabilidade no processo de troca, é fundamental que o dinheiro se reproduza estruturalmente, em meio a essa hierarquia, como equivalente geral por meio de um processo complexo em que o Estado desempenha, como discutiremos, um papel deveras importante. Apenas, assim, em meio a uma articulação complexa das diferentes formas e funções do dinheiro, é que este se reproduz como equivalente geral[160]. De outra forma teremos, conforme observa Brunhoff (1978a, p. 61), "práticas monetárias, mas não moeda". É precisamente aqui que reside o problema central do Bitcoin.

---

[160] "As diferentes formas e funções da moeda articulam-se entre si, permitindo assim que a moeda se reproduza como equivalente geral. Sem isso, haveria práticas monetárias, mas não moeda. Pense-se, por exemplo, nos múltiplos meios de circulação emitidos pelos bancos privados nos Estados Unidos antes de 1863, moedas impossíveis de serem garantidas contra a fraude e a falência, isto é, tendendo incessantemente a perder todo caráter monetário, inclusive o de meio de circulação" (Brunhoff, 1978a, p. 61).

Para começar, dentre as funções mencionadas, não é difícil aceitar que o Bitcoin possa eventualmente servir como meio de troca, mesmo que de forma restrita. Afinal, alguns produtos e serviços podem ser, e são, trocados por Bitcoins. Sabemos que, virtualmente, qualquer coisa pode servir como um meio de troca em circuitos de alcance relativamente limitado. Meios de troca dessa natureza estão, inclusive, por toda parte, e em pluralidade crescente de formas (pensemos nos esquemas de milhas para passageiros de companhias aéreas, sistemas de bônus comerciais os mais diversos, metais e pedras preciosas e mesmo nas diversas moedas comunitárias e solidárias). Nenhuma dessas moedas alternativas chega a representar, no entanto, ameaça significativa à gestão estatal-nacional do dinheiro "soberano". Ocorre que os defensores do Bitcoin frequentemente confundem dinheiro com meio de troca, que é apenas uma, dentre outras, de suas funções.

Que o Bitcoin sirva ou possa servir como unidade de conta (ou medida de valor) é algo certamente duvidoso. É bastante minoritária a existência de mercados que denominam seus preços única e exclusivamente em Bitcoins. Mesmo em mercados obscuros na *Deep Web*, como o já mencionado *Silk Road*, as mercadorias vendidas em Bitcoin são sempre denominadas em relação ao seu preço em moeda nacional (especialmente na moeda de referência mundial, o dólar). Ou seja, apesar de tais produtos terem seus preços listados nominalmente em Bitcoins, sua variação se dá, na verdade, não apenas em relação às mudanças no preço do Bitcoin, mas, sobretudo, no preço das mercadorias (nesse caso, drogas) em dólares – demonstrando novamente, sua necessidade de conversibilidade (e reprodução como equivalente geral). Aqui, certamente, a falta de reconhecimento pelo Estado do caráter legal, como instrumento monetário, do Bitcoin minora a eventual possibilidade de que venha a cumprir essa função.

A função reserva de valor (ou meio de entesouramento) figura dentre os obstáculos mais interessantes do Bitcoin, sobretudo porque é o *locus* de materialização de uma forma estreita de conceber o dinheiro que se expressa claramente, como vimos, na estrutura e no uso do próprio *software*. A despeito de seus entusiastas depositarem neste atributo grande esperança de sucesso do Bitcoin como forma de dinheiro, é certo que sua alta instabilidade o impede objetivamente de cumprir tal função monetária. Assim é que a defesa do Bitcoin como uma forma viável de reserva de valor revela, novamente, seu, já discutido, conteúdo ideológico. Vejamos.

Trata-se de um aspecto que remete a uma analogia direta do dinheiro com o ouro. Vimos que o Bitcoin foi projetado diretamente contra o "monopólio" de emissão de dinheiro por Bancos Centrais e comerciais e, ademais, em sintonia com uma agenda política "libertária", contra a capacidade dos Estados de coletarem impostos e monitorarem as transações financeiras de seus cidadãos. Isso, acreditam seus desenvolvedores, evita que as riquezas entesouradas por indivíduos laboriosos e frugais sejam "corroídas" pela ação "parasitária" do Estado que, emitindo sempre mais dinheiro para financiar gastos crescentes, leva à inflação endêmica (uma forma indireta e injusta de imposto, argumentam) e, portanto, a uma dilapidação real dessas riquezas entesouradas. Com base nesta lógica, então, é que o Bitcoin é apresentado como uma forma "real", sólida e estável de reserva de valor (como supostamente seria o ouro[161], já que o Estado não pode simplesmente emiti-lo). Desse modo é que parte considerável de seus defensores é atraída por esse instrumento: pela via de um fetiche em torno do ouro como forma de dinheiro[162].

---

[161] Lembremos, ademais, que mesmo formas de "padrão-ouro" pretendem-se mecanismos de regulação monetária com determinadas regras de funcionamento. O ouro, como mercadoria transacionada livremente, não está menos sujeita à manipulação e formas diversas de especulação, algo que a própria volatilidade dos preços observada nos mercados de ouro e demais metais preciosos revela.

[162] Conforme critica Varoufakis (2013): "Os entusiastas do Bitcoin, assim como os crentes do padrão-ouro, entendem o dinheiro como se fosse uma mercadoria que emergiu espontaneamente como uma unidade de troca – um pouco como os cigarros fizeram na "economia" do campo de prisioneiros que a R.A. Radford (1945) descreveu de forma tão brilhante. Este é um equívoco grosseiro baseado na fé não examinada (e perigosamente falsa) de

Inicialmente, o objetivo manifesto parece ser a busca de uma moeda estável, cujo preço não flutue descontroladamente. Mas como o preço do Bitcoin não pode ser modulado, a não ser pelas transações de mercado, isso simplesmente não é possível, levando, como já se disse, a uma alta volatilidade – e ao predomínio da função especulativa sobre suas funções monetárias. Eis, portanto, a contradição: apesar de desenvolvedores e usuários defenderem sua estabilidade superior como forma de riqueza, o Bitcoin revela-se justamente o oposto disso.

Vimos que o motivo principal pelo qual esta criptomoeda tornou-se tão conhecida é justamente sua alta volatilidade (que abre a possibilidade para ganhos astronômicos de curto prazo). Apesar dessa característica ser muitas vezes percebida pela comunidade de entusiastas como um sinal "positivo" (já que, apesar das intensas flutuações, o preço vem seguindo, no agregado, uma trajetória de forte alta), essa instabilidade segue representando um grave problema para o Bitcoin. Pensemos, por exemplo, naquela valorização de 1.300%, ocorrida durante ano de 2017 e, na subsequente queda, até o fim abril de 2018 de mais de 52%. Alguém que armazene suas economias ou lucros em Bitcoins tem pouquíssimas razões para esperar que a cotação atual seja mantida no curto prazo, antes o contrário. Seu uso principalmente especulativo impede, assim, a função de meio de entesouramento e, com isso, perde-se o reconhecimento social necessário para que funcione como equivalente geral.

---

que não há diferença substancial entre o campo de prisioneiros de guerra de Radford e uma economia capitalista moderna; que, como nesse campo de prisioneiros de guerra, a produção é independente das expectativas e a demanda é sempre abundante o suficiente para absorver a produção. Quanto ao investimento, assume-se que é unidirecionalmente determinado pela poupança, que, por sua vez, é determinada pela taxa em que o consumo presente é adiado para o futuro. Nada disso se aplica a uma economia que envolva não apenas a troca, mas também a produção e o investimento. São essas duas atividades, produção e investimento, que impedem a possibilidade de um dinheiro apolítico".

Aparecem, ademais, em alguns casos, especialmente sob o frenesi que tais altas provocam, o argumento em defesa da viabilidade do Bitcoin como uma nova forma de dinheiro que poderá, inclusive, substituir as outras, tornando-se hegemônica. O que tais surtos especulativos provam, no entanto, é justamente o oposto: dada sua grande instabilidade, o Bitcoin não é capaz de bem executar nenhuma das funções essenciais do dinheiro, não atendendo a pré-requisitos econômicos (quiçá políticos e ideológicos) elementares para sua eventual disseminação.

Isso porque a continuidade das trocas e dos pagamentos, do entesouramento, bem como da própria produção, demanda certa garantia de preservação da forma geral do valor. Imaginemos, por um momento, a remuneração de rendas, lucros e salários em Bitcoins – uma das tarefas fundamentais do dinheiro no modo de produção capitalista. Dada sua grande instabilidade, isso seria simplesmente inviável, desorganizando por completo a atividade econômica. Uma dentre as razões principais pela qual os Bancos Centrais agem sobre o dinheiro é justamente para garantir que ele siga como medida relativamente estável de valor, isto é, seja reproduzido como equivalente geral e forma abstrata de riqueza. Mas a própria ideia de existência de um Banco Central, já vimos, é inconcebível sob a ideologia monetarista do Bitcoin. O resultado disso é que a falta de regulamentação (e sua incrível volatilidade), tão celebrada pelos ciberlibertários, na verdade impede que essa criptomoeda seja usada da maneira que seus defensores alegam.

O "experimento" do Bitcoin demonstra, assim, o princípio elementar de que quanto mais "livres" forem os mercados, mais tendentes a produzir ciclos bruscos de expansão e queda estarão. Sem estruturas regulatórias que desencorajem o uso de um instrumento como investimento (entesouramento), qualquer instrumento financeiro, inclusive o ouro, estará sujeito a especulação nas mais variadas formas e, assim, a ciclos extremos de expansão e colapso – precisamente o que a ação dos Bancos Centrais busca evitar.

A verdade é que, apesar dos argumentos em seu favor se concentrarem, em geral, em suas características enquanto forma potencial de dinheiro, o entusiasmo em torno do Bitcoin surge não a partir de sua utilidade como moeda, mas como um investimento altamente especulativo (para não mencionarmos a sua significativa utilização em atividades ilícitas e criminosas). Vimos rapidamente que as funções do dinheiro como meio de entesouramento/reserva de valor e meio de troca/de circulação, apesar de se complementarem, também se opõem. No caso do Bitcoin isso significa, objetivamente, que quanto mais essa criptomoeda se torna atrativa como investimento financeiro, menos se torna viável como forma potencial de dinheiro.

Se o Bitcoin for eventualmente regulado de modo a funcionar como uma forma estável de reserva de valor e a garantir que grandes quebras e fraudes, como as já ocorridas, sejam evitadas, poderia talvez, no futuro, ser útil como um sistema global de pagamentos, nos moldes já existentes, como é o caso do serviço PayPal e tantos outros. Mas isso, claro, não fará dele dinheiro (equivalente geral), tampouco será capaz de abalar as estruturas políticas e econômicas mundiais, como se quer. Se, no entanto, seguir livre de todas as formas de regulação, o Bitcoin continuará a ser um ambiente perigoso e obscuro para a grande maioria das pessoas – a não ser, é claro, para agentes econômicos mais tolerantes ao risco; em geral, proprietários de grandes somas de capital como *hedge funds* e grandes instituições financeiras (nada que seja, portanto, exatamente "transformador" do ponto de vista econômico).

Por fim, quanto à função dinheiro mundial, sabemos que alguns comentaristas e entusiastas do Bitcoin vêm sugerindo que a criptomoeda poderá, um dia, vir a desafiar o sistema global do dólar como moeda de reserva, sobre o qual, em grande medida, o poder econômico de Washington se sustenta. A afirmação não encontra qualquer evidência em seu favor. Vejamos.

Sabemos que a manutenção da conversibilidade da moeda nacional em outras moedas implica uma certa gestão central da moeda nacional, ação que atua no sentido da preservação desta como equivalente geral. O poder econômico dos Estados lastreia, portanto, o poder monetário do equivalente geral: sem Estado e sem o poder material que o ampara (uma limitação clara do Bitcoin), o dinheiro não pode ser reproduzido como equivalente geral. Vimos, ainda, que a circulação internacional de mercadorias e moedas pressupõe uma moeda internacional de circulação e de referência, relativa aos valores das várias moedas nacionais, em suma, um dinheiro mundial. Atualmente, essa moeda é o dólar, que, como referência, reflete, de certo modo, as relações de força verificadas no sistema monetário-financeiro internacional. Assim é que o dinheiro se apresenta também como um ponto de tensão e disputa geopolítica internacional.

Conforme nos lembra Tony Smith (2005), em razão do poder econômico e político que a ampara, a moeda do Estado hegemônico tende necessariamente a desempenhar um papel privilegiado como principal forma de dinheiro mundial (justamente porque tende a ser uma boa reserva de valor). Como resultado, o país hegemônico não enfrenta os mesmos limites impostos aos demais quanto à criação de dinheiro de crédito, tampouco as mesmas restrições para tomar emprestado nos mercados globais de capitais[163]. Assim é que pode financiar déficits comerciais expressivos, por longos períodos, sem sofrer um declínio significativo no valor de sua moeda. Enquanto os fluxos de crédito para este *hegemon* continuarem, isto é, enquanto os empréstimos forem convertidos em novos empréstimos[164], seus défi-

---

[163] Sem nos esquecermos, novamente com Brunhoff (2005), que o sistema de crédito contemporâneo não está livre da restrição monetária que é inerente à troca de mercadorias e que, desse modo, a integração da economia capitalista mundial é um processo contraditório, que reflete "uma lei de valor" submetida a diferenças nacionais entre os territórios de produção. Daí o próprio *hegemon* enfrentar certas limitações econômicas, ainda que, sem dúvida, menores do que aquelas enfrentadas por outros países. O padrão dólar é produto de um determinado sistema de mercados de capitais e relações de crédito internacionais; algo certamente relevante, mas que não faz dos EUA um ator "todo poderoso", havendo significativas disputas e rivalidades no interior da hegemonia do dólar.

[164] O único custo de manutenção desse estado de coisas, recorda Guttmann

cits comerciais podem continuar crescendo e as recessões podem ser evitadas à medida que uma fatia maior da produção mundial é consumida em seus mercados domésticos. Quando finalmente os níveis de dívida para com os investidores estrangeiros são considerados excessivos, uma desvalorização de sua moeda pode, então, derrubar o valor das obrigações para com esses credores.

Tais privilégios, os benefícios da chamada "senhoriagem", devem-se à necessidade de os agentes econômicos estrangeiros disporem de dinheiro mundial para realizarem seus pagamentos e investimentos internacionais. A isso se relaciona a necessidade dos Bancos Centrais estrangeiros de manterem fundos de reserva nessa moeda para lidarem com choques eventuais nos mercados de capitais globalizados e com as intempéries cambiais que podem prejudicar sua posição no comércio internacional.

Tal hierarquia presente no sistema interestatal está imbricada, portanto, nas relações de produção capitalistas globais. Estados hegemônicos desempenharam, como se sabe, papel central no desenvolvimento capitalista desde seu início, fornecendo os bens públicos necessários para que uma região despontasse como centro da acumulação capitalista global em distintos ciclos históricos[165]. Assim é que, conforme bem observa Smith (2005, p. 234),

---

(1994), são as taxas envolvidas nos novos empréstimos.

[165] "Mas o sistema de propriedade capitalista e as relações de produção requerem sistematicamente uma forma de dinheiro mundial cuja acumulação é um fim em si mesmo, e enquanto essas relações persistirem, os fluxos de dinheiro mundial devem reproduzir a coerção estrutural que está no cerne da relação capital/trabalho assalariado. No estágio atual de concentração e centralização, o capital industrial requer uma forma de dinheiro mundial que possibilite empreendimentos conjuntos, fusões e aquisições, cadeias produtivas, fluxos de carteira, empréstimos e assim por diante. As dificuldades de sobreacumulação em curso no mercado mundial também exigem uma forma de dinheiro mundial que flua facilmente para os circuitos transfronteiriços do capital financeiro. (...) Além disso, a tendência ao desenvolvimento desigual, que se origina principalmente (mas dificilmente de modo exclusivo!) da capacidade dos principais capitais para se apropriarem de lucros excedentes através de inovações, implica que o dinheiro mundial

A tendência para que os interesses do capital em regiões hegemônicas se entrelaçem com os interesses de um Estado hegemônico no sistema interestatal, e os atraentes benefícios da senhoriagem conferidos a esse poder hegemônico, implicam que o dinheiro capitalista mundial é uma arma geopolítica, não um instrumento neutro de comércio.

Considerando que os Estados hegemônicos não estão em vias de desaparecimento, e sendo absolutamente impensável que um Estado capitalista hegemônico, qualquer que venha a sê-lo, renuncie voluntariamente aos seus enormes privilégios de "senhoriagem", o Bitcoin jamais seria capaz de ameaçar a posição de dinheiro mundial do dólar estadunidense ou de qualquer outra moeda que tem na *força* (ainda que não só) um dos seus pilares fundamentais de sustentação. As moedas são sustentadas, sabemos, não apenas pelo poder das instituições, rituais e formas de crença, mas também pelo poder econômico e político dos países, o que certamente inclui suas estruturas militares.

Ademais, para além de nenhuma relação direta com a atividade fiscal do Estado e seu poder de coerção material, nenhuma relação com a necessidade dos agentes econômicos para acessarem os circuitos do comércio internacional, não há, ainda, no caso do Bitcoin, nenhuma relação, remota que seja, com a produção de valor (trabalho) nas economias. Se um dia viessem a existir economias em que a força de trabalho fosse precificada e paga diretamente em Bitcoins (não sendo esse apenas um meio indireto para a denominação em outra moeda, ou seja, uma hora de trabalho sendo equivalente a x unidades de Bitcoins) talvez o cenário pudesse ser diferente. Mas, antes, para isso, seriam necessários alguns outros "ses", condições, ademais, que aparecem como circulares (entre aqueles que defen-

---

capitalista tende necessariamente a fluir de uma maneira que permita que os lucros excedentes sejam apropriados em relativamente poucas regiões privilegiadas do mercado mundial, independentemente do custo disso para indivíduos e comunidades em outras regiões" (Smith, 2005, p. 234).

dem esse prospecto): se... o sistema bancário fosse destruído, se... os Estados deixassem de existir... o Bitcoin poderia, aí sim, se tornar dinheiro mundial. Mas, por seu turno, o que fará o sistema bancário ser derrotado e os Estados perderem seu poder sobre o dinheiro será justamente... o Bitcoin se tornar dinheiro mundial. Impossível não recordarmos aqui da crítica de Marx dirigida à defesa do "bônus-horário" (Proudhon) e do "crédito gratuito" (Darimon), crítica que aparece, *De te fabula narratur*, endereçada às utopias contemporâneas[166] em relação ao Bitcoin:

> Como é impossível suprimir as complicações e contradições derivadas da existência do dinheiro ao lado das mercadorias particulares por meio da modificação da forma do dinheiro (muito embora as dificuldades pertencentes a uma forma inferior possam ser evitadas por uma forma superior), é igualmente impossível suprimir o próprio dinheiro enquanto o valor de troca permanecer a forma social dos produtos. É preciso compreender isso claramente para não se colocar tarefas impossíveis e para conhecer os limites no interior dos quais as reformas monetárias e as transformações da circulação podem fornecer uma nova configuração para as relações de produção e as relações sociais sobre elas fundadas (Marx, 2011a, p. 95).

Resta, ainda, um último aspecto a ser aqui melhor problematizado: a pretensão do Bitcoin como uma forma "honesta" e "apolítica" de dinheiro. Vimos, cabe recordar, que o Bitcoin busca projetar um sistema que seja seguro e anônimo, tanto *offline* quanto *online*, por meio de combinação de algoritmos matemáticos e regimes criptográficos,

---

[166] Utopia que, como vimos, é tecnológica e, em chave determinista, tecnocrática. É curioso notar que, em geral, seja entre aqueles que defendem ou criticam seu potencial monetário, raramente se percebe que o Bitcoin não é apenas nem centralmente produto direto da técnica, mas de mudanças nas relações sociais mais amplas que sustentam como tal o dinheiro no capitalismo.

que tomam o lugar de humanos na formulação de políticas para emissão e regulação do dinheiro, bem como na verificação de correção nas trocas monetárias. É projetado, assim, para funcionar como um sistema livre da necessidade de confiança em outro ser humano. A arbitragem e a imposição de regras são deixadas para as máquinas. Uma das razões pelas quais tanto trabalho é dedicado à solução de complexos problemas criptográficos para a implementação de moedas virtuais é justamente garantir a execução segura de contratos: quando ambas as partes em uma transação são anônimas, máquinas não discriminatórias devem tomar o lugar do árbitro final entre elas.

Ocorre que, para funcionar adequadamente, mesmo um fenômeno supostamente desinstitucionalizado, como o Bitcoin, depende de uma certa infraestrutura material e, certamente, de confiança (nesse caso, confiança em uma série de protocolos, na equipe de programação, na segurança do código etc.). O que se faz aqui, portanto, não é se livrar da necessidade de confiança, mas substituir uma forma de confiança (em outros seres humanos e suas instituições) por outra (baseada na suposta infalibilidade da máquina). Mas, em última instância, o Bitcoin depende especialmente da confiança (ou da expectativa) permanente por parte de seus usuários de que os demais aceitarão essa "moeda" em pagamentos futuros de bens, serviços e liquidação de dívidas[167], ou mesmo de que seguirá se valorizando como ativo especulativo. A revelação de tais vínculos de confiança,

---

[167] Conforme observa Karlstrøm (2014), o Bitcoin não altera em nada uma das características fundamentais do capitalismo moderno: a dívida (ainda que altere, é certo, o sistema de emissão de dinheiro por meio de dívida/empréstimo bancário). Dois indivíduos podem entrar em um contrato de empréstimo, mesmo sob um sistema descentralizado e não regulamentado, simplesmente concordando em pagar um juro sobre uma determinada quantia, implementado por credores e devedores reunidos em mercados de crédito ajustados ao risco. Por mais descentralizado que seja esse processo, é provável que a comunidade de usuários do Bitcoin julgue necessário, em algum momento, introduzir de volta a confiança na equação – de fato, já foram lançados os primeiros bancos Bitcoin, grupos de emprestadores e serviços de negociação de títulos.

que aparecem como superados na retórica dos criadores e entusiastas do Bitcoin, faz reforçar, uma vez mais, o fato de que esta criptomoeda está, a todo momento, determinada por aspectos econômicos, sociais e ideológicos pré-existentes.

Confiando em um *design* distribuído, o Bitcoin se pretende um dinheiro imune à manipulação política, uma moeda "apolítica", livre dos problemas que pesam sobre as demais formas "corruptas" de dinheiro. Trata-se "apenas" de um código, não controlado por ninguém, sustentam seus desenvolvedores e entusiastas. Ocorre que nunca houve um dinheiro sem política (e talvez nunca haverá). Mesmo a escolha em afastar a política do dinheiro é também, ela mesma, política.

No caso do Bitcoin, como em qualquer outro *software*, sabemos que o "código é a lei" (Lessig, 2006), – algo que evidencia, sem grandes dificuldades, seu conteúdo político: o código define o que os usuários podem ou não fazer. Se no mundo físico, a lei supostamente garante a credibilidade dos contratos, protege os direitos de propriedade e regula a circulação de dinheiro, permitindo aos bancos mediarem as transações de crédito; no caso do Bitcoin, o *software* é perpassado por regras concebidas de modo claramente análogo a essa estrutura política: o código substitui o Banco Central e os bancos comerciais na emissão do dinheiro, havendo ainda uma forma alternativa (e análoga, repita-se) de governança quanto às regras de mineração, uso e atualização do sistema.

Que seja possível a comunidades locais criarem moedas comunitárias com algum sucesso (em termos de seus impactos econômicos positivos localizados), não implica, naturalmente, a eliminação da dimensão política ou que possa existir um dinheiro "despolitizado" capaz de sustentar todas as trocas econômicas em uma sociedade industrial avançada. Sabemos que a revolução industrial produz uma enorme reorganização da vida socioprodutiva. Dada a necessidade crescente de capital para a viabilização dos empreendimentos, nesse modo de organização da atividade econômica, o crédito em grande escala torna-se uma necessidade incontornável da produção – algo especialmente válido a partir da segunda revolução industrial, quando se constituem gigantescos oligopólios empresariais. É esse crédito, ou seja, grandes somas de dinheiro, que possibilita o financiamento da produção de bens de capital, que dá suporte aos novos padrões de consumo e que sustenta o processo de constante inovação tecnológica e produtiva. Assim é que, mesmo quando as economias capitalistas operaram sob distintas formas de padrão-ouro, os bancos seguiram criando e ampliando a massa de dinheiro frente a um certo estoque de ouro por meio de um volume crescente de empréstimos. Trata-se, frise-se, de uma necessidade do próprio sistema produtivo[168].

A experiência histórica dos anos 1920 demonstrou, com especial clareza, essa realidade e, portanto, a impossibilidade material de um dinheiro "apolítico", conforme nos recordam Barry Eichengreen (1996) e Mark Blyth (2002). Nesse período, ainda que as autoridades monetárias tenham insistido em certa correspondência estável entre a quantidade de papel moeda e o ouro, o setor financeiro seguiu ampliando o suprimento de dinheiro, com base na oferta de crédito. Frente a essa realidade, as autoridades depararam-se com um dilema fundamental: de um lado a necessidade de impedir o desenvolvimento de bolhas especulativas (nos anos 1920 foram inúmeras, algo que acabaria, em 1929, junto de outras razões, por ser um dos gatilhos da grande crise e posterior depressão); de outro, o imperativo de, se não estimular, ao menos não atravancar a ascensão de grandes empresas capitalistas e sua enorme produção de bens – inclusive para evitar a estagnação e uma plêiade de outras tensões sociais indesejáveis, já crescentes na ocasião. Daí (algo, ademais, amparado pela ideologia do *laissez-faire*) a inércia das autoridades políticas à época.

Ora, esse caso não faz outra coisa que não explicitar justamente o dilema fundamental de qualquer Estado capitalista contemporâneo quanto à gestão monetária: de um lado a necessidade de reproduzir o dinheiro de modo mais ou menos estável como equivalente geral,

---

[168] A necessidade de um Banco Central para regular o sistema, por sua vez, surgiu, como se sabe, como demanda do próprio sistema de mercado, com a transformação do Banco da Inglaterra de banco privado em Banco Central inglês.

de outro o imperativo de regular, ativar e promover a acumulação capitalista. Foi a crise de 1929 e os dilemas da década de 1930 que abriram o cenário para uma nova forma de ação do Estado quanto ao dinheiro. Compreendeu-se, a partir de então, que um modo possível de equilíbrio entre os polos da especulação temerária e a estagnação indesejável está justamente no controle racional da oferta de dinheiro.

Mas eis que esse controle "racional" deve considerar o fato de que diferentes políticas monetárias impactam de modo desigual em diferentes classes e setores sociais, podendo levar a alterações na economia política e na distribuição de renda em uma sociedade. Daí esse controle, necessariamente político, dever ser exercido por meio de mecanismos coletivos e democráticos, submetido à vontade das maiorias e orientado por objetivos sociais legítimos.

Pensemos, novamente, na ocorrência de uma grande crise financeira, geralmente relacionada à inadimplência de dívidas em massa e relacionadas entre si. Essas dívidas, que não podem mais ser pagas, levam a um colapso econômico, o que, ao afetar a atividade produtiva, faz com que grande parte do dinheiro simplesmente deixe de circular. Com esse evanescendo, os governos precisam decidir se vão ou não injetar mais dinheiro na economia de modo a reativar esse circuito. Essa é, naturalmente, uma decisão política, com desdobramentos políticos: como fazê-lo exatamente? Simplesmente inserindo liquidez no sistema financeiro ou, em adição, colocando dinheiro em ações de educação, saúde e infraestrutura? Nesse caso, não fazer nada, sabemos, também é uma decisão política, já que a inação, em tempos de crise, pode corresponder a um direcionamento objetivo de poder e riqueza para os membros mais ricos da sociedade, aqueles que detêm e "controlam" o dinheiro, via processos de centralização de capital e oligopolização. Assim é que a gestão do dinheiro em uma sociedade está inevitavelmente perpassada por conflitos distributivos, algo que a situação limite de uma crise apenas faz evidenciar. O dinheiro, lembremos, intermedeia processos de trabalho e de produção e insere as diferentes classes sociais na dinâmica econômica (os capitalistas pela venda das mercadorias produzidas pelos trabalhadores e esses pela venda da sua força de trabalho), sendo, por isso, uma relação social fundamental no capitalismo.

Adotada a filosofia por trás do Bitcoin, que concebe a emissão do dinheiro de forma separada do ciclo econômico e do processo político, é natural que a própria ideia de política monetária, como vimos anteriormente, perca sua razão de ser, uma vez que o controle do dinheiro termina como "exógeno" a qualquer processo social e coletivo de tomada de decisões (o que não o impede, porém, de beneficiar poucos e de forma concentrada). O Bitcoin, vimos, leva ao paroxismo a conhecida agenda política em favor de um Banco Central "independente"; o faz, como queria Friedman, garantindo essa independência por meio da automatização computadorizada da emissão monetária. Conduzindo o princípio às suas últimas consequências, isso significa, na prática, a própria abolição do Banco Central e, assim, o aprofundamento do controle direto do dinheiro por uma pequena elite econômica, livre de qualquer obrigação de responsabilidade política e social.

Ademais, conforme argumenta Yanis Varoufakis (2013), considerando o modo como o Bitcoin tenta emular o padrão-ouro, é plausível antecipar que, caso uma parte relevante e significativa da atividade econômica seja realizada por meio dessa forma de dinheiro (o que dificilmente será o caso), aqueles velhos dilemas dos anos 1920 retornem de modo indesejável. O setor financeiro já começou a criar derivativos, isto é, papéis especulativos baseados em Bitcoins[169], e a formação de bolhas está nitidamente em andamento, conforme discutimos anteriormente. Outra alternativa seria, ainda, a economia do Bitcoin se aprofundar em uma espiral deflacionária – o que, apesar de causar certo entusiasmo em alguns de seus usuários (os principais "criadores" e detentores de Bitcoins), poderia levar a maioria deles a simplesmente abandonar essa criptomoeda, ocasionando seu colapso. Ademais, em qualquer caso, ao retirar dos siste-

---

[169] Ver http://www.bbc.com/news/business-42304657. Acesso em: 07 de maio de 2019.

mas de tomada de decisões humanas a emissão e gestão do dinheiro, o algoritmo do Bitcoin corre o risco de cristalizar, e até mesmo aprofundar, as crescentes desigualdades econômicas constitutivas do capitalismo contemporâneo.

Em suma, o determinismo tecnológico que se encontra à ideia de um dinheiro apolítico, no caso do Bitcoin, constitui uma ideologia por excelência. Fica claro, a partir dessa análise, que, a despeito de suas enormes limitações, o Bitcoin, como "problema", oferece-nos uma nova e interessante oportunidade para recolocar o debate sobre a natureza do dinheiro no centro da reflexão econômica e social contemporânea e, a partir de seu conteúdo político, demonstrar quais são os reais interesses que sustentam qualquer ideia de "independência" do Banco Central frente ao processo político.

Um filho "rebelde" do neoliberalismo?

Dos pontos de vista teórico e retórico, duas formulações subjazem o Bitcoin: a defesa da desestatização do dinheiro de Friedrich Hayek e, sobretudo, o monetarismo de Milton Friedman e de seus seguidores. Como um "experimento", possibilitado pelo quadro econômico, político e sociotecnológico recente, que busca aplicar na prática, ainda que de modo difuso, tais ideias, seus protocolos, algoritmos e demais mecanismos de funcionamento estão assentados em um tripé ideológico composto fundamentalmente por neutralidade do dinheiro, metalismo (digital) e fetichismo tecnológico – tripé esse diretamente inscrito no código técnico de seu sistema, a despeito de qualquer pluralidade político-ideológica presente em sua comunidade de usuários. O determinismo tecnológico ufanista encontra-se, aqui, como em tantos outros casos, com a forma naturalizante e ahistórica, típica dos liberalismos econômicos, de conceber a economia, a sociedade e a própria constituição subjetiva do que vem a ser o indivíduo – um agente atomizado, calculador, maximizador de utilidade.

Do ponto de vista monetário, resumida e simplificadamente, trata-se, conforme o arcabouço conceitual que inspira a criação desta criptomoeda, de ir além daquela imagem de autonomia para o

Banco Central, chegando à defesa de sua abolição: sua substituição por um mecanismo técnico, uma regra impessoal, um protocolo, uma máquina. Aprendemos que, diante das dinâmicas de operação, funcionamento, desenvolvimento e evolução do modo de produção capitalista, especialmente em seu estágio atual, essa concepção pode ser caracterizada como uma arrematada utopia, ou melhor, uma distopia tecnocrática. O conhecido pavor frente ao Estado e à participação democrática das maiorias sociais e minorias políticas nas decisões econômicas, característico dessa forma de pensamento, consubstancia-se, aqui, na busca por uma moeda "independente" de dinâmicas deliberativas, livre, em suma, da própria política. Mas sabemos que isso configura uma impossibilidade: há uma política mesmo na moeda que se pretende apolítica. É frente a essa impossibilidade que, conforme observa Dodd (2017), o Bitcoin só poderá ter algum sucesso como dinheiro na medida em que falhar como ideologia.

Vimos que a aplicação de tais ideias redunda em alguns previsíveis (e indesejados?) resultados. A ideologia política libertária defende, como se sabe, o afastamento ou reconfiguração completa do papel do Estado em favor da soberania individual, da propriedade privada e dos mercados livres. No caso do Bitcoin, como em outros empreendimentos e iniciativas que perseguem tais princípios, o que se tem, em teoria, são indivíduos equipotenciais – isto é, todos podem participar "igualmente" de um projeto, mas, na prática, o que se verifica é a concentração de capital e, desse modo, uma governança inescapavelmente centralizada. A retórica disruptiva e *antiestablishment* do Bitcoin, que promete combater o sistema financeiro corrupto e suas elites, não é capaz de alterar o fato de que, ao promover a escassez e a competição, seu modo de funcionamento faz, em verdade, agravar os problemas típicos da acumulação de capital, exacerbando, com isso, desigualdades econômicas e sociais.

Assim, diversamente do que se pensa, o Bitcoin não é um projeto orientado pelos princípios do *Comum*, que busca, em chave igualitária, novas formas de socialização da riqueza e do conhecimento, ou de satisfação de necessidades sociais não atendidas; algo característico de algumas iniciativas comunitarizantes na era da internet. Distintamente, o Bitcoin é uma forma de moeda que reflete, de modo quase arquetípico, as pulsões da nova economia algorítmica (O'Neil, 2016) e, de modo mais abrangente, de um novo arranjo "distribuído" de capitalismo (Kostakis e Bauwens, 2014), o "capitalismo de plataforma" (Olma, 2014; Srnicek, 2017); eufemisticamente vendido como "economia colaborativa" (Golumbia, 2015; Slee, 2015). Essa nova forma de articulação corresponde às características centrais da era da internet, utilizando-se das infraestruturas *peer-to-peer* e colaborativas para ativar e aprofundar as dinâmicas de acumulação de capital. Esse "capitalismo distribuído", bem ao gosto da governamentalidade neoliberal, sustenta-se na ideia de que todos podem, a qualquer momento, se tornar capitalistas independentes e "empreendedores" disruptivos. Assim é que o sistema desta criptomoeda é projetado para permitir a "participação" de todo e qualquer usuário, desde que situado, é claro, em uma estrutura de produção e gestão de recursos altamente competitiva e concentradora. Nesse sentido, o Bitcoin é uma ferramenta ideal para um tipo de capitalismo vertebrado sobre as novas hierarquias que permitem, mas também controlam, as redes, e capturam valor a partir delas. Como tecnoutopia de moeda digital, o Bitcoin é, em suma, um experimento *ubercapitalista*, e não anticapitalista. Por isso é que não elimina, mas, ao contrário, amplia, a concentração do ponto de vista das definições de criação e regulação monetárias.

Ainda que seja um dinheiro "digital", "virtual", "imaterial", "da internet", o Bitcoin é sustentado por um conteúdo social que se materializa em estruturas de liderança e hierarquia, valores compartilhados, forte senso de identidade coletiva e pertencimento comunitário. Ao longo deste trabalho, demonstrei porque essa é uma realidade presente em qualquer forma de dinheiro; de modo que tal aspecto não nos aparecerá, aqui, exatamente como uma surpresa. Ocorre que o Bitcoin nega explicitamente a realidade social do dinheiro, alegando superar qualquer necessidade de violência e confiança para existir como instrumento monetário; sua realidade contraria abertamente, portanto, a própria teoria que lhe serve de sustentação (Dodd, 2017). A partir desta análise, tampouco chega a espantar, em que pese toda a retórica em torno de suas qualidades distributivas, que seu sistema seja extremamente centralizado em termos políticos e econômicos.

Embora a construção de uma rede que evita recorrer à confiança para ser operada busque materializar uma forma de governança que prescinda de um ponto central de controle, vimos que, na prática, assim que uma tecnologia é implementada, novas questões (e disputas) sempre emergem de seus usos não pretendidos, o que, em última instância, exige a ação de instituições sociais para proteger ou regular seu uso social. Por isso é que sistemas sociotécnicos não podem, em razão de seu contexto e conteúdo social, gozar de autogoverno e autossustentabilidade apenas por meio de uma tecnologia específica, de um mecanismo estritamente técnico. Perpassada que é, em seu próprio modo de concepção e funcionamento, por complexidades sociais, culturais, ideológicas, políticas, o uso de tecnologia tende, em geral, mesmo que no interior de um quadro relativamente restrito de possibilidades, a evoluir em direções imprevistas.

Por ter surgido basicamente a partir de um algoritmo, divulgado como um *paper*, o Bitcoin poderá aparecer, a uma primeira vista, como um produto quase que puramente ideacional, proveniente apenas do maravilhoso mundo das "ideias revolucionárias". Mas esse diagnóstico não se sustenta diante de uma análise mais cuidadosa dos precedentes que se somam para fazer desta tecnologia uma possibilidade viável. Essa criptomoeda, vimos, é um produto das transformações que ocorrem na esteira do desenvolvimento das tecnologias da informação e da comunicação e, mais particularmente, da internet – com toda a história, repertório de conhecimentos, interesses e infraestruturas que a suportam. O Bitcoin é, assim, um filho da internet, e, paradoxalmente, um filho rebelde, sobretudo, do neoliberalismo, da realidade luminosa da *Finança Digitalizada* (Paraná, 2016), do processo de abertura, desregulamentação, integração e "modernização" tecnológica dos mercados de capitais em todo o mundo, em suma, da financeirização avançada do capitalismo no século XXI, conforme pude abordar em meu livro anterior.

O surgimento do Bitcoin, bem como o resgate recente, de parte a parte, das ideias econômicas da escola austríaca e da filosofia política libertária, é um fenômeno que, a seu modo, dialoga diretamente com as percepções, sensibilidades e humores característicos da nova conjuntura política que se abre a partir da crise de 2008. A esbórnia financeira de Wall Street em meio à qual ocorre o colapso, o posterior salvamento dos bancos sem a exigência de reais contrapartidas sociais e econômicas, ou mesmo sem a adoção de medidas legais, regulatórias e/ou políticas significativas, as seguidas rodadas de austeridade econômica e o consequente sofrimento social imposto às maiorias sociais por um *establishment* político percebido como autorreferente, corrupto e antidemocrático, imune a qualquer pressão que não a advinda do poder do dinheiro: é para essa realidade que fala o Bitcoin como forma pretensamente "apolítica" e "honesta" de dinheiro. É em nome dessa mesma revolta difusa (que se expressou, de certo modo, nas mais diversas localidades e movimentos políticos pelo mundo, da Primavera Árabe ao Occupy Wall Street estadunidense, das acampadas espanholas ao junho brasileiro) que o ciberlibertarismo dos criadores do Bitcoin postula um projeto, por vezes à beira do anarco-capitalismo, que, em inúmeros aspectos, exacerba os princípios norteadores da era neoliberal.

Como dito antes, a presente conjuntura de crise caracteriza-se justamente pelo feito de que, enquanto o neoliberalismo atinge seu ápice como forma de ideologia e constituição subjetiva, a crise material, sem saída aparente, em que se vê implicado, como modo de governo da economia e da sociedade, parece lhe tirar o chão aos pés, enfraquecendo-o como "regime de verdade". Uma das razões vinculadas a isso é precisamente os ataques, ou melhor, o aparecimento de uma nova forma de instrumentalização daquela "autonomia relativa" do Estado, desde então escancarada como diretamente comprometida com os interesses da elite financeira. Relacionado a esse descolamento, o centro político (ocupado, em muitos lugares, pelos legítimos representantes desse neoliberalismo "realmente existente") desidrata, ressurgindo, em meio a essas rachaduras, formas diversas de radicalismo e, o que é mais preocupante, líderes, movimentos e tendências de opinião política em favor de modos restritivos, autoritários, xenófobos, racistas, sexistas, em suma, fascistas, de gestão da vida social.

De sua parte, o radicalismo libertário, ou libertariano, ganha terreno justamente ao exigir, a seu modo, que o neoliberalismo cumpra integralmente suas promessas, levando a cabo, em tempos de intensificação do conflito social, uma nova e ampliada rodada de efetivação prática de seus princípios norteadores: promoção da competição generalizada em prol da "inovação", defesa intransigente da propriedade individual, mercantilização, privatização e individualização. Do ponto de vista político, o Bitcoin, apesar de seus aspectos tecnicamente inovadores, não é muito mais do que a transmutação dessa mesma agenda para o campo da gestão do dinheiro.

Ocorre que, contraditoriamente, nesse campo específico, essa aparece como uma agenda em demasia radical, inclusive para os neoliberais em posição de mando: políticos, autoridades, governantes e, é claro, financistas de todos os matizes; para esse mesmo *establishment* neoliberal, em suma, que o neoliberalismo libertário pretende, de "bom coração", atacar. Daí o Bitcoin ser um filho "rebelde", inesperado e um tanto perturbador, sob inúmeros aspectos, do neoliberalismo: ele nasce, em chave contraditória, como um produto, ao mesmo tempo, da intensificação e da crise desse, em favor de seus princípios ideais norteadores, mas em conflito direto com sua forma institucional "realmente existente" de governo, objetivada no par Estado-finanças. Em sua contradição monstruosa, o Bitcoin é, ao mesmo tempo, um indício da força e da fraqueza que constitui o regime neoliberal em nosso tempo.

É óbvio que isso não impede, em tempos de financeirização e rentismo exacerbado, que se busque aproveitar as oportunidades de ganho especulativo de parte a parte, que se ative uma nova rodada de investimentos na mais nova forma tecnológica que desponta, com impactos ainda imprevisíveis, ou mesmo que a repressão e regulação do Estado venha a resultar, eventualmente, em uma forma "estabilizada" e "útil" de existência para o Bitcoin que, relativamente circunscrito, como segue, abre, sem dúvida, oportunidades variadas de ganho especulativo e serve a usos (como evasão fiscal, lavagem de dinheiro, ciberguerra e economia do crime) que certamente são "socialmente necessários" – um filho "rebelde" é sempre, ainda, um filho, afinal. Qualquer que seja o caso, em vista da análise que busquei mobilizar, o Bitcoin releva-se como um intrigante experimento, que nos diz muito sobre o que é o dinheiro e o seu papel sob o capitalismo, especialmente em sua fase neoliberal – o momento atual deste "revolucionário" modo de produção.

Ainda no tocante a esta análise, veremos, nos próximos capítulos, como o materialismo marxista não é um materialismo sensorial-substancialista. Sendo, diversamente, um materialismo "social", conformado pelas relações sociais objetivas que constituem a produção da vida material. Foi precisamente esse o materialismo mobilizado, aqui, ao longo de minha crítica desta moeda que se pretende "imaterial" (apolítica, ou seja, não determinada por relações sociais). O problema desse outro materialismo duro (declare-se ele marxista ou não), veremos com mais detalhes em seguida, está em definir o valor como trabalho incorporado na produção das mercadorias, algo que se consubstanciará em uma propriedade quase "física" dessas. Sabemos, no entanto, que, distintamente, o valor é uma forma social, produto de uma determinada maneira, historicamente específica, de organizar socialmente o trabalho. Sua materialidade advém, assim, não do trabalho no sentido "físico" do termo, mas das relações sociais que estruturam, organizam e dispõem esse trabalho. É isso que define como tal o capitalismo, e nele o papel do dinheiro, e não o fato de as mercadorias, bens ou "coisas" serem produtos diretos do trabalho (até mesmo porque em outros modos de produção os produtos também são fruto do trabalho).

Podemos apontar, assim, uma intrigante inversão no que diz respeito à pretensa "materialidade" do Bitcoin. É possível dizer que o Bitcoin se apresenta, por estranho que possa parecer, como um projeto de "desvirtualização digital" do dinheiro "realmente existente". Enquanto o dinheiro, como relação social, já é uma realidade "virtual" (não física e imediatamente material – lembremos que o dinheiro já é usualmente, em grande parte, "digital"), o Bitcoin pretende justamente "desvirtualizá-lo". É que o "metalismo digital" do Bitcoin aponta, contraditoriamente (porque material e fisicamente sustentado na completa digitalização do dinheiro em *bits* e *bytes*), para uma emulação algorítmica do que seriam as propriedades materiais, físicas ou "corpóreas" do ouro como forma de dinheiro: escassez, portabilidade, divisibilidade, facilidade de armazenamento, etc. Ou seja, um materialismo sensorialista replicado, em termos ideais, como realidade digital.

O dinheiro capitalista realmente existente, por sua vez, material no sentido sociorrelacional, não tem em sua existência física um traço distintivo do ponto de vista conceitual. O que é decisivo é sua capacidade e possibilidade de atuar como mecanismo socialmente válido de representação e realização do valor das mercadorias. Assim é que, enquanto o dinheiro capitalista existente já é fundamentalmente uma realidade *virtual* ainda que seja também, residualmente, física; o Bitcoin, mesmo supostamente "desmaterializado" ou "digitalizado", do ponto de vista físico, pretende colocar em prática um materialismo sensorialista, conceitualmente pobre e equivocado no que se refere à natureza do dinheiro, buscando uma espécie de "desvirtualização digital" do dinheiro. Ainda que se pense e se pretenda "imaterial", essa criptomoeda emula, em verdade, um materialismo tosco, tratando, idealmente, o dinheiro como "coisa" e não como mecanismo social de representação e realização do valor que de fato é.

Se o dinheiro é realmente uma mercadoria, como querem os clássicos (incluído Marx ou não, a depender da interpretação), então os defensores do Bitcoin têm um ponto relevante a seu favor, ponto este que sustenta toda sua lógica operacional, qual seja: a de que o dinheiro é mercadoria "escassa", obtida por meio do trabalho e tornada equivalente geral de modo espontâneo no mercado, com o auxílio de suas "propriedades especiais". Mas se, distintamente, o dinheiro não é uma "coisa", e sim uma relação social – o equivalente geral, reproduzido por mecanismos de poder material e ideológico, violência e confiança (relacionados, é claro, ao poder do Estado, bem como a outras formas de convenção social), e tendo, assim, vínculo não obrigatório ou apenas convencional-histórico com seu caráter de mercadoria –, então sabemos que o Bitcoin enfrentará seríssimos desafios para se universalizar como dinheiro.

Vimos ao longo deste capítulo, conforme apontam os alertas de autoridades financeiras, que aqueles que investem em Bitcoins assumem o risco de incorrer em grandes perdas devido a sua desvalorização repentina, que a criptomoeda pode ser utilizada para fins ilícitos, como tráfico de drogas, evasão fiscal e lavagem de dinheiro, e que os primeiros entrantes do sistema vêm observando lucros especulativos expressivos à medida que o preço do Bitcoin cresce junto do número de novos usuários, o que leva, como se disse, a uma aristocracia do Bitcoin. Ocorre, conforme observa Bjerg (2016), que todas essas críticas se aplicam igualmente às nossas atuais formas de dinheiro convencional. Que essa observação seja válida, não serve para isentar o Bitcoin de seus graves problemas ou mesmo fazer desta uma forma igualmente funcional, aceitável ou "natural" de dinheiro; mas antes para demonstrar, de uma vez por todas, que qualquer pretensa forma de dinheiro, digital ou não, está sempre e inescapavelmente relacionada a uma certa configuração social verificável no mundo "material". Mesmo um esforço utópico, como o Bitcoin, que promete libertar o dinheiro de seus laços sociais (aqui igualados às instituições disfuncionais das economias modernas), não pode dissociar-se totalmente de tais dimensões materiais e institucionais.

Observei, ademais, que o Bitcoin é particularmente propenso à manipulação que caracteriza todos os instrumentos que carecem de controle e supervisão regulatória – e, aqui, novamente, a despeito da retórica libertária mobilizada pelos entusiastas desta criptomoeda, a verdade é que inovações e ativos não regulamentados podem ser encontrados por toda parte nas finanças contemporâneas. Por fim, apesar do Bitcoin poder ser utilizado para comprar alguns produtos, sabemos que esses são geralmente precificados em outra moeda, como o dólar estadunidense, pela simples razão de que sua cotação tem sido altamente instável, de modo que a maioria das moedas nacionais são, no presente momento, muito mais estáveis do que o Bitcoin jamais poderá ser. Realisticamente, parece bastante improvável imaginar que o Bitcoin venha a substituir as moedas nacionais, ou mesmo que venha a se tornar dominante. E se esse improvável viesse a ocorrer, dada sua forma e limites de emissão, vimos que as potenciais consequências deflacionárias disso advindas poderiam ser severas.

É sintomático (e certamente irônico) que, mesmo sendo promovido como um corretivo para inflação e deflação, o Bitcoin tenha justamente experimentado inúmeras e dramáticas espirais deflacionárias e inflacionárias. De um lado, isso revela a resiliência das ideologias frente às irrefutáveis evidências que as desafiam[170] – e, nesse

---

[170] É curioso observar, a esse respeito, como cada novo evento, por mais adverso que pareça, é interpretado pela comunidade de usuários como um novo indicador de sucesso da criptomoeda, independente das evidências em contrário. Quando seu preço sobe em relação a outras moedas, comemora-se a ascensão; quando desce, isso indica uma estabilização que a favorecerá como reserva de valor. Quando uma nova regulamentação mais permissiva aparece, significa que a criptomoeda está passando a ser considerada e devidamente incorporada ao sistema financeiro; quando uma regulamentação mais restritiva é posta em marcha trata-se de um indício de que os governos agem de modo ineficiente e que a "nova" economia do Bitcoin irá inevitavelmente substituí-los. O fato de *venture capitalists* e *hedge funds* estarem investindo e entrando no espaço Bitcoin é, para a comunidade, um sinal tanto de sua aceitação por parte do *establishment* econômico quanto da futura derrocada deste mesmo *establishment*. Conforme observa Golumbia (2016, p. 133-4), "parte do que torna o Bitcoin um fenômeno cultural tão intrigante é que, embora seus proponentes estejam firmemente convencidos de seu sucesso, eles têm sérias dificuldades em concordar sobre o que seria esse sucesso. Por um lado, como o Bitcoin deve substituir as moedas dos Bancos Centrais corruptos, o sucesso significa a adoção generalizada do Bitcoin. Mas a 'adoção generalizada' inclui intrinsecamente a adoção pelos próprios banqueiros, financistas e políticos que alguns entusiastas do

particular, parece inegável que, independentemente de realizar ou não seus objetivos econômicos e sociais, o Bitcoin tem servido com algum sucesso à função social de disseminar, reforçar e mesmo legitimar socialmente certas ideias e princípios neoliberais. De outro, tal experimento nos demonstra que os problemas monetários, conforme dissera Marx, não são única ou centralmente formais, técnicos, mecânicos ou, nesse caso, algorítmicos, mas sociais, políticos e econômicos e que, como tais, só podem ser geridos e transformados por meio de ações que são elas mesmas políticas.

Bitcoin detestam tanto, e, portanto, os sinais de adoção generalizada são considerados infelizes corrupções do ideal do Bitcoin. Em outro registro, o Bitcoin deve 'acabar com o Estado-nação', ou pelo menos com a 'tirania' do Estado-nação sobre o dinheiro, objetivos para aos quais sua adoção generalizada supostamente deve levar; então na medida em que o Bitcoin de fato se torna mais amplamente adotado, mas com virtualmente nenhum impacto sobre o Estado-nação ou sobre o sistema de reservas bancárias, ele é visto como um fracasso decepcionante".

Parte II

Do Dinheiro ao Bitcoin

Prelúdio: O Dinheiro entre a Economia e a Sociologia

> *As relações econômicas entre as pessoas, embora ostensivamente de natureza puramente econômica e calculável, na realidade não são nada mais do que relações interpessoais objetificadas. A Sociologia, por outro lado, preocupando-se apenas com relações entre pessoas sem prestar muita atenção à sua forma econômica objetificada, age como se tudo dependesse realmente dessas relações interpessoais ou mesmo das oportunidades abertas às ações sociais, e não daqueles mecanismos. O que está perdido na lacuna entre elas [a Economia e a Sociologia] – e essa lacuna deve ser entendida não topologicamente, mas como algo realmente ausente do pensamento de ambas as disciplinas – é exatamente aquilo que uma vez foi referido pelo termo "Economia Política"*
>
> Theodor Adorno

O dinheiro é um problema a um só tempo sociopolítico, econômico e filosófico. Daí a necessidade de investigá-lo de modo integrado e interdisciplinar. Começarei, portanto, apresentando, brevemente, o tratamento do dinheiro na Sociologia e na Economia. Tematizarei abordagens que, em razão de seus problemas e limites, nos direcionarão, em seguida, de modo a evitá-los, para outro rumo. Vejamos.

A ciência econômica, atualmente hegemonizada pelo pensamento ortodoxo e presa, portanto, a uma abstração da complexa economia de mercado moderna como uma variância do modelo de troca simples, tende a ver o dinheiro de forma limitada: como um mero meio de troca neutro e exógeno. Na base da construção desse quadro de análise, reside uma simplificação primária da vida econômica em sociedade como um mero agregado de ações e decisões instrumentais-racionais, levadas a cabo por um *homo oeconomicus* pleno e autodeterminado, bem informado e portador de necessidades ilimitadas diante de recursos escassos. Os efeitos de tais premissas draconianas definitivamente não podem ser menosprezados em relação ao que ensejam para a construção de modelos explicativos na Economia, em particular, e nas ciências humanas, em geral.

De fato, reside justamente no posicionamento em relação ao dinheiro, uma das principais e mais distintivas diferenças entre os pensamentos ortodoxo e heterodoxo em Economia (Mollo, 2004). Aquele, geralmente concedendo pouca atenção à questão, postula, como se disse, a neutralidade do dinheiro, ou seja, que a oferta de moeda não altera no longo prazo as variáveis econômicas reais (como produção, renda, emprego); enquanto este, distintamente, ao negar esta neutralidade, defende uma endogeneidade constitutiva, ou seja, que o dinheiro aparece como uma necessidade inerente à lógica da economia capitalista e afeta tais variáveis – algo, em geral, vinculado ao seu conteúdo sociopolítico e ideológico. A natureza do dinheiro e sua importância para as economias é, por isso, a partir deste corte, uma das principais questões enfrentadas pelo pensamento econômico heterodoxo, em toda a sua diversidade de vertentes[171].

As teorias monetárias se concentram, dentre os economistas, basicamente nas funções, uso e gerenciamento do dinheiro. Reconhecendo que os conceitos de dinheiro são difíceis de serem classificados, Joseph Schumpeter (1986, p. 62-3, 289) apontou que o dinheiro foi tratado, ao longo da história do pensamento econômico,

---

[171] O que se convencionou chamar de campo heterodoxo em Economia abarca uma grande diversidade de abordagens: marxistas e keynesianos, em suas mais distintas correntes, kaleckianos, schumpeterianos etc.; de modo que, entre eles, a despeito de algumas concordâncias, há também inúmeros desencontros.

basicamente de duas formas gerais: "metalista", algo que remontaria a Aristóteles, e "antimetalista" ou "cartalista", remetendo a Platão. Ou seja, de um lado aqueles que acreditam que o dinheiro é fundamentalmente uma mercadoria ou coisa, e, de outro, aqueles que o definem como uma convenção social, uma reivindicação, uma promessa de pagamento, uma imposição legal. Daí as distinções no campo da teoria monetária entre substancialistas *versus* nominalistas, defensores do dinheiro-mercadoria *versus* dinheiro de crédito[172].

Como se sabe, um posicionamento "nominalista" heterodoxo eminente é o de John Maynard Keynes (2013, p. 3), para quem o "dinheiro [como unidade de] de conta, ou seja, [veículo] em que as dívidas e os preços e o poder de compra geral são expressos, é o conceito fundamental de uma teoria do dinheiro". Nesta concepção, um dinheiro abstrato de conta é logicamente anterior às formas e funções do dinheiro. É esta condição que fornece as demais prerrogativas atribuídas ao dinheiro em geral e a um meio de troca em particular. Esta definição, herdada de Georg Knapp (1973), é, em grande parte, compartilhada pelo campo econômico heterodoxo[173]. Assim é que, enquanto ortodoxos dão ênfase à função do dinheiro[174]

---

[172] Se é verdade que a ortodoxia tende a se situar na primeira definição enquanto a heterodoxia na segunda, essa tampouco é uma divisão estanque, já que pode haver, por exemplo, marxistas "metalistas", assim como ortodoxos "antimetalistas". Essa divisão ainda pode ser situada a partir de outros aspectos, como o posicionamento em relação à origem histórica do dinheiro. Em qualquer caso, segue válida, para nossos propósitos, a divisão acima delineada.

[173] O cartalismo dá especial ênfase ao papel do Estado na dinâmica monetária, algo resumido na ideia de que o dinheiro é, em verdade, um produto da ação (tributária e coercitiva) do próprio Estado. Para expoentes contemporâneos do neocartalismo (também chamado "Modern Money Theory"): na Economia ver Wray (2004) e na Sociologia, Ingham (2004).

[174] Os livros-textos da disciplina relacionam, usualmente, três funções básicas do dinheiro: meio de troca, unidade de conta e reserva de valor. Dada a predominância da visão ortodoxa na produção e divulgação destes, a ênfase teórico-conceitual, em geral, recai sobre a função meio de troca.

como meio de troca, heterodoxos tendem a enfatizar a precedência da função unidade de conta/medida de valor.

A respeito dessa divisão geral do campo disciplinar da Economia, Anwar Shaikh (2016) critica o fato de heterodoxos e ortodoxos estarem situados, na verdade, não exatamente em paradigmas opostos, mas em posições opostas no interior de um mesmo paradigma; compartilhando efetivamente um mesmo campo de problemática, ou seja: onde alguns veem equilíbrio outros veem desequilíbrio, onde uns veem estabilidade outros veem instabilidade, onde uns veem perfeição outros veem imperfeição. Se essa caracterização pode soar como dura, tem sua razão de ser. Isso porque devemos, distintamente, segundo o autor, tematizar não a "economia nacional" contra a "economia de mercado", mas, alternativamente, o capitalismo; não um sistema passível de "estabilização" para o crescimento, mas inerentemente instável, turbulento, em que regularidade e caos, previsibilidade e imprevisibilidade fazem parte de um mesmo complexo que evolui e se transforma. Assim é que poderíamos ver, por exemplo, ainda de acordo com Shaikh, que o que ocorreu quando do crepúsculo do capitalismo desenvolvimentista do pós-guerra, que deu ensejo à financeirização e ao neoliberalismo, foram mudanças estruturais-sistêmicas e não meras escolhas equivocadas quanto a estas ou aquelas formas particulares de regulação da economia.

A crítica do pensamento econômico ortodoxo, como se sabe, já foi ampla e competentemente realizada pela literatura, nos mais diversos campos das ciências sociais, em trabalhos contemporâneos e clássicos[175]. Devido à sua grande importância atualmente, cabe detalharmos, aqui, os problemas estruturais da leitura neoclássica do dinheiro – em parte recepcionada também por importantes representantes da teoria sociológica, como se verá a frente.

Como se disse, a ciência econômica, tal como aparece de forma dominante, está presa a uma abstração da complexa economia mo-

---

[175] Ver, por exemplo, Marx (2013, 2014), Keynes (1996), Polanyi (2000). Para análises comparativas entre estes autores ver Mollo (1994, 1998, 2004).

netária de produção como uma variação do modelo de troca simples, do escambo. Isso a leva a conceber o dinheiro de forma extremamente limitada: como um mero meio de troca neutro (apartado de relações sociais) e exógeno (plenamente controlável por seu emissor), pouco mais do que um "lubrificante" a conferir fluidez e velocidade às trocas mercantis; um "véu" a encobrir a verdadeira natureza da economia "real". Isso significa dizer que, em mercados sempre tendentes ao equilíbrio, o dinheiro serve como facilitador, instrumento de mediação entre produção e troca de bens sem afetar no longo prazo, ou de forma durável, o funcionamento da economia em suas variáveis econômicas reais (produto, emprego e consumo). Na mesma chave de análise, o dinheiro é integralmente passível de controle pelas autoridades monetárias, dado que sua demanda é sempre estável e previsível. Sendo pouco mais do que um instrumento técnico que possibilita contornar as dificuldades da falta de dupla coincidência entre bens demandados por um comprador e os ofertados por um vendedor, o dinheiro não cria nem muda nada substancialmente.

O postulado da neutralidade do dinheiro é aceito por todo o pensamento econômico ortodoxo, seja ele neoclássico, da síntese neoclássica do pensamento de Keynes (IS-LM), novo clássico ou novo keynesiano (Mollo, 2004). Neutro e exógeno, o dinheiro é, nessa vertente teórica, completamente desidratado de sua importância analítica. Tal forma de conceber o dinheiro é tributária, no pensamento econômico ortodoxo, do axioma da impossibilidade, ou irracionalidade, do entesouramento de dinheiro pelos agentes econômicos, o que conduz à aceitação da *Lei de Say* e da *Teoria Quantitativa da Moeda* (TQM).

Resumidamente, a Lei de Say pode ser definida por um enunciado bastante simples: a oferta cria sua própria demanda. Um dos pilares do edifício teórico do *laissez-faire*, foi formulado no século XIX, por Jean Baptiste Say. Determina, grosso modo, que as rendas monetárias distribuídas por ocasião da produção de mercadorias em um certo período são suficientes para comprar essas mercadorias vendidas, ou seja, o dinheiro ganho na venda de mercadorias permite comprar as mercadorias. Como não há entesouramento, não há o que impeça a igualdade entre rendimentos e gastos e não há superprodução, apenas ajustes de preços relativos.

Quanto à TQM, corresponde à igualdade $MV = PY$, sendo M = quantidade de moeda, V = velocidade de circulação da moeda, P = nível de preços, Y = produto real da economia, com os seguintes pressupostos: I) a velocidade de circulação é estável ou previsível, II) a quantidade de moeda não afeta a produção de forma permanente (neutralidade) e III) a autoridade monetária tem total controle sobre a oferta de moeda. Disso restando uma causalidade elementar: o nível de preços é *determinado* pela quantidade de moeda em circulação. Como a moeda é controlável e controlada pela autoridade monetária, é ela (ou o governo ao qual está submetida) a única responsável pela inflação.

Nessa concepção, a moeda é definida como uma mercadoria cujo preço é inversamente proporcional ao das mercadorias não monetárias. Mas, de acordo com essa leitura, apenas essas últimas são objeto de uma demanda real, já que possuem algum valor de uso para o consumo ou produção. Limitado ao seu papel como meio de troca, o dinheiro não conta com uma demanda por ele mesmo; seu valor imediato é igual ao das mercadorias que compra. Desse modo, dinheiro demais redundará em bens mais caros, sendo o contrário igualmente válido – o que está, como se viu, na base das leituras ortodoxas sobre o fenômeno da inflação.

Com o dinheiro reduzido à sua função como mero meio de circulação, sem significação como reserva de valor, ele só pode circular ou desaparecer; jamais ser entesourado (algo que seria, nesta abordagem, irracional). No equilíbrio, o dinheiro é neutro e, uma vez fechado o circuito das trocas, anula-se. Ora, é precisamente porque não há entesouramento, suposto como irracional ou sem sentido econômico, que tal circuito não tem porque ser rompido. Sem que isso ocorra, o dinheiro não afeta a economia real (dinheiro neutro). Sem que haja entesouramento tampouco aparece como problemático o controle externo, por lei, autoridade, ou qualquer intervenção que seja, da quantidade emitida de dinheiro (dinheiro exógeno) (Mollo, 2004).

Obtém-se, assim, como corolário que toda oferta cria sua demanda, toda poupança é emprestada para investimento ou é investida. Há na Lei de Say, conforme critica Keynes (1996, p. 40), a suposição implícita de que o "sistema econômico trabalha sempre em plena capacidade, de tal modo que uma atividade nova poderia sempre ser substituída e jamais se somaria a outra atividade" e de que, conforme David Ricardo (1996), os canais da circulação nunca transbordam. Por esse motivo, não pode haver superprodução geral, mas somente desequilíbrios locais passageiros. Tampouco tem significado a ideia de crise econômica de superprodução de mercadorias. O mercado se autorregula[176]. É por essa razão que nenhuma teoria da crise pode fundamentar-se em uma teoria da regulação pelo mercado, redundando na especial debilidade das teorias liberais a esse respeito. Mas, "em que condições", nos perguntamos com Brunhoff (1991, p. 52),

> o financiamento deixa de ser externo às grandezas econômicas "reais"? Para isso, seria necessário que a moeda fosse concebida com suas *diversas* funções, entre as quais existe uma tensão permanente. Então, seria possível ao mesmo tempo distinguir e relacionar crescimento e crise, investimento e especulação ou entesouramento.

Assim é que, seja em Marx e nos marxistas, seja em Keynes e nos pós-keynesianos, o dinheiro é concebido em consonância com sua grande importância para as economias, recebendo, por isso, tratamento teórico privilegiado. É essa importância que justifica seu en-

---

[176] "As concepções ulteriores do ciclo econômico serão influenciadas por esta ideia: as flutuações econômicas de curto prazo se compensam 'naturalmente'. A Lei de Say justifica a autorregulação de toda economia mercantil. Ela atravessa tanto a concepção 'clássica' de Ricardo como a construção 'neoclássica' de Walras. Ela sobreviveu às críticas de Keynes, que refletiam em parte um novo estado do mundo" (Brunhoff, 1986, p. 23).

tesouramento – ainda que por razões distintas para Marx e Keynes (Mollo, 1998) – e, assim, dificulta o controle de sua quantidade em circulação (dinheiro endógeno). Em Marx e Keynes, a negação tanto da TQM quanto da Lei de Say, no curto ou no longo prazo, os opõe frontalmente à ortodoxia, possibilitando uma apreensão do sentido econômico do entesouramento e de suas consequências (neutralidade e endogeneidade do dinheiro).

Essas questões são importantes nas discussões atuais sobre política monetária e sobre o poder monetário do Estado; razão pela qual, sob pena de não compreendermos a dinâmica monetária e econômica em geral, uma compreensão crítica das complexidades que envolvem o dinheiro no capitalismo apresenta-se como uma necessidade incontornável.

No que diz respeito à Sociologia é possível encontrar já nos cânones da disciplina, como Max Weber (1978) e, sobretudo, Georg Simmel (2011) e Karl Marx (2011a, 2013), reflexões sobre inúmeros aspectos do dinheiro – tema presente em suas leituras sobre o processo de modernização das sociedades tradicionais. Passemos, a título de resgate, a um brevíssimo excurso sobre tais contribuições.

Em Georg Simmel, o dinheiro é compreendido como uma forma de sociação[177] e não uma "coisa". Nesta chave, é definido como apenas "uma reivindicação sobre a sociedade. O dinheiro aparece, por assim dizer, como uma letra de câmbio da qual falta o nome

---

[177] A partir de uma leitura da sociedade como produto de interações individuais, o conceito de "sociação" designa, em Simmel, as formas ou modos pelos quais os atores sociais se relacionam, no sentido de forma pura de interação – e não "associação". "A sociação é, portanto, a forma (que se realiza de inúmeras maneiras distintas) na qual os indivíduos, em razão de seus interesses – sensoriais, ideais, momentâneos, duradouros, conscientes, inconscientes, movidos pela causalidade ou teleologicamente determinados, se desenvolvem conjuntamente em direção a uma unidade no seio da qual esses interesses se realizam. Esses interesses sejam eles sensoriais, ideais, momentâneos, duradouros, conscientes, inconscientes, causais ou teleológicos, formam a base da sociedade humana" (Simmel, 2006, p. 60).

do devedor ou, alternativamente, que é garantido ao invés de aceito" (Simmel, 2011, p. 190).

Como tal, o dinheiro é o representante de um valor abstrato; "o valor das coisas sem as coisas elas mesmas" (Simmel, 2011, p. 128). E as qualidades desse valor abstrato puro não residem em nada que não nas "organizações sociais e normas suprassubjetivas" (Simmel, 2011, p. 226). Ou seja, como uma "permutabilidade destilada de objetos", o dinheiro não é mais do que *relação* entre coisas, uma relação que persiste a despeito da mudança nas coisas mesmas" (Simmel, 2011, p. 132, grifo do autor). Assim, na medida em que, como valor abstrato, ele não expressa nada além da relatividade de coisas que constituem valor, o dinheiro é, na verdade, "uma dessas ideias normativas que obedecem as normas que elas mesmas representam" (Simmel, 2011, p.129-30). É por isso que o dinheiro requer um elemento de crença suprateórica, uma fé quase religiosa: "o dinheiro é a mais pura reificação de meios, um instrumento concreto que é absolutamente idêntico ao seu conceito abstrato; é um instrumento puro" (Simmel, 2011, p. 227). Essa conceituação de dinheiro – ainda que recebida e interpretada, por vezes, de forma distinta entre eles – ganhou centralidade no trabalho de sociólogos contemporâneos do dinheiro, com destaque para Geoffrey Ingham (2004) e Nigel Dodd (2014).

Em Max Weber, o dinheiro é visto, conforme nos recorda Richard Swedberg (2000), como um instrumento que oferece uma contribuição significativa para a racionalização das funções econômicas do Estado moderno. Como uma poderosa ferramenta de cálculo, contabilidade, orçamento e liquidação, o dinheiro é, para Weber, "formalmente o meio mais racional de orientar a atividade econômica" (Weber, 1978, p. 86). Desse modo, aparece como fundamental para a organização de um sistema estável de tributação universalizada, tributos que o sociólogo alemão caracterizou como pré-condição para a existência permanente da administração burocrática[178]. A

---

[178] Ao mesmo tempo, conforme observa Swedberg (2000), o uso generalizado do dinheiro possibilitou ao Estado moderno se envolver menos diretamente na atividade econômica e, assim, criar um ambiente mais favorável

tributação sustenta não apenas as atividades burocráticas do Estado, mas também sua capacidade de influenciar economicamente e regular politicamente o dinheiro[179], já que, sob este aspecto, ele se impõe como "o maior receptor e o maior realizador de pagamentos da sociedade" (Weber, 1978, p. 167).

Seguindo, como Keynes, a teoria de Georg Knapp (1973), Weber (1978) define o dinheiro em termos de sua validade formal como uma unidade de conta para o pagamento legal de dívidas; mas também o critica por ter subestimado, em sua análise, a importância dos interesses privados e políticos na determinação da política monetária. Isso porque, de modo a ensejar a referida calculabilidade racional, o dinheiro precisa atuar como uma arma na luta pela existência econômica, num jogo dos "interesses orientados apenas para a lucratividade" (Weber, 1978, p. 183). Nessa acepção, os preços, que na teoria econômica convencional emergem como o resultado da interação entre oferta e demanda, são vistos por Weber como o produto de tais conflitos de interesse na luta pela existência econômica. Qualquer equilíbrio ou estabilidade de preços, a taxa de juros incluída, será, assim, a expressão de um dado equilíbrio de poder. Consequentemente, o dinheiro não aparece aqui como o "véu" neutro da teoria econômica ortodoxa, que encobre ou apenas media tecnicamente a troca "real" de mercadorias; distintamente, o dinheiro "é principalmente uma arma nessa luta, e os preços são expressões dessa luta" (Weber, 1978, p. 108).

Mas a instabilidade dos preços, em geral, para além de um resultado da "luta econômica pela existência", também está relacionada, para o sociólogo, a um excesso (inflação) ou escassez (deflação) de

---

ao florescimento do capitalismo racional.

[179] "O comportamento dos tesouros de Estado em suas transações monetárias é de importância crucial para o sistema monetário: acima de tudo, que tipo de dinheiro eles realmente têm em mãos e, portanto, podem pagar, e que tipo de dinheiro eles forçam ao público como moeda de curso legal e, além disso, que tipo de dinheiro eles realmente aceitam e que tipo repudiam parcial ou totalmente" (Weber, 1978, p. 167).

dinheiro. Nesse sentido é que, na concepção weberiana, as burocracias estatais nunca poderiam produzir a quantidade ou o tipo certo de dinheiro porque estão "orientadas principalmente para a criação de poder de compra para determinados grupos de interesse" (Weber, 1978, p. 183), o que levaria diretamente à inflação. Vimos como a causalidade entre emissão monetária e inflação é central para o pensamento ortodoxo, estando Weber aqui influenciado por este aspecto. De qualquer forma, como observa Ingham (2004, p. 68), contra a ortodoxia econômica, ambos, "Simmel e Weber viram claramente os méritos das teorias do dinheiro nominalista, estatal e de crédito".

Chegando a Talcott Parsons (1950), o dinheiro é definido, do ponto de vista sociológico, como um meio simbólico generalizado de comunicação e interação, que facilita a integração das partes funcionalmente diferenciadas do sistema social. Mas, como símbolo, o dinheiro aparece também como "neutro", na medida em que não afeta a constituição subjacente do sistema social (ou da economia "real"). Assim é que, no esquema parsoniano, reservando-se à Sociologia uma descrição de suas funções integrativas, todos os demais aspectos do dinheiro poderiam ser deixados ao tratamento da ciência econômica – algo que fez reforçar, distintamente aos clássicos, a já mencionada divisão do trabalho intelectual.

Conforme nota Ingham (2004), essa orientação geral foi herdada por importantes autores da disciplina como, por exemplo, Jurgen Habermas, Niklas Luhmann e Anthony Giddens, que seguem, em linhas gerais, a despeito de suas diferenças, o conceito de dinheiro como um meio simbólico ou meio de intercâmbio. Assim é que, como em Parsons, o dinheiro promove a complexidade sistêmica (em Luhmann) e o alongamento espaço-temporal (em Giddens), típicos da modernidade, sem que sua existência e natureza cheguem a ser de fato problematizadas[180].

---

[180] Conforme aponta criticamente Ingham (2004, p. 60-1): "com certeza, o dinheiro tem as consequências que Giddens e outros delineiam, mas apenas se as relações sociais de sua produção permanecerem intactas. Na ausência dessa análise, a sociologia *mainstream* moderna implica uma explicação

Um ressurgimento do interesse pelo assunto vem ganhando corpo na disciplina, especialmente a partir dos anos 2000 e, mais particularmente, após a crise de 2008. Tal retomada se expressa em trabalhos de maior fôlego e especialização na análise do dinheiro, com destaque, entre outras, para as contribuições de Keith Hart (2001), Viviana Zelizer (1997), Nigel Dodd (1997, 2014) e Geoffrey Ingham (2004). Em todos eles, o conceito de comportamento/agente racional é visto com desconfiança e a maioria se opõe frontalmente àquela conceituação ortodoxa do dinheiro como neutro e exógeno, que confere demasiada ênfase a sua função como meio de troca. Trata-se de uma recusa, vimos, que, em certa medida, remete aos próprios clássicos da Sociologia.

No entanto, e apesar de vir analisando com maestria, no último período, sob distintas abordagens, a natureza e os significados sociais do dinheiro, ou suas consequências para a sociedade moderna, com uma ênfase destacada no papel da "confiança" em sua reprodução, a Sociologia, com raras exceções, não tem se dedicado suficientemente às estruturas do dinheiro, seu papel sistêmico concreto no capitalismo, como é produzido e reproduzido em meio às transformações recentes desse modo de produção e quais os impactos macrossociais de tais transformações[181].

---

funcionalista da existência do dinheiro que se assemelha aos teoremas teleológicos encontrados na economia *mainstream*. (...) O dinheiro não é meramente um *tolken* simbólico que integra sistemas sociais 'desacoplados' (Giddens, 1990); também é valor em si mesmo. O controle da produção do dinheiro é uma instituição social essencial". Para uma análise pormenorizada do tratamento do dinheiro em Parsons, Habermas e Luhmann ver também Dodd (1994).

[181] Por razões de espaço e escopo, este trabalho não se ocupará em resgatar e desenvolver um debate estruturado contra esses expoentes da sociologia do dinheiro. Sob enfoques distintos, Fine e Lapavitsas (2000), Lapavitsas (2005a) e Ingham (2001, 2006) produziram boas críticas a essas abordagens. Especialmente instrutivos a esse respeito são os debates travados, no início dos anos 2000, na revista *Economy and Society*, que possibilitaram colocar algumas dessas posições mais representativas em confronto, nos permitindo, assim, destacar com maior clareza suas semelhanças e dife-

Focados na topologia epistemológica do agente (mesmo que não imediatamente racional-maximizador), muitos dos reconhecidos autores da área têm deixado escapar aspectos sistêmicos e macrossociais do dinheiro que guardam enorme importância para a compreensão dos modernos mecanismos de gestão e coordenação da economia contemporânea, em especial em seus graves problemas e crises. É, por exemplo, o caso da recente sociologia das finanças e dos mercados financeiros[182], que, em geral presa a uma microssociologia construtivista dos mercados, e tende, conscientemente ou não, ao invés de desafiá-las, a assumir de modo pouco crítico as leituras econômicas dominantes sobre o dinheiro.

Em resumo, a despeito da mencionada divisão disciplinar ainda produzir efeitos consideráveis, há, de fato, uma sociologia do dinheiro que vem se consolidando nos últimos anos. Ela é diversa em suas aproximações, relativamente difusa e, aparte algumas exceções (como o neocartalismo sociológico), não se propõe ao empreendimento sistemático de uma análise macrossocial, isto é, sistêmica, do dinheiro, tendendo a privilegiar a dimensão microssocial.

Em grande medida, os resultados obtidos por meio de tal abordagem têm redundado na produção de análises com baixa capacidade de caracterização do dinheiro como fenômeno e processo social amplo e generalizado – para além dos múltiplos significados e formas que este assume para distintos grupos, redes e agentes, em escala mais ou menos restritas de análise. Tais limites ainda ecoam, inadvertidamente ou não, uma infecunda divisão do trabalho entre as disciplinas da Sociologia e da Economia. Daí a necessidade de análises sistêmicas e macrossituadas do dinheiro como processo e relação social generalizada em sociedades capitalistas de mercado – em sua produção, circulação, gestão e constituição político-ideológica.

---

renças. Para tanto, além dos textos acima mencionados, ver Zelizer (2000, 2005) e Dodd (2005).

[182] Ver, por exemplo, os textos compilados em Knorr-Cetina e Preda (2005, 2013).

Eis que chegamos, por fim, à opção deste trabalho por uma abordagem materialista, na qual a obra de Marx aparece como *ponto de partida*, como quadro de orientação geral. Sabemos que em seu esforço de crítica da economia política como crítica global da sociedade capitalista, Marx buscou tratar de modo integrado problemas que, mais tarde, viriam a ser endereçados separadamente, e de modo nem sempre dialógico, por campos disciplinares distintos. Tal densidade "interdisciplinar" o possibilitou tematizar o capitalismo, em geral, e o dinheiro, em particular, com uma tal profundidade e extensão que encontraria raros paralelos em termos de potencial heurístico. Mais do que isso: as descobertas de Marx fizeram abrir todo um novo campo para a análise social (Therborn, 1980; Balibar, 1975).

A atenção por ele conferida ao dinheiro em meio a tal análise sistêmica do mundo econômico e social, para citar um exemplo que nos é caro, compreende, a um só tempo, as formas de luta social que o constituem (lembremos de Weber), sua dimensão simbólica e abstrata (lembremos de Simmel), sem capitular, como ambos, ao nominalismo ou ao normativismo monetário. Integrando, assim, tais aspectos a partir de um materialismo social e relacional, que privilegia os processos e dinâmicas da produção da vida material. É dessa forma que Marx pode conceber a integração ou inseparabilidade entre mercado, Estado e relações interpessoais (e ideológicas) na explicação do dinheiro, sem ceder à tentação de situar uma causa última em qualquer um desses três pontos.

É neste materialismo vivo e aberto, ao se permitir confrontar, por vezes, o próprio Marx, caso se queira, que residiu o núcleo epistemológico desta investigação. Trata-se de um materialismo, veremos, que não remete a qualquer materialidade sensorial, física, substancial, mas a uma materialidade social, ou seja, a um conjunto de relações sociais concretas que se objetivam por meio de dimensões históricas, políticas e culturais específicas, localizadas no tempo e no espaço, produto que são de lutas e conflitos sociais concretos e conjunturais – no interior de uma determinada forma de organização da vida socioprodutiva (de gestão dos processos de trabalho, produção e troca) e das formas sociais de governo que o amparam. Assim é que podemos falar de mecanismos, dinâmicas, representações e relações portadoras de uma existência *material*, em suma, em uma materialidade social do dinheiro.

É plenamente possível – e creio ter tornado isso evidente pela análise crítica do Bitcoin aqui apresentada – construir uma teoria do dinheiro, de inspiração marxista, em chave estrutural-sistêmica, capaz de tratar, em sua explicação, de seus aspectos econômicos-materiais, sociorelacionais e político-ideológicos: as dinâmicas do mercado e do capital, o conflito distributivo, as lutas pelo poder, o papel do Estado e da ideologia; propiciando, assim, uma leitura adequada e atualizada do dinheiro capitalista de crédito, não conversível, contemporâneo (e a partir desta, como se fez, uma análise do fenômeno do Bitcoin).

Neste ponto, para além de uma plêiade de autores e formulações das mais diversas, a obra de Suzanne de Brunhoff nos oferece uma contribuição especial, devido à profundidade e multidimensionalidade de sua crítica marxista da reemergência da abordagem "equilibracionista" (os paradigmas neoclássico e monetarista, ainda hoje hegemônicos na ciência econômica), sua oposição à "economia política da mercadoria sem dinheiro" (neoricardianismo) e à "economia política do dinheiro sem valor" (em grande parte da heterodoxia monetária). A partir dessa abordagem – e em contraste com qualquer nominalismo, normativismo ou substancialismo – o dinheiro capitalista nos aparece, em nível abstrato, como uma relação social que se objetiva em um mecanismo de representação e realização do valor, em cuja reprodução o Estado ocupa certamente papel importante, mas que responde, em última instância, a uma lei do valor, a uma inescapável necessidade de validação social frente à produção e troca de mercadorias – dinâmica que implica, ademais, poder político e ideológico. Assim é que o dinheiro não é uma coisa ou substância. Não é um derivado exclusivo do mercado, tampouco uma imposição pura e simples da autoridade do Estado (não raro definida de modo ahistórico e suprassocial pelos defensores deste ponto de vista). O dinheiro é uma *relação social*. Veremos à frente o que isso significa concretamente.

Sabemos, ademais, que o dinheiro assume formas, funções e dimensões simbólicas variadas ao longo da história das sociedades que o conheceram – informação certamente relevante. Mas este não é um estudo sobre o dinheiro pré-capitalista, um trabalho de arqueologia, antropologia ou história econômica das formas monetárias. O que se fará aqui, distintamente, é a busca por uma explicação do dinheiro naquilo que ele é na realidade presente – para apenas, depois disso, caso se queira, compreendermos aquilo que ele *foi* ou teria sido.

Para além de atender aos objetivos estritos dessa investigação, o que se busca com isso, de modo mais amplo, é evitar as limitações típicas de intelecções articuladas centralmente a partir da "origem" dos processos/objetos, tão mais quando sociais. Isso porque, tais abordagens, em favor de uma "linearidade" explicativa ou de uma coerência narrativa qualquer, tendem a um certo apagamento dos momentos de ruptura, reconstrução ou reconfiguração radical que remetem a conjunturas e eventos não previstos ou não capturados pelas tendências do processo de "desenvolvimento" desde um "princípio". Considerar a história do desenvolvimento e transformação do dinheiro é algo certamente importante e necessário, mas conceder privilégio epistemológico ao passado, ou a um "início fundante", de modo a explicar sua realidade presente, nos levaria a conclusões equivocadas.

Assim é que, a despeito de sua "origem" histórica e/ou conceitual, não há como bem compreendermos o dinheiro contemporâneo senão em suas articulações frente às estruturas que definem como tal o sistema capitalista. Assim é que buscarei definir e explicar o dinheiro, como forma social, em um tipo particular e historicamente localizado de sociedade, a ser, as sociedades que têm no capitalismo seu modo de (re)produção, organização e gestão da vida social. Uma tal sociedade capitalista pode ser definida, grosso modo, pela existência político-jurídica do indivíduo e da propriedade, do mercado como instância social onde são trocadas as mercadorias produzidas por produtores individuais privados; pela condição de mercadoria da força de trabalho e, assim, do capital como mecanismo expansivo de valorização do valor. Neste esquema, produto de uma *teoria monetária do valor*, o dinheiro, veremos, ocupará posição deveras importante – daí aparecer como um objeto de investigação privilegiado frente a qualquer ambição de compreensão deste intrigante modo de produção.

4. Valor, dinheiro e capital

> *Como é impossível suprimir as complicações e contradições derivadas da existência do dinheiro ao lado das mercadorias particulares por meio da modificação da forma do dinheiro (muito embora as dificuldades pertencentes a uma forma inferior possam ser evitadas por uma forma superior), é igualmente impossível suprimir o próprio dinheiro enquanto o valor de troca permanecer a forma social dos produtos. É preciso compreender isso claramente para não se colocar tarefas impossíveis e para conhecer os limites no interior dos quais as reformas monetárias e as transformações da circulação podem fornecer uma nova configuração para as relações de produção e as relações sociais sobre elas fundadas*
>
> Karl Marx

No interior da teoria marxista, o debate sobre o valor e a forma valor[183], que ocorre desde os anos 1970, e cuja apreensão responde pela concepção que se tem do dinheiro, levou, em linhas gerais, à formação de duas grandes tendências teóricas: a primeira, optando por uma relação de proximidade com a leitura "tradicional" de Marx, manteve a abordagem do valor como "trabalho abstrato incorporado". A segunda, postulada desde os anos 1920 pelo marxista soviético Isaak Rubin (1987) e pelas releituras de sua obra no Ocidente[184], enfatiza

---

[183] Para mais sobre esse debate ver Fine e Harris (1979), Elson (1979), Vroey (1985) e Fine (1986).

[184] Algo que esteve relacionado também, nos anos 1970, ao movimento de

a forma valor como a diferença fundamental da teoria do valor de Marx em relação à economia política clássica, interpretando o valor como resultado e manifestação de relações de produção e troca, ao invés do produto de quantidades de trabalho abstrato acumulado. Aqui o valor não é visto simplesmente como um produto do trabalho em si, mas como uma estrutura mais ampla que regula o trabalho social[185].

Essas duas abordagens – *teorias do trabalho incorporado* e *teorias da forma valor* (Saad-Filho, 2002) ou *paradigma do trabalho incorporado* e *paradigma da relação social* (Vroey, 1985) – articulam, grosso modo, duas definições gerais distintas do modo de produção capitalista. Considerando a obra econômica de Marx em certa continuidade com a de David Ricardo, as abordagens do trabalho incorporado detectam a real inovação d'*O Capital* na teoria da mais-

---

defesa da obra Marx contra os supostos excessos da interpretação proposta por Piero Sraffa.

[185] "Desde o final da década de 1970, essa abordagem cresceu significativamente para abranger, em termos gerais, duas escolas de pensamento. A primeira permanece mais firmemente ancorada na economia política e concentra-se no papel central do dinheiro. É frequentemente ligada ao trabalho dos chamados 'Marxistas Abertos' (Open Marxists) (como, por exemplo, Simon Clarke e Werner Bonefeld). A segunda é mais filosófica e vinculada a um engajamento mais intenso com o trabalho de Hegel e é freqüentemente associada ao rótulo de 'dialética sistemática' (por exemplo, Chris Arthur, Geert Reuten, Thomas Sekine). Para o primeiro grupo de autores, a noção de 'forma' foi articulada inicialmente em relação ao debate sobre o Estado. Procurando enfatizar a centralidade e a natureza aberta da luta de classes, a noção de forma tornou-se um meio útil para teorizar a natureza do capitalismo sem prejulgar sua trajetória futura. Em outras palavras, forneceu um modelo que poderia ser usado para problematizar a história e que deveria ser substanciado com um estudo concreto da luta de classes. Ao teorizarem sobre a forma do capitalismo, os Marxistas Abertos se concentraram em ligar aspectos diferentes da realidade capitalista, com frequência isolados uns dos outros (por exemplo, as dimensões política e econômica do capitalismo). Mais importante, eles procuraram mostrar como formas de mediação abstratas, como dinheiro ou o Estado, aparecem como neutras e apolíticas, mas estão, na verdade, enraizadas em conflitos de classe" (Knafo, 2012, p. 370-1).

-valia (simplificadamente: David Ricardo + mais-valia). Neste caso, como argumentava Friedrich Engels, a primeira parte d'*O Capital* ofereceria uma apresentação do movimento histórico do capitalismo e seu antecedente, a produção simples de mercadorias – ou, na melhor das hipóteses, a apresentação das categorias intermediárias do valor que preparam a gênese do capitalismo, como num método hegeliano puro. Em via distinta, as abordagens da forma valor enxergam a natureza intrínseca do capitalismo presente já nos primeiros capítulos d'*O Capital*, em que a forma valor configura a característica distintiva do modo de produção capitalista de mercadorias[186]. Junto ao debate sobre o valor e para além dele, a referida disputa em torno das interpretações sobre os primeiros capítulos d'*O Capital* terá importância fundamental nas leituras marxistas sobre o dinheiro.

No que se refere especificamente à teoria do dinheiro, é possível dividir os marxistas, ainda, em dois grupos fundamentais: de um lado aqueles que conferem algum papel, mesmo que em última instância, à mercadoria ouro na configuração do valor do dinheiro, posição hoje minoritária e menos representativa; e aqueles que, por distintas razões, descartam qualquer ligação relevante com esse na explicação do dinheiro fiduciário, de crédito, e não conversível contemporâneo. Há ainda posições intermediárias entre esses dois polos. Da mesma forma, é possível enxergar outro eixo divisório: entre aqueles que dão maior peso à dimensão privada/mercantil na gênese, desenvolvimento e gestão do dinheiro e aqueles que enfatizam o caráter público/estatal no interior dessa mesma dinâmica; figurando ainda, igualmente, posições intermediárias. Trata-se de contraposições que remetem, ademais, a debates sobre o papel e im-

---

[186] A principal crítica dos representantes da abordagem do trabalho incorporado àqueles adeptos das teorias da forma valor é a que a centralização ou excesso de importância dada à forma valor faz obscurecer ou dissolver o traço distintivo fundamental do capitalismo em meio ao processo generalizado de troca (como Bessonov já havia criticado Rubin nos anos 1920), o que faz com que as relações capitalistas de produção acabem subsumidas às relações simples de valor.

portância lógico-histórica da mercadoria e do Estado na emergência do dinheiro, bem como sobre o próprio núcleo conceitual da teoria do valor. As polêmicas remontam, aqui, em geral, às dúvidas, contradições e mesmo às necessárias atualizações histórico-concretas que emanam das formulações originárias de Marx sobre o assunto.

O dinheiro como relação social em Marx

Além de volumosas notas de estudo nos *Grundrisse*, Marx introduz o dinheiro no capítulo 1 (seção 3) do Volume I d'*O Capital*, reintroduzindo-o no capítulo 3. Ele retorna ao dinheiro n'*O Capital* Volume II (Parte II) e, novamente, n'*O Capital* Volume III (partes IV e V). A importância analítica dada ao dinheiro é um traço fundamental do pensamento de Marx, figurando como um dos pontos estruturais de sua contraposição ao pensamento liberal clássico; sobretudo no que tange ao papel desse na economia real e, assim, às possibilidades de crises e instabilidades relacionadas à moeda – algo que aponta para uma leitura alternativa do processo econômico e da evolução da economia capitalista.

Distintamente ao *mainstream* em economia, a análise de Marx não se expressa na reprodução de um modelo de escambo ou troca simples, em que ocorre a troca de uma mercadoria por outra e no qual se introduz o dinheiro, mas no fato de que a troca é necessária e incontornavelmente mediada pelo dinheiro quando se produz mercadorias. O aspecto essencial da economia de mercado moderna não reside, então, simplesmente na troca de mercadorias, mas também no dinheiro e na circulação monetária. Se no capitalismo somos, a uma só vez, todos compradores e vendedores, não há como o sê-lo senão como possuidores e demandantes ocasionais de dinheiro.

A noção marxiana de dinheiro articula classes sociais, processos de trabalho, etapas de produção, circulação e distribuição, fazendo dele algo inseparável, intrínseco e necessário às relações econômicas capitalistas. Para Marx, uma vez que não pode haver outra medida e forma de aparecimento do valor que não o dinheiro, a economia real é sempre uma economia monetária.

Na perspectiva marxista, o dinheiro é a manifestação por excelência do valor e, por isso, do capital. Aparece, assim, como fundamental para a operacionalização da dinâmica sistêmica do capitalismo na medida em que é a partir dele que se inicia o processo produtivo, com a compra de força de trabalho e de meios de produção. É também apenas por meio dele que as classes sociais são inseridas nessa mesma dinâmica, sendo a forma pela qual são pagos os salários, lucros, rendas e juros. É também o veículo de realização de lucros e do consumo, bem como do reinvestimento e do crédito, que possibilitam a ampliação da capacidade produtiva. O ciclo do capital é, em suma, "dinheiro que se valoriza". Daí a importância de bem compreendê-lo.

***

Certamente um dos aspectos mais relevantes na conceituação de Karl Marx sobre o dinheiro é sua caracterização, vinculada ao *valor de troca* das mercadorias, como *relação social* constitutiva de organização da vida socioprodutiva sob o capitalismo. Para além das funções do dinheiro (medida de valor e de padrão de preços, meio de circulação, meio de entesouramento, meio de pagamento e dinheiro mundial), é precisamente essa conceituação que permite enxergá-lo em sua unidade sistêmica, de modo a englobar as ditas funções.

Na frase que abre *O Capital I*, Marx aponta que "a riqueza das sociedades onde reina o modo de produção capitalista aparece como uma 'enorme coleção de mercadorias'"[187] (2013, p. 113). Essas mer-

---

[187] "De início, eu não começo nunca dos 'conceitos', nem, por isso mesmo, do 'conceito de valor' [...]. Eu parto da forma social mais simples em que se corporifica o produto do trabalho na sociedade atual, que é a 'mercadoria'. Analiso esta e o faço fixando-me, antes de tudo, na forma sob a qual se apresenta. Descubro que a 'mercadoria' é, de uma parte, em sua forma material, um objeto útil ou, noutros termos, um valor de uso, e, de outra parte, encarnação do valor de troca e, deste ponto de vista, 'valor de troca' ela mesma. Continuo analisando o 'valor de troca' e encontro que este não é mais do que uma 'forma de manifestar-se', um modo especial de aparecer

cadorias, explica o autor, são produzidas por meio de processos de trabalho que, em tal modo de produção, assumem uma contradição fundamental: são ao mesmo tempo privados e sociais. Privados porque realizados por produtores separados e independentes[188] entre si; sociais porque mobilizados na produção de mercadorias para serem trocadas por outras mercadorias, em atos de compra e venda, vinculados a uma dada divisão do trabalho social que, desse modo, torna tais trabalhos particulares dependentes socialmente uns dos outros. Faz-se necessário, então, um mecanismo capaz de resolver de alguma forma, ainda que a movimentando no tempo e espaço, tal contradição constitutiva. Esse mecanismo é o valor de troca, representado socialmente no dinheiro. Essa "representação", no entanto, não é "neutra" (como um "véu" a encobrir a verdadeira natureza de uma troca simples entre mercadorias); representante e representado se relacionam aqui de modo a constituírem-se mutuamente.

---

o valor contido na mercadoria, em vista do que procedo à análise deste último" (Marx, 2011b, p. 174).

[188] Sabemos que o capitalismo não é *apenas* uma sociedade de produtores independentes que trocam seus produtos de acordo com um tempo de trabalho médio necessário incorporado nestes; sendo uma economia produtora de mais-valia, em que a força de trabalho é uma mercadoria, e que está dedicada à competição do capital. Mas o modelo conceitual dos produtores individuais separados é legítimo como uma primeira aproximação, dado ser característico da economia capitalista a independência "institucional", frise-se, dos produtores-capitalistas. A isso relacionado, outro aspecto distintivo da economia capitalista é que todos os agentes de produção são proprietários de mercadorias – mesmo que não sejam proprietários dos meios de produção de mercadorias (capitalistas), são possuidores da mercadoria da força de trabalho (trabalhadores). Ainda que isso não esteja explícito nos três primeiros capítulos d'*O Capital*, que versam sobre o valor e o dinheiro, é evidente que a única economia de troca generalizada de mercadorias é o capitalismo. "A divisão manufatureira do trabalho supõe a autoridade incondicional do capitalista sobre homens que constituem meras engrenagens de um mecanismo total que a ele pertence; a divisão social do trabalho confronta *produtores autônomos de mercadorias*, que não reconhecem outra autoridade senão a da concorrência" (Marx, 2013, p.430, grifos meus).

> Em resumo, todas as propriedades enumeradas como propriedades particulares do dinheiro são propriedades da mercadoria como valor de troca; propriedades do produto como valor, à diferença do valor como produto. O valor de troca da mercadoria, como existência particular ao lado da própria mercadoria, é *dinheiro*, a forma na qual todas as mercadorias se igualam, se comparam, se medem; em que todas as mercadorias se resolvem, aquilo que se resolve em todas as mercadorias; o equivalente universal (Marx, 2011a, p. 91-92, grifo do autor).

A "resolução" das mercadorias em tela não é outra coisa senão a resolução da contradição privado-social constitutiva do trabalho sob o capitalismo. No entanto,

> resolver a contradição privado-social não a elimina, mas permite que, apesar da sua existência, a sociedade produtora de mercadorias não possa ser vista como um caos. Há conexão, há a possibilidade efetiva de funcionamento, porque a divisão social do trabalho se faz. Ou seja, há uma forma de fazer a equivalência das mercadorias, de dividir tarefas e distribuir produtos do trabalho nesta sociedade, mesmo que de forma complexa e indireta, por meio de um terceiro, o dinheiro, que é o equivalente geral (Mollo, 2010, p. 119).

Isto posto, fica evidente que o dinheiro é a forma de aparecimento, ou a representação social do *valor* como tempo de trabalho socialmente necessário na produção das mercadorias[189]. É precisamente ao

---

[189] A noção marxiana de valor não pode ser confundida com o conceito de valor em David Ricardo (como trabalho gasto ou incorporado quantitativa/'fisicamente' na produção das mercadorias), sendo antes algo puramente social. Como tal, expressa a igual validade social de dois atos concretos de trabalho diferentes e, portanto, é uma relação social específica. Assim, torna-se evidente que a objetividade das mercadorias como valores está na

ser trocado por dinheiro que o trabalho privado ou particular pode adquirir caráter universal[190].

> Portanto, para realizar a mercadoria de um só golpe em valor de troca e lhe conferir a eficiência universal do valor de troca, não é suficiente a troca por uma mercadoria particular. A mercadoria deve ser trocada por uma terceira coisa que, por sua vez, não seja ela mesma uma mercadoria particular, mas **o símbolo da mercadoria** como mercadoria, **o próprio valor de troca** da mercadoria; *portanto, que represente, digamos o tempo de trabalho enquanto tal*, digamos um pedaço de papel ou de couro que represente uma parte alíquota de tempo de trabalho. (Um tal símbolo presume o reconhecimento universal; **só pode ser um símbolo social; expressa de fato apenas uma relação social**) (Marx, 2011a, p.94, grifos do autor, ênfase minha).

---

existência social mesma dessas coisas, algo que só pode ser expresso por meio de todo o conjunto de suas relações sociais de que é parte. Por isso, em Marx, o valor envolve o entrelaçamento de aspectos tipicamente capitalistas do processo de trabalho com suas formas correspondentes de aparecimento dos produtos do trabalho, fazendo possível, dessa forma, que a relação de capital seja decifrada. O valor aparece como uma expressão da relação de capital, e os produtos do trabalho se transformam em valores precisamente porque são produzidos no quadro dessa relação de capital. O valor registra, deste modo, a relação de troca entre uma mercadoria e todas as outras, expressando o efeito de uma homogeneização tipicamente capitalista do processo de trabalho no modo de produção capitalista – produção para a troca e produção para o lucro, algo que deságua no conceito de *trabalho abstrato*. O valor é, então, determinado pelo trabalho abstrato. Mas, novamente, esse mesmo trabalho abstrato não pode ser visto como uma magnitude empírica passível de ser mensurada por um cronômetro. É uma "abstração" que adquire existência tangível justamente no processo de troca.

[190] Ou seja, o "caráter *social* do trabalho" aparece "como a existência monetária da mercadoria" (Marx, 2017, p. 574, grifo do autor).

A análise da mercadoria revela, então, a necessidade da *forma* equivalente geral. Para que as coisas transformadas em mercadorias sejam relacionadas umas às outras como valores, os portadores de mercadorias devem relacioná-las com um equivalente geral. Sua ação social deve transfigurar a mercadoria em um equivalente geral e, portanto, em dinheiro. Assim, a relação de troca generalizada de mercadorias é expressa (ou realizada) apenas em um sentido indireto, mediado, qual seja, por meio do dinheiro, que funciona como equivalente geral[191] no processo de troca e por meio do qual todas as mercadorias (tendo sido inseridas em uma posição relativa) expressam seu valor.

Fica patente, aqui, na caracterização do dinheiro como representação socialmente instituída, o modo como valor e dinheiro, operando de forma complexa, se encontram como formas e relações sociais objetivas[192] e inconscientes[193], conformando, na inseparabilidade de

---

[191] "O equivalente geral, ou a moeda, é então a forma comum daquilo que é comum. É a objetivação do trabalho abstrato. É a forma comum de expressão do valor de troca de todas as mercadorias que têm em comum a forma valor numa economia mercantil e que têm também em comum a substância do valor" (Mollo, 1991, p. 45).

[192] "A objetividade do valor (Wertgegenstandlichkeit) não é uma propriedade inerente a nenhuma mercadoria individual, mas uma característica social, porque expressa a relação de mercadorias individuais (ou, respectivamente, os atos individuais de trabalho que produzem essas mercadorias) com o mundo inteiro das mercadorias (respectivamente, o trabalho total da sociedade). Assim, não apenas o valor exige uma forma objetiva de valor, mas também uma forma de valor que expresse esse caráter social, e isso é realizado primeiro com a forma geral do valor" (Heinrich, 2004, p. 59).

[193] Cabe destacar que, em Marx, os indivíduos entram em cena como "personificações de categorias econômicas". O objetivo, com isso, é mostrar que os seres humanos atuam sem ter consciência das condições de sua ação. Os produtores de mercadorias produzem sua conexão social não como resultado de uma consciência particular sobre a conexão entre valor e trabalho, mas independente dessa consciência. Até que ponto o trabalho individualmente realizado em uma mercadoria é reconhecido como um componente do trabalho total da sociedade não é uma informação que é fornecida diretamente pela sociedade, mas apenas pelo valor desta mercadoria que é reali-

ambos, o elemento fundamental de gestão de contradições no interior do modo de produção capitalista, caracterizado por não dispor de planejamento prévio e racional da produção social. O dinheiro é, assim, "um validador social das mercadorias ou dos trabalhos privados nelas contidos" (Mollo, 2010, p. 128), assumindo, desta maneira, uma forma existente de unidade de todas as mercadorias, de modo a possibilitar seu nexo sistêmico[194].

Tendo em vista o papel social que assume o dinheiro, a socialização dos trabalhos individuais realizada por meio da troca de mercadorias não pode se dar no capitalismo senão por meio dele. Como elemento por meio do qual se realiza a abstração do trabalho, o dinheiro valida socialmente os trabalhos privados mobilizados na produção de mercadorias. É apenas na venda (confronto entre mercadorias por meio do dinheiro) que o valor se realiza enquanto tal,

---

zado na troca. Por conseguinte, seria completamente equivocado conceber a teoria do valor de Marx como um modelo em que os indivíduos trocam mercadorias de acordo com seus valores porque sabem quanto de trabalho está contido em cada um dos produtos individuais. Assim sendo, conforme nota Michael Heinrich (2004), o dinheiro realmente existente é resultado da atividade dos proprietários de mercadorias, mas não o fruto de algum tipo de "contrato social tácito". O dinheiro não é introduzido deliberadamente como forma de "simplificar a troca" – como querem os economistas ortodoxos. Proprietários de mercadorias agem antes mesmo de pensar; e sua atividade traz necessariamente o dinheiro como resultado. De outra forma, não seria possível relacionar mercadorias entre si como valores.

[194] Esse processo, naturalmente, não está livre de desencontros e injunções. Pelo contrário, está ele mesmo, como sabemos, na base de constituição de crises capitalistas relacionadas à autonomização (sempre relativa) da circulação face à produção. "O dinheiro precisa surgir como exterior à mercadoria para representar trabalho social, mas como exterior à mercadoria, torna a própria conversibilidade da mercadoria em dinheiro sujeita a condições externas. A cisão da compra e da venda em atos separados espacial e temporariamente abre possibilidades de crises. A autonomização das trocas ou do comércio como função de comerciantes da produção faz com que a produção trabalhe imediatamente para o comércio e só mediatamente para o consumo, tornando-se presa da incongruência entre comércio e troca para consumo que ela mesma gera" (Mollo, 2010, p. 124-25).

sancionando um conteúdo de trabalho socialmente necessário – o que, por sua vez, coloca em perspectiva a inseparabilidade entre produção e circulação na configuração e imposição da lei do valor.

É por meio do dinheiro que se objetiva, então, a divisão social do trabalho como processo ratificado pela troca de mercadorias. É nesse momento, e por meio desse mecanismo, que trabalhos privados, aparentemente independentes, se fazem sociais, movimentando no tempo a contradição privado-social característica dos processos de trabalho.

Mas cabe recordarmos que a contradição privado-social característica dos processos de trabalho no capitalismo é tributária ela mesma de outra contradição: aquela existente entre valor de uso e valor das mercadorias. Sabemos que a mercadoria contém, ao mesmo tempo, dois atributos: valor de uso e valor – sendo o valor de troca sua forma de expressão social. No entanto, para que opere como valor de troca, a mercadoria tem de aparecer como um não valor de uso para o seu proprietário. É precisamente com a troca por meio do dinheiro que esse impasse se "resolve". Isso se dá, como se viu, justamente porque o dinheiro assume, nas economias mercantis, o papel de representante universal do valor de troca, valor por excelência, encarnação do trabalho, ou equivalente universal – o que permite, desta forma, que a circulação das mercadorias transcorra. O dinheiro é para Marx, então, um dispositivo de organização social em sociedades mercantis, que surge para resolver a antítese entre valor de uso e valor contida na mercadoria.

É isso, conforme Marx, que possibilita ao dinheiro cristalizar enorme poder social como "penhor mobiliário da sociedade", caracterizando, em vista de sua "propriedade social simbólica" (Marx, 2011a, p. 108), o estranhamento típico de "uma relação social determinada entre os próprios homens que aqui assume, para eles, a forma fantasmagórica de uma relação entre coisas"[195] (Marx, 2013,

---

[195] Refletirei sobre as consequências dessa afirmação à frente, em seção dedicada ao fetichismo do dinheiro.

p. 147). Desse modo, "a potência social torna-se potência da pessoa privada" (Marx, 2013, p. 206).

> A dependência recíproca e multilateral dos indivíduos mutuamente indiferentes forma sua conexão social. Essa conexão social é expressa no valor de troca, e somente nele a atividade própria ou o produto de cada indivíduo devêm uma atividade ou produto para si; o indivíduo tem de produzir um produto universal – o valor de troca, ou esse último por si isolado, individualizado, dinheiro. De outro lado, o poder que cada indivíduo exerce sobre a atividade dos outros ou sobre as riquezas sociais existe nele como o proprietário de valores de troca, de dinheiro. *Seu poder social, assim como seu nexo com a sociedade, [o indivíduo] traz consigo no bolso* (Marx, 2011a, p. 105, grifos meus).

É esse processo que possibilita, então, que, na sociedade capitalista, quase tudo possa se transformar em dinheiro na medida em que se torna vendável e comprável:

> A circulação se torna a grande retorna social, na qual tudo é lançado para dela sair como cristal de dinheiro. [...] Como no dinheiro está apagada toda diferença qualitativa entre as mercadorias, também ele, por sua vez, apaga, como *leveller* radical, todas as diferenças (Marx, 2013, p. 205).

Apesar do caráter geral e abstrato de tal explicação do dinheiro como uma relação social, é necessário frisar que Marx não está analisando aqui outra coisa senão as relações entre dinheiro e mercadoria existentes *no capitalismo*[196], o mesmo se aplicando, naturalmente, à

---

[196] "Sem a generalização das relações *mercantis, monetárias e capitalistas e constituição das forças produtivas* não há trabalho abstrato e, portanto, a reprodução da riqueza social não pode estar submetida à *forma valor*" (Belluzzo, 2013, p. 64, grifos do autor).

própria forma valor[197]. Assim, sobre o que seria uma origem ou "gênese" do dinheiro,

> é evidente que, pela palavra "origem" (Gênesis), ele [Marx] não significa o *surgimento histórico do dinheiro*, mas uma *relação conceitual de desenvolvimento*. Ele não está preocupado com o desenvolvimento histórico do dinheiro (nem mesmo em um sentido completamente abstrato), mas com uma reconstrução conceitual da conexão entre a "forma simples de valor" (uma mercadoria que expressa seu valor através de outra mercadoria) e a "forma dinheiro" (Heinrich, 2004, p. 56, grifos do autor).

Se é certo que Marx analisa a mercadoria e o dinheiro realmente existentes no capitalismo, tal "gênese analítica" revela um movimento ou processo de desenvolvimento de uma forma: o dinheiro é produto das necessidades fundamentais de qualquer economia mercantil, desenvolvendo-se com a mercadoria e através dela. Em uma sociedade produtora de mercadorias, onde figura a divisão social do trabalho, o dinheiro surge como uma necessidade incontornável para a generalização das trocas e não apenas como uma mera "ajuda prática" a facilitá-las[198]. Ainda que se modifique e que surjam formas de práti-

---

[197] "O conceito econômico do valor não ocorre entre os antigos... O conceito de valor pertence completamente à economia mais moderna, porque é a expressão mais abstrata do próprio capital e da produção baseada nele. No conceito de valor é revelado seu segredo" (Marx, 2011, p. 651). "A forma de valor do produto do trabalho é a forma mais abstrata, mas também mais geral do modo burguês de produção, que assim se caracteriza como um tipo particular de produção social e, ao mesmo tempo, um tipo histórico" (Marx, 2013, p. 155).

[198] "Portanto, o dinheiro não é de forma alguma meramente um meio útil de simplificar as trocas no nível prático e um apêndice da teoria do valor no nível teórico. [...] sem a forma valor, as mercadorias não podem ser relacionadas entre si como valores, e apenas por meio da forma dinheiro é possível a forma do valor existir adequadamente" (Heinrich, 2004, p. 63-4).

cas monetárias distintas ao longo do tempo, como é de fato o caso, o dinheiro é uma relação social basilar em economias mercantis e, deste modo, algo inseparável e constitutivo de sua lógica sistêmica de funcionamento. Mas, também aqui, a economia mercantil é investigada como uma dimensão do capitalismo, e não como algo apartado ou precedente teórica, lógica ou historicamente desse. Antes de mais nada, é o modo de produção capitalista que emerge como o objeto teórico central da análise marxista.

Assim sendo, conforme sistematiza Heinrich (2004), Marx procede a três passos em sua análise sobre o dinheiro. Primeiro uma análise das formas[199] – em que o foco se concentra nas determinações dessas em detrimento de um exame das ações dos portadores de mercadorias: a forma equivalente geral, e respectivamente a forma dinheiro, é desenvolvida como forma necessária do valor. Ao que se passa, em seguida, à atividade dos portadores de mercadorias: emerge, no contexto dessa atividade, o dinheiro realmente existente, que precisa responder aos determinantes da forma equivalente geral. Por fim, são apresentadas e desenvolvidas as várias funções que o dinheiro assume no interior da "circulação simples" (ou seja, a circulação de mercadorias e dinheiro, abstraindo-se o capital). Apenas depois disso é que aparecerá o dinheiro como capital e todas as suas formas correspondentes.

O fundamental a ser retido nesse procedimento está na necessária diferenciação entre o desenvolvimento conceitual da forma dinheiro, de um lado, e o desenvolvimento conceitual do dinheiro realmente existente (suas funções) de outro. É essa diferenciação que dá base para a superação de leituras substancialistas do dinheiro tanto por

---

[199] Conforme nota Roberts (1996), o valor não é determinado separadamente, anteriormente ou independentemente de suas formas; valor e mais-valia são constituídos por relações. Ainda de acordo com o autor (1996), aqui resgatando Althusser, tampouco a mais-valia é uma coisa, mas o conceito de uma relação, o conceito de uma existência visível e "mensurável apenas em seus efeitos". Nesse sentido, diz Balibar (1975, p. 80), "o mecanismo de produção da mais-valia é o mecanismo das *relações de produção capitalistas*".

parte de economistas liberais (presos às suas funções) quanto de economistas marxistas (presos ao paradigma do dinheiro-mercadoria; como trabalho incorporado na mercadoria dinheiro). Em qualquer caso, é esse procedimento que possibilitará a devida conceituação do dinheiro enquanto capital e, a partir disso, sua culminância em formas mais desenvolvidas e concretas como as do capital portador de juros, do dinheiro de crédito e do capital fictício[200].

Em virtude desses fatos, se o dinheiro, com as determinações com as quais hoje o conhecemos, nasce com a produção de mercadorias e com ela se desenvolve, isto requer, conforme recorda Brunhoff (1978a), seguindo neste particular Rubin (1987), que se analise concomitantemente a relação do dinheiro com o caráter mercantil da economia capitalista por um lado, e em sua articulação com o caráter capitalista propriamente dito do trabalho assalariado, por outro. A mercadoria não porta valor como uma qualidade (e quantidade) intrínseca, anterior ao momento da troca ou, dito de outro modo, sem que tenha entrado na sequência aparentemente interminável de trocas que configura o funcionamento cotidiano do capitalismo. Mas esse intercâmbio generalizado de mercadorias não pode ser pensado sem considerar a produção (capitalista) que se realiza visando a essas trocas.

Vimos que o caráter de relação social conferido ao dinheiro é observável na "gênese" e articulação conceitual de suas formas – a circulação social das mercadorias no processo de troca, uma ação social que elege uma mercadoria como o equivalente geral; a conexão social possibilitada e estabelecida pelo dinheiro. Mas também na definição do caráter propriamente capitalista de produção podemos perceber o dinheiro como relação social.

---

[200] Veremos à frente que, em verdade, e ainda que isso talvez não fique evidente à primeira vista, desde o início a explicação do dinheiro, em Marx, pressupõe conceitualmente sua função como capital. Trata-se aqui de diferenciar método de exposição e método de investigação mobilizados na construção d'*O Capital*.

Na perspectiva marxista, o traço definidor do processo de produção capitalista é a exploração do trabalho assalariado – capaz de extrair-lhe mais-valia. É por meio da mais-valia, gerada pelos trabalhadores e apropriada pelos capitalistas, que são socialmente inseridas ambas as classes na lógica de funcionamento do sistema. Para isso, entretanto, é fundamental que a força de trabalho seja transformada em mercadoria e, deste modo, em dinheiro (por meio de contratos salariais que são monetários). É precisamente a transformação da força de trabalho em mercadoria que abre a possibilidade dessa ser vendida e, então, utilizada para gerar valor – algo que só pode ocorrer, na constituição relacional das classes sociais, por meio da perda da posse dos meios de produção por parte dos trabalhadores, e da correspondente apropriação privada dos meios de produção pelos capitalistas. Essa relação – entre trabalhadores e capitalistas – não é apenas econômica, mas constitui, ao mesmo tempo, uma estrutura social, política e ideológica historicamente específica.

Conformada a venda da força de trabalho como mercadoria, observa-se a inserção social do trabalhador, o que, por sua vez, sanciona a moeda como relação social. Comprada a força de trabalho pelo seu valor, e tendo ela produzido um valor monetário maior do que esse, a mais-valia, convertida em dinheiro, insere socialmente o capitalista – cujo objetivo é o lucro e a acumulação de capital que o sustenta.

É por isso que, para Marx, a economia real é necessariamente monetária e a teoria do valor não é antes senão uma *teoria monetária do valor* (Heinrich, 2004). Uma vez que a produção capitalista não pode existir sem o crédito – bem como sem as formas mais evoluídas tais como dinheiro de crédito, títulos, ações, é impossível a produção de mercadorias transcorrer sem dinheiro. O caráter expansivo-flexível da produção capitalista se deve, precisamente, ao fato de que a acumulação não está limitada aos lucros realizados nos períodos prévios da produção, mas pode ser alargada para muito além por meio do crédito[201].

---

[201] Assim sendo, diz-se, seguindo discussão proposta pelos pós-keynesianos, que a moeda, em Marx, diferentemente da visão ortodoxa, é não neutra, ou seja, afeta a atividade produtiva (Mollo, 1998). Isso ocorre, como vimos,

Precisamente porque o dinheiro é, como se viu, a encarnação da riqueza abstrata[202], a qual não está sujeita a limites imanentes, ninguém nunca terá quantidade suficiente dele a sua disposição. A incorporação autônoma de "valor", por meio da qual a socialização econômica da produção de mercadoria é realizada, torna-se, ela mesma, o fim principal da atividade econômica capitalista: o comércio e a produção devem gerar continuamente, e a qualquer custo, novas somas de dinheiro[203].

---

não apenas porque o dinheiro opera como mecanismo de resolução (precária e provisória) da contradição privado-social que possibilita o funcionamento da sociedade/economia mercantil, mas porque o dinheiro, como crédito, potencializa o processo de acumulação, ampliando-o em escala, reduzindo o tempo de produção e circulação e, sincronizando, assim, as várias etapas deste processo. Ao potencializar o processo de acumulação, o crédito expande, ao mesmo tempo, as consequências das contradições que lhe são constitutivas. É o caso das possibilidades de crise relacionadas ao uso do dinheiro; outra maneira de se auferir a não neutralidade da moeda.

[202] "[...] O dinheiro é só a forma, travestida de objeto, que consegue traduzir a vocação de universalidade e infinidade do capital, seja porque prescinde das chamadas relações pessoais de dependência, seja porque derruba barreiras espaciais e temporais" (Paulani, 1991, p. 191).

[203] Ainda de acordo com Mollo (1998) e Lapavitsas e Saad-Filho (2000), podemos dizer que além de não-neutro, o dinheiro em Marx é também endógeno – endogeneidade aqui entendida como o que, de forma intrínseca, interior ao sistema produtivo, afeta a gestão/oferta de dinheiro, ou, de outro modo dito, o postulado de que a oferta monetária é uma função da demanda por dinheiro (as necessidades da produção e da circulação determinam a quantidade de dinheiro circulante). Isso pode ser constatado ao levarmos em conta que I) no processo de acumulação primitiva, o dinheiro que começa o ciclo é endógeno; II) para Marx, o dinheiro surge da própria lógica do processo de produção das mercadorias, como fruto das determinações da mercadoria – mais especificamente da contradição privado-social que a caracteriza e que precisa, como vimos, do dinheiro para ser movimentado; III) ao tratar da função meio de entesouramento e da oferta de crédito, Marx demonstra como ambos, entesouramento e crédito, como demanda de dinheiro, determinam sua oferta. No caso particular do entesouramento, Marx menciona que este funciona como um canal adutor da circulação. Veremos à frente que, mesmo que não tenha definido com precisão as razões

Isso pode ser melhor capturado pela seguinte explicação. Tendo definido o valor como relação social em termos I) do dispêndio de trabalho abstrato, que transforma o trabalho individual em trabalho social, II) da troca generalizada de mercadorias e III) do dinheiro como equivalente geral, vimos que Marx argumenta que o dinheiro, longe de ser mero "meio" ou "medida", tende a assumir o papel de "fim em si mesmo". Conforme nota John Milios (2009), aparece aqui uma definição preliminar de capital, uma introdução ainda provisória do conceito de capital como dinheiro funcionando como fim em si mesmo. De modo a funcionar como um fim em si mesmo, o dinheiro tem de se mover na esfera da circulação – Dinheiro (D) – Mercadoria (M) – Dinheiro (D). Mas sabemos que, devido à sua homogeneidade, essa fórmula (D-M-D) carece de sentido, a menos que configure uma mudança quantitativa, isto é, aumente de valor. A circulação precisa envolver, por isso, a "criação" de mais dinheiro (D-M-D'). Mas o dinheiro só pode funcionar como um fim em si mesmo quando domina de vez a esfera da produção, incorporando aquela circulação como produção aumentada de dinheiro (D-M-D'), ou seja, quando esse funciona como capital-dinheiro, implementando a relação de capital. A exploração da força de trabalho na esfera da produção constitui o pressuposto para essa incorporação e esse movimento. A venda das mercadorias produzidas com valor maior do que o colocado no início leva ao capital. Disso resulta que valor e dinheiro são conceitos que não podem ser completamente definidos independentemente da noção de capital. Ambos contêm e estão contidos no conceito de capital. Sendo uma teoria monetária do valor, a teoria do valor de Marx é, ao mesmo tempo, uma *teoria monetária do capital* (Milios, 2009).

Mas aparece aqui uma disjuntiva também reveladora, novamente, do caráter histórico-contingente da relação capital-dinheiro. Para

---

que levam ao entesouramento, Marx destaca a importância do dinheiro na lógica de produção capitalista, o que faz dele algo extremamente desejável. Trata-se, pois, de um entesouramento movido pelo interesse de apropriação privada do poder social que o dinheiro incorpora.

que o dinheiro adquira a qualidade de capital é preciso que a totalidade do processo social de reprodução material seja mediado pela mercadoria e pelo dinheiro, não estando restrito a um nicho ou região no interior de um modo de produção (pensemos no período feudal, na Europa ocidental, por exemplo). Mas, por outro lado, a generalização da produção de mercadorias é somente possível quando a própria produção é transformada em produção capitalista, quando o aumento da riqueza abstrata se torna o fim imediato da produção – submetendo todas as demais relações sociais a esse fim.

Sem que isso configure uma teleologia, o valor de troca e a forma valor emergem de processos socialmente determinados de produção e troca, aparecendo como resultado de uma estrutura, de um conjunto de relações sociais características, ao mesmo tempo, da troca de mercadorias e do processo capitalista de produção. Sem levar em consideração essa determinação estrutural, a forma valor não pode aparecer e se tornar a forma socialmente dominante nas sociedades onde impera o modo de produção capitalista. Veremos, à frente, de que maneira essa tensão está vinculada ao caráter inseparavelmente político e econômico do capital como relação social e, assim, o que isso configura para as relações entre dinheiro e poder estatal.

Das funções do dinheiro e sua complementariedade contraditória

Sabe-se que o dinheiro tem de realizar certas funções de modo a bem cumprir seu papel na dinâmica econômica. Diferentemente do que presumem outras abordagens, como as teorias neoclássica e pós-keynesiana, as funções da moeda são, para Marx, consequências de sua natureza (de equivalente geral e monopolizador da capacidade de troca, como se viu) e não o contrário[204]. Tais funções se contra-

---

[204] "A abordagem de Marx em relação ao dinheiro implica que 'o que o dinheiro faz segue o que o dinheiro é': porque o dinheiro monopoliza a permutabilidade, ele também mede valor, facilita a troca, liquida dívidas e assim por diante. Visto dessa maneira, há ordem e coesão interna nas funções do dinheiro – não há arbitrariedade" (Fine e Lapavitsas, 2000, p. 370).

dizem e se complementam, ou seja, se articulam contraditoriamente no transcorrer do processo econômico (Mollo, 1993; Belluzzo, 2013). O fato de o dinheiro assumir distintas funções, e os papéis que desempenham, figura como um dos principais fundamentos da rejeição de Marx à Teoria Quantitativa de Ricardo e à Lei de Say.

Para Marx, não é possível haver dinheiro sem que ele cumpra o papel de *medida de valor* ou unidade de conta. Como medida geral do valor, o dinheiro expressa, em determinada quantidade, o valor de cada mercadoria[205]. As mercadorias são valores na medida daquilo que as iguala e as nivela: o trabalho abstrato. Não é o dinheiro, portanto, que oferece comensurabilidade às mercadorias, mas sua referência comum ao trabalho abstrato. A magnitude (tempo de trabalho socialmente necessário) desse trabalho abstrato não pode, no entanto, ser mensurada antes, e sim apenas durante a troca, quando os valores das mercadorias são estabelecidos em relação uns com os outros. Esse ato de medição do tempo de trabalho que constitui o valor, por sua vez, só pode ser conduzido por meio do dinheiro.

Em termos abstratos, como uma criatura do mercado, o dinheiro aparece como aquela mercadoria eleita pelo – e, ao mesmo tempo, excluída do – processo de troca direta para servir como representante ou veículo do valor. Trata-se de um processo social que, na prática, se explicita no processo de determinação dos preços das mercadorias em termos dessa mercadoria escolhida (ou seu representante)[206] e, sobretudo, institui sua utilização como intermediário das trocas.

A expressão do valor de uma mercadoria em termos monetários define o seu preço[207]. Para que deixe de ser puramente ideal e

---

[205] "O dinheiro, como medida de valor, é a forma necessária de manifestação da medida imanente de valor das mercadorias: o tempo de trabalho" (Marx, 2013, p. 169).

[206] "A mercadoria que funciona como medida de valor e, deste modo, também como meio de circulação, seja em seu próprio corpo ou por meio de um representante, é dinheiro" (Marx, 2013, p. 203).

[207] Para os termos desta breve explicação, assume-se que as mercadorias são trocadas por seus valores, ou preços de produção, embora elas flutuem em

concretize a troca, a forma preço requer o dinheiro como meio de circulação. Para que seja especificado o preço de uma mercadoria, é preciso, então, que haja uma definição clara daquilo que funciona como dinheiro – ouro, nota de papel, etc. –, mas, para isso, o dinheiro não precisa estar necessariamente próximo ou em mãos, servindo antes, conforme Marx (2013, p. 170), como "forma apenas ideal ou representada", um numerário.

Como *meio de circulação* ou meio de troca, o dinheiro opera como mediador/intermediário da troca de mercadorias. Marx descreve esse processo como a "metamorfose da mercadoria", sendo essa metamorfose a substituição de um valor de uso por outro, a simples troca de um objeto por outro. No entanto, a *forma* desse processo é completamente diferente, e é precisamente a isso que se refere essa função do dinheiro. De modo distinto de uma troca simples, a metamorfose da mercadoria é mediada pelo dinheiro; processo expresso na fórmula M-D-M (Mercadoria-Dinheiro-Mercadoria). Disso resulta que, como meio de circulação, o dinheiro separa os atos de compra e venda na circulação de mercadorias[208]. Que a interrelação desses vários atos individuais de troca seja estabelecida pelo dinheiro, em oposição à mera troca direta de produtos, significa que a in-

---

torno deles, o que significa conceber os preços das mercadorias como expressões adequadas de seu valor, ignorando sua flutuação. No entanto, sob as condições normais do capitalismo, as mercadorias não são trocadas por seus valores, o que significa que os preços correntes não são apenas a expressão da magnitude do valor das mercadorias. Do ponto de vista teórico, cabe notar ainda que: "a possibilidade de uma incongruência quantitativa entre preço e grandeza de valor, ou o desvio do preço em relação à grandeza de valor, reside, portanto, na própria forma-preço. Isso não é nenhum defeito dessa forma, mas, ao contrário, aquilo que faz dela a forma adequada a um modo de produção em que a regra só se pode impor como a lei média do desregramento que se aplica cegamente" (Marx, 2013, p. 177).

[208] Estando permanentemente na esfera da circulação, sustenta Marx, o dinheiro como mero "símbolo de valor" (ele próprio sem valor, como as notas de papel) é suficiente para o cumprimento dessa função, dado que, neste caso, os possuidores de mercadorias estão preocupados apenas com as mercadorias que podem adquirir com ele.

tervenção desse meio também configura a possibilidade de interrupção do circuito e, assim, de ocorrência de crises monetárias – algo inerente, portanto, à mediação da circulação social das mercadorias por meio do dinheiro.

Como *meio de entesouramento*, o dinheiro é retirado da circulação. Desse modo, não mais funciona como mediador da circulação de mercadorias, operando como uma manifestação independente do valor[209], exterior ao processo de circulação. Para entesourar, um possuidor de mercadorias deve vendê-las sem se engajar em uma compra subsequente – o objetivo da venda sendo o de entesourar dinheiro como manifestação independente do valor. Para não adentrarmos em uma discussão sobre outras formas de risco e incerteza, sabe-se que todo produtor de mercadorias, de modo a adiar novas compras até que suas mercadorias sejam vendidas, ou para se proteger contra as dificuldades em vendê-las, depende de algum montante, pequeno que seja, de dinheiro entesourado[210]. É por essa razão que Marx assinala, também, que o dinheiro passa a ser uma mercadoria especial, cujo valor de uso enquanto mercadoria comum é substituído pelo valor de uso de ser expressão do valor de troca.

O desejo de reter dinheiro como tesouro ocorre fundamentalmente pelo próprio reconhecimento social desse como representante do valor de troca ou encarnação do trabalho social. O dinheiro é desejado aqui por si mesmo, como, nas palavras de Marx (2013, p. 205), "a forma absolutamente social da riqueza, sempre pronta para o uso". Trata-se de algo que se justifica, como vimos, na possibilidade de consubstanciação do poder social encarnado no dinheiro em poder privado de particulares[211].

---

[209] Para Marx, o fato de operar como manifestação independente do valor, que está por trás da retenção do dinheiro, faz com que a função meio de entesouramento possa ser associada à chamada reserva de valor (Mollo, 1993).

[210] "[...] Com o desenvolvimento maior da produção de mercadorias, tem cada produtor de assegurar materialmente para si mesmo o *nervus rerum*, a garantia ou 'penhor social'" (Marx, 2013, p. 204).

[211] Assim apresentada, a função meio de entesouramento também "permite

Como *meio de pagamento*[212], o dinheiro também atua como uma manifestação independente do valor. No entanto, distintamente à sua função como meio de circulação (M-D-M), a compra ocorre aqui antes do pagamento, e o dinheiro aparece apenas depois de transferidas as mercadorias entre os agentes da transação (M-M ... D). Nesse caso, o dinheiro não funciona apenas de modo a mediar uma transação que possibilita a circulação de mercadorias, mas como meio de pagamento que conclui uma transação que já ocorreu. Se uma mercadoria não é paga no momento da compra, mas depois, o comprador se torna um devedor, e o vendedor se torna um credor. Sendo preciso vender para pagar o que primeiro se comprou, adquirir dinheiro como manifestação independente de valor é agora função da venda.

Por fim, na função *dinheiro mundial*, o dinheiro precisa cumprir, no mercado global, todas as funções de uma moeda nacional, sendo aceito mundialmente para cada uma dessas funções[213]. Como dinheiro mundial, de acordo com Marx (2013, p. 215), o dinheiro "se despe de suas formas locais", desenvolvidas nos espaços nacionais. Assim, pode ser usado no mercado mundial como meio de circulação de modo a mediar trocas, como meio de pagamento para concluir vendas ou como "materialidade absolutamente social da riqueza universal (*universal wealth*)" (Marx, 2013, p. 217) para transferir

---

perceber sua importância sustentando ou garantindo a função de medida de valor da moeda. Não reconhecida como equivalente geral, a moeda não pode servir de medida de valor, podendo ser recusada para isso" (Mollo, 1993, p. 122).

[212] Conforme observa Mollo (1993, p. 12), "apenas Marx, preocupado com a autonomia entre produção e circulação, trata dessa função. Outros autores usam, por vezes, o termo meio de pagamento para se referirem à função de meio de circulação".

[213] "Assim como para sua circulação interna, todo país necessita de um fundo de reserva para a circulação no mercado mundial. As funções dos tesouros derivam, portanto, em parte da função do dinheiro como meio da circulação e dos pagamentos internos, em parte de sua função como dinheiro mundial" (Marx, 2013, p. 218).

riqueza de um país para outro (doações, contrapartidas e obrigações de pagamentos diretos entre Estados). "O que predomina é sua função como meio de pagamento para o ajuste das balanças internacionais" (Marx, 2013, p. 217).

Ao longo do tratamento das funções do dinheiro, Marx deixa claro o caráter de tensão latente entre estas. Todavia, ao mesmo tempo, concebe-as como necessárias e articuladas no transcorrer do processo econômico, algo que nos possibilita, conforme Mollo (1993), falar de uma "complementariedade" entre essas distintas funções.

Vimos que, na função meio de entesouramento, o dinheiro sai da circulação para se "petrificar em tesouro". Como meio de circulação, no entanto, o dinheiro está constantemente dentro da esfera da circulação, como intermediário da troca. Trata-se de algo que configura, obviamente, uma contradição entre essas funções, já que uma nega a outra. O que de um lado revela-se como contradição, mostra-se, por outro lado, como complementariedade: para que funcione como meio de circulação, capaz de mediar continuamente e sem interrupção os processos de compra e venda, o dinheiro precisa ser desejado nesta função pelos agentes[214]. Mas, para tanto, o dinheiro precisa ser desejado também como um fim em si mesmo. É o desejo em sua forma de riqueza disponível e "absolutamente social" (Marx, 2013, p. 215), como vimos, que garante sua aceitação e utilização como medida de valor/unidade de conta – e, assim, também como meio de circulação.

Outra forma de conceber essa articulação ou complementariedade contraditória reside no fato, conforme aponta Marx[215], de que o

---

[214] "Durante o crescimento [econômico] predomina a moeda como meio de financiamento e de circulação, durante a crise, como reserva de valor. Mas *nenhuma dessas funções, mesmo quando desempenha o papel principal, não pode eliminar a outra.* Não existe apenas um entesouramento de crise e uma circulação crescimento, mas também um entesouramento de crescimento e uma circulação de crise" (Brunhoff, 1991, p. 52, grifos da autora).

[215] "Para que a quantidade de dinheiro efetivamente corrente possa saturar constantemente o poder de absorção da esfera da circulação, é necessário que a quantidade de ouro ou prata num país seja maior que a quantidade absorvida pela função monetária. Essa condição é satisfeita pela forma que

dinheiro entesourado opera por vezes de modo a irrigar ou drenar o dinheiro circulante. Ademais, esse montante de dinheiro como meio de circulação a ser sustentado pelas reservas entesouradas depende, ainda, da função medida de valor. Isso porque, para Marx, o volume de dinheiro em circulação decorre da soma dos preços de todas as mercadorias, preços esses, por sua vez, que pressupõem uma medida de valor ou unidade de conta na qual são denominados. Daí essa articulação contemplar aqui também a função medida de valor.

No caso da função meio de pagamento, essa articulação entre as funções pode ser percebida de três maneiras. Vimos que, nessa função, prescinde-se do dinheiro como intermediário imediato, dado que a compra se dá anteriormente ao pagamento. Mas isso só pode se dar no contexto de uma determinada prática social corrente de utilização do dinheiro como meio de circulação, bem como a crença ou confiança social de que isso seguirá ocorrendo de modo continuado. É isso que permite que a sociedade como um todo aceite que os pagamentos sejam postergados. Desse modo, conforme Marx (2013, p. 210), o "movimento do meio de pagamento [...] exprime uma conexão social que já estava dada antes dele". Trata-se, sabemos, de um movimento que nasce no curso dos meios de circulação e com ele. De maneira mais óbvia, sabe-se ainda que os passivos que precisam ser cobertos pelo dinheiro como meio de pagamento são denominados em unidades de conta de um dado país, o que aponta para sua vinculação com o dinheiro em sua função medida de valor. Vimos há pouco que a função meio de entesouramento tem como uma das suas razões a necessidades do represamento de certas quantias de dinheiro para a continuidade do fluxo de pagamentos e compras necessárias à atividade econômica até que as mercadorias produzidas sejam vendidas. Daí a vinculação entre as funções meio de pagamento e meio de entesouramento. É a acumulação de reservas que de outro modo seriam entesouradas que formará o fundo de reserva nos bancos dos quais sairá o crédito[216].

---

o dinheiro assume como tesouro" (Marx, 2013, p. 207).

[216] Conforme aponta Marx (2013, p. 215), "o desenvolvimento do dinheiro

Tudo somado, a ideia de uma complementariedade contraditória entre as funções da moeda aponta, segundo Mollo (1993, p. 213), para o fato de que "se houver uma polarização ou preferência generalizada da moeda numa de suas funções, outras funções opostas a ela deixam de ser cumpridas, e é esse não-cumprimento que provoca problemas sérios no funcionamento das economias".

A intensificação ou generalização da preferência pelo dinheiro em sua função meio de entesouramento, por exemplo, represa o dinheiro que deveria circular como viabilizador das transações de compra e venda. Uma vez que tais trocas permeiam todas as relações em economias mercantis, como é o caso da economia capitalista, a interrupção da circulação de dinheiro coloca em xeque a própria reprodução social. Em via oposta, a recusa socialmente generalizada desse dinheiro como meio de entesouramento significa a própria rejeição do dinheiro como valor socialmente reconhecido, o que impede que funcione e seja utilizado como medida de valor.

A isso relacionado, a rejeição de uma certa medida de valor/unidade de conta acaba debilitando a utilização do dinheiro (ou seu representante) como meio de circulação. Isso porque, em situações de perda de reconhecimento social do dinheiro, sempre se há a possibilidade de rejeitá-lo como meio de circulação – mesmo nos casos em que está dada a possibilidade de equivalência entre a unidade de medida em questão (ou seu representante) e uma outra unidade de conta alternativa.

Isso não significa, no entanto, que o dinheiro não possa existir como tal senão ao bem cumprir todas as suas funções – algo que guarda implicações em nossa investigação sobre a natureza monetária do Bitcoin. Marx assinala ele mesmo a possibilidade de que algumas dessas funções se estabelecerem antes de outras. É o caso,

---

como meio de pagamento torna necessária a acumulação de dinheiro para a compensação das dívidas nos prazos de vencimento. Assim, se por um lado o progresso da sociedade burguesa faz desaparecer o entesouramento como forma autônoma de enriquecimento, ela o faz crescer, por outro lado, na forma de fundos de reserva de meios de pagamento".

como vimos, quando o autor menciona que o "movimento do meio de pagamento [...] exprime uma conexão social que já estava dada antes dele" (Marx, 2013, p. 210), tendo dito antes que a conexão entre vendedores e compradores nasce no curso dos meios de circulação e com ele.

> O que ocorre é que as funções vão se adicionando umas às outras com o surgimento e o desenvolvimento das dinâmicas monetárias; seu caráter complementar vai se impondo e dando dinamismo e força coesiva à moeda enquanto relação social. O inverso ocorre quando as dinâmicas monetárias se deterioram. O caráter saudável vai sendo perdido à medida em que as funções vão desaparecendo, algumas primeiro que outras, mas abalando, desde o início, a articulação entre elas, a sua complementaridade, responsável pelo dinamismo e força da própria relação (Mollo, 1993, p. 124).

Mas, em qualquer caso, sob pena de insustentável instabilidade no processo de troca, é fundamental que o dinheiro se reproduza, estruturalmente, como equivalente geral.

> As diferentes formas e funções da moeda articulam-se entre si, permitindo assim que a moeda se reproduza como equivalente geral. Sem isto, haveria práticas monetárias, mas não moeda. Pense-se, por exemplo, nos múltiplos meios de circulação emitidos pelos bancos privados nos Estados Unidos antes de 1863, moedas impossíveis de serem garantidas contra a fraude e a falência, isto é, tendendo incessantemente a perder todo caráter monetário, inclusive o de meio de circulação (Brunhoff, 1978a, p. 61).

Assim sendo, ainda segundo Brunhoff (1978a, p. 61), tais "contradições e desarticulação não impedem, portanto, a necessidade, e a realidade, de uma reprodução do equivalente geral segundo um processo complexo [...]. O *Estado* desempenha um papel preciso em tal processo".

A teoria monetária de Marx ontem e hoje: mercadoria, valor e dinheiro inconversível

A teoria do dinheiro é, como vimos, parte indispensável da teoria do valor, figurando como um dos aspectos mais originais da economia marxista. No entanto, apesar das contribuições basilares de Marx, algumas releituras, reinterpretações e desenvolvimentos de autores contemporâneos aparecem como necessárias para uma boa apreensão do fenômeno monetário frente às transformações recentes pelas quais tem passado o capitalismo.

Após ter sido relativamente ignorada pelos marxistas[217], a teoria do dinheiro de Marx vem sendo objeto de um número substancial de livros e artigos nos últimos quarenta anos. Em meio a esse crescente interesse, uma questão central: se o dinheiro deve ou não ser uma mercadoria no interior desse sistema teórico.

A controvérsia, não por acaso, ganha corpo no campo marxista após o governo estadunidense declarar, em 1971, a inconversibilidade do dólar em ouro[218]. Desde então, já não existe qualquer merca-

---

[217] Com importantes exceções, como Rubin (1987).

[218] O dólar, como se sabe, consolidou sua posição de dinheiro mundial com o Acordo de Bretton Woods, que vigorou na regulação do sistema monetário internacional no pós-guerra. Por esse acordo, firmado em 1944, o tesouro estadunidense garantia a conversibilidade do dinheiro que emitia a uma taxa fixa de 35 dólares por onça de ouro. No entanto, a obrigação de honrar dólares em ouro não era válida para os particulares, apenas para Bancos Centrais estatais. No final da década de 1960, a mudança na situação da maior economia do planeta, e então fiadora do padrão-ouro-dólar, os EUA – que paulatinamente passaram de credores a devedores internacionais – gerou evasão de ouro e inflação no interior deste país. A enorme quantidade de dólares em circulação tornava o acoplamento do dólar ao ouro praticamente uma ficção. No início da década de 1970, o padrão-ouro foi formalmente abolido, assim como as taxas de câmbio fixas. Em 1973, os países capitalistas centrais concordaram com um novo regime flutuante

doria que funcione em nível nacional ou internacional como uma mercadoria dinheiro (desde 1930 para o dinheiro doméstico, e desde o início dos anos 1970 para o dinheiro internacional). Contemporaneamente, o dinheiro é o papel-moeda emitido pelos Bancos Centrais estatais, e não há nada contra o que esse possa ser resgatado. Por certo, ainda se pode comprar ouro com o dinheiro fiduciário, mas o ouro se tornou apenas mais uma mercadoria, como outra qualquer, e já não desempenha, nem por força de lei nem de prática corrente, o papel especial de mercadoria monetária.

Trata-se de uma realidade que aparentemente entra em conflito com a concepção marxiana de dinheiro mundial. Na esfera internacional, segundo Marx (2013), o dinheiro tem de existir como dinheiro-ouro[219], uma forma de existência "adequada a seu conceito". Mas, se o dinheiro deixa de existir como metal precioso, transformando-se em dinheiro fiduciário mesmo na esfera das relações mercantis internacionais, qual lugar restaria para essa teorização? Seria a concepção de Marx historicamente datada, um erro que o tempo revelou? Sendo este ou não o caso, haveria aí, a despeito da mudança histórico-empírica, um núcleo teórico ainda necessário à compreensão das formas contemporâneas de dinheiro no capitalismo?

Nessa via, uma crítica à teoria do dinheiro de Marx vem ganhando corpo nas últimas décadas: a de que essa requer conceitualmente que o dinheiro seja uma mercadoria produzida, portadora de valor (ouro, por exemplo). Assim sendo, argumentam seus críticos, apesar de a teoria do dinheiro de Marx ser válida para o dinheiro-mercado-

---

de taxas de câmbio, que deveria se "autorregular" por meio do mercado. Assim, as principais moedas são negociadas hoje contra taxa de câmbio flutuante, sem relação com nenhuma taxa oficial de referência, dependendo ostensivamente, para tanto, do mercado e dos agentes financeiros privados.

[219] "Ao deixar a esfera da circulação interna, o dinheiro se despe de suas formas locais de padrão de medida de preços, de moeda, de moeda simbólica e de símbolo de valor, e retorna à sua forma original de *barra de metal precioso*" (Marx, 2013, p. 215, grifos meus).

ria do passado, ela não se aplica mais ao regime monetário corrente do dinheiro não-mercadoria.

Ao considerarmos essa crítica, é importante distinguirmos entre as diferentes funções do dinheiro e, especialmente, entre as funções medida de valor e meio de circulação. Conforme discuti anteriormente, é ponto pacífico que o dinheiro como meio de circulação não precisa ser uma mercadoria, como enfatizado pelo próprio Marx. A verdadeira questão, portanto, é se o dinheiro precisa ou não ser uma mercadoria em sua função de *medida de valor*[220].

A esse respeito, os autores se dividem, de modo geral, em relação a sua forma de caracterizar e aderir ao que seria uma teoria marxiana do dinheiro, bem como a eventual importância do dinheiro-mercadoria no interior dessa abordagem. Um número significativo de marxistas contemporâneos defende a posição de que a teoria marxista do valor é compatível com as formas de dinheiro não-mercadoria[221]. Alguns concebem o funcionamento contemporâneo do dinheiro de crédito no capitalismo como uma conjuntura histórica peculiar; uma suspensão precária do dinheiro-mercadoria que, no entanto, não é ou não poderá ser finalmente dominante. Outros consideram aquilo que supostamente seria um apego de Marx ao dinheiro-mercadoria como resultado natural da limitação de sua análise a um momento histórico específico[222], apontando, assim, para a necessidade de revisões, atualizações e reconstruções.

---

[220] "A predominância contemporânea do papel-moeda inconversível (sem valor) coloca um desafio a um aspecto da teoria de Marx: não está imediatamente claro como os valores das mercadorias são medidos e expressos como preço se o dinheiro não tiver valor intrínseco. Essa limitação potencial tem implicações graves, porque a análise de problemas contemporâneos, incluindo a oferta de dinheiro para crédito, inflação e determinação da taxa de câmbio, depende de uma explicação satisfatória do papel-moeda sem valor" (Saad-Filho, 2002, p. 97).

[221] Para uma compilação de distintas abordagens, ver a coletânea organizada por Moseley (2005a). Para o resumo e análise crítica de algumas das principais formulações a respeito, ver Paraná (2018) – texto que incorpora também a contribuição de marxistas brasileiros a respeito do tema.

[222] A questão parece se tornar um pouco mais complicada diante do fato

A meu ver, uma das posições mais frutíferas neste debate é a da economista marxista francesa Suzanne de Brunhoff[223]. Conforme nos lembra a autora, em uma economia em que se produz imediatamente para a venda (e apenas mediatamente para o consumo), em que todos têm de comprar para viver (razão pela qual também é preciso vender), o dinheiro aparece, em Marx, como resultado da exclusão/eleição social de algo para servir como espelho do valor. Devido ao seu poder de validação social dos trabalhos privados no ato de troca, o dinheiro, esse "espelho do valor", apresenta-se como algo diferente das mercadorias comuns: uma mercadoria de tipo especial, que funciona como que equivalente geral frente a todas as demais. O que permite o dinheiro desempenhar tal papel de validação social dos trabalhos privados é o fato de portar um valor anterior reconhecido socialmente, um valor diretamente social, algo que sustenta seu papel de equivalente geral. Para operar como validador social dos trabalhos privados o dinheiro precisa se reproduzir como equivalente geral, o que demanda, em contrapartida, que seja reconhecido como tal pelo conjunto da sociedade.

> A troca de equivalentes em qualidades de trabalho abstrato, fornecidas por produtores trocadores independentes, é o ponto de partida da circulação mercantil; ela só é o ponto de chegada caso a forma preço permita uma flutuação dos preços mercantis e, por esta razão, pode impor *ex post* a equivalência em moeda das mercadorias trocadas, que difere da equivalência baseada na igualdade do trabalho dispendido (Brunhoff, 1978a, p. 72).

---

de que: "Marx estava plenamente consciente da existência de formas de dinheiro sem valor, incluindo o sistema de John Law e os 'Assignats' franceses. Ele não presume, portanto, que apenas o dinheiro-mercadoria deva existir ou que este seja, de alguma forma, uma característica necessária do capitalismo. [...] No entanto, ele não explica como o dinheiro sem valor mede o valor" (Saad-Filho, 2002, p. 145).

[223] Para um panorama da abordagem de Suzanne de Brunhoff sobre o dinheiro como relação social ver Mollo (1989, 1991 e 2018).

Para Suzanne de Brunhoff, então, a busca constante pela mensuração e pela quantificação imposta no e pelo sistema de preços tem no trabalho seu centro objetivo de gravitação, mesmo que a complexidade da formação de valores e preços implique uma relação com o trabalho apenas na média, e em última instância. Trata-se de um processo de transformação do trabalho concreto em trabalho abstrato, de trabalho individual em trabalho socialmente necessário e de trabalho privado em trabalho socialmente válido por meio da troca das mercadorias por dinheiro.

A partir desta interpretação, o valor não pode ser previamente determinado na produção, mesmo que seja ali onde sua trajetória seja iniciada. Sabe-se que é no âmbito da produção que se configuram as condições sociais médias materializadas no *tempo de trabalho socialmente necessário* para a produção das mercadorias. No entanto, essa "média", em si, não pode ser determinada definitivamente senão na circulação, onde, por meio do confronto entre as mercadorias no mercado, ocorre o que Brunhoff (1978a) define como "tateamento" – "um processo de valorização-desvalorização" que regula a contradição produção-troca de mercadorias. Disso decorre que a lei do valor não se apresenta antes da troca contra o dinheiro. O valor ao fim validado socialmente por meio da troca pode ser maior ou menor do que aquele gasto na produção. Tais diferenças podem eventualmente ser compensadas ao longo do tempo, mas esse tipo de dinâmica monetária, enfatiza a autora, não garante nenhum equilíbrio baseado em condições prévias fechadas. No caso de não compensação, surgem dificuldades na venda das mercadorias (ou, como veremos, de conversão das distintas formas de moedas entre si), o que leva a crises: "a maneira violenta de imposição da lei do valor" (Mollo, 1989)[224].

---

[224] "Também é preciso dizer que nesses processos sempre existe um papel definido e importante da moeda, validando ou não os trabalhos privados contidos nas mercadorias e permitindo os 'tateamentos' por meio de valorizações e desvalorizações das moedas, de modo a garantir o papel de equivalente geral que o dinheiro deve ter nas economias capitalistas. É assim que esses processos servem para impor a lei do valor em última análise, garantindo o funcionamento da eco-

Sabemos que, com a evolução do sistema monetário de trocas no capitalismo, o dinheiro deixa de ser mercadoria[225]. Não mais o sendo, o valor do dinheiro depende daquilo que Brunhoff define como *restrição monetária*, um mecanismo de regulação da economia capitalista pela via de seu caráter mercantil; dinâmica que impõe, em última instância, a lei do valor. De maneira simplificada, a restrição monetária é definida como a "necessidade absoluta das mercadorias de se converterem em moeda" (Brunhoff, 1985, p. 41), mecanismo por meio do qual é encaminhada a "polaridade" moeda-mercadorias[226]. A restrição monetária, resume Mollo (1991, p. 47),

> relaciona os produtores individuais separados, o que ocorre de forma completa apenas na troca, depois que as mercadorias foram produzidas. Esta é a razão pela qual aparece a possibilidade de divergência entre valor criado individualmente e valor realizado socialmente, fruto da contradição privado-social que define as economias mercantis.

Com o desenvolvimento do sistema crédito e o advento do dinheiro inconversível, a restrição monetária aparece também, conforme

---

nomia ou levando a crises que acabam mostrando – embora de maneira violenta – que o capitalismo não pode prescindir da lei do valor" (Mollo, 2018, p. 92).

[225] "O dinheiro do crédito emitido pelos sistemas bancários é a forma de dinheiro no capitalismo moderno. Dentro dos países, as moedas são as unidades nacionais de conta, sem nenhuma referência ao ouro desde 1971. Para transações internacionais, elas são conversíveis entre si, por meio de diferentes regimes de taxas de câmbio. A teoria do dinheiro de Marx parece obsoleta. Se ela ainda sugere elementos analíticos para entender o dinheiro contemporâneo, temos que considerar o significado do "padrão-dólar" e a *restrição monetária* como meio de pagamento" (Brunhoff, 2005, p. 213, grifos meus).

[226] "A necessidade de uma validação social dos trabalhos particulares manifesta-se notadamente naquilo que Marx denomina o 'salto-mortal da mercadoria', que deve demonstrar seu valor de troca no mercado sendo vendida por dinheiro. Trata-se de uma 'limitação [restrição] monetária' que exprime as condições sociais de toda produção de mercadorias" (Brunhoff, 1985, p. 41).

Brunhoff (1979, p. 63), como "a conversão necessária de dívidas em dinheiro" – isso porque as dívidas devem ser reembolsadas e todas as formas de dinheiro devem necessariamente remeter ao equivalente geral. É assim, portanto, *a posteriori*, como média social, e, em última instância, que a lei do valor desempenha seu papel de organização e coordenação conflituosa nas economias capitalistas, em consonância com sua natureza mercantil. Frente ao dinheiro de crédito, marcado por práticas sociais mais complexas, as condições para a validação social do trabalho por meio do dinheiro se redesenham, mas a mesma restrição monetária, sustenta a autora, continua a impor, em última análise, a lei do valor.

A partir dessa linha de raciocínio, o crédito, que é privado, pode antecipar a validação social dos bens[227]. A moeda emitida pelo banco central, que é pública, pode "pseudovalidar" as mercadorias. O caráter público, que é hierarquicamente superior ao caráter privado, pode validar as moedas bancárias privadas, mas não pode superar, absorver ou se confundir com o caráter social mais amplo do dinheiro como relação geral. Desde esse ponto de vista, como equivalente geral, e submetido, ainda que em última análise e modo instável, à lei do valor, o dinheiro não é apenas público ou privado, mas antes social.

---

[227] "A extensão do crédito ao setor industrial pode ser vista como uma 'pré-validação privada' do trabalho levado a cabo nesse setor. Em termos marxistas, empréstimos a empresas industriais são feitos sob a suposição de que mais-valia acabará sendo produzida e realizada no mercado, permitindo que essas empresas paguem os empréstimos com lucro. Se isso não ocorrer em uma escala suficientemente ampla, no entanto, o banco central poderá intervir, fornecendo liquidez aos bancos e outras instituições financeiras. Se estes últimos usarem essa liquidez para fazer empréstimos adicionais a empresas industriais, essas empresas poderão rolar a dívida anterior assumindo mais dívida. As crises podem ser deslocadas temporalmente dessa maneira, pelo menos em certas regiões e por certos períodos. As desacelerações bruscas e abruptas que ocorriam quando o dinheiro do crédito estava subordinado ao dinheiro-mercadoria são assim evitadas. Essa 'validação pseudo-social' do trabalho privado, no entanto, tem o custo de tendências inflacionárias que têm pouco a ver com 'excessivas' demandas salariais" (Smith, 2005, p. 229).

Desse modo, a restrição monetária, por meio de valorizações e desvalorizações, possibilita (mas também pode dificultar) a conversão das mercadorias e dívidas em dinheiro, e permite (ou ameaça) a conversibilidade das moedas nacionais em moeda internacional. Trata-se de "sanção" que articula uma escala, ou uma "pirâmide"[228], entre as distintas formas de dinheiro: I) o dinheiro bancário deve ser convertido em dinheiro do Banco Central, de modo a atestar sua validade social; II) o dinheiro emitido pelo Banco Central, por sua vez, deve ser conversível em dinheiro internacional de modo a sustentar seu papel de equivalente geral e, assim, afirmar sua validade social. No entanto, mesmo o dinheiro universal deve reproduzir seu papel de equivalente geral, algo que tampouco ocorre a um só golpe, ou sem problemas. Quando é uma moeda nacional que desempenha o papel de moeda internacional, como é o caso do dólar, a reprodução e verificação de seu papel de equivalente geral é estabelecida por meio de reavaliações e depreciações de acordo com a importância e peso econômico relativo dos distintos países[229].

Em meio a essa dinâmica, a necessidade de conversão das moedas nacionais em moeda internacional determina a existência de um poder hierárquico superior, mas também limitado, no Banco Central. O Estado, nesse contexto, tem importância fundamental na reprodução do equivalente geral. Enquanto busca garanti-lo como tal, velan-

---

[228] Sobre essa pirâmide, Brunhoff (1985, p. 45), destaca que "nenhuma das três moedas indicadas (moeda bancária privada, moeda nacional, moeda internacional) é hierarquicamente superior às outras como expressão verdadeira da Moeda. A disposição piramidal significa que a moeda de nível inferior necessita da moeda de nível superior para se reproduzir como moeda. Mas todos os elementos do sistema se sustentam. [...] A reprodução da moeda como equivalente geral implica no jogo combinado dos três níveis".

[229] A esse respeito, Brunhoff (1978a, p. 88) sustenta que: "quanto mais for questionada a dominação econômica, mais este tipo de sanção será aplicada por intermédio do mercado mundial, que é o local seja da circulação de uma moeda mercadoria de referência (tal como o ouro), seja da emergência de novas práticas (tais como os acordos de Washington em dezembro de 1971) que tendem a verificar em última análise a lei do valor".

do por seu "bom desempenho" ao longo deste processo, a autoridade monetária deve, ao mesmo tempo, abastecer a atividade produtiva da moeda necessária à circulação das mercadorias e à acumulação de capital. Assim, em meio a essa tentativa de gestão, "elas tateiam entre uma coisa e outra e dessa forma as Autoridades Monetárias se veem também sujeitas à restrição monetária, ainda que de forma diferente dos bancos e dos produtores privados", conforme nos recorda Mollo (1991, p. 55).

Se, de acordo Brunhoff (2005), todas as nações estão sob a pressão de uma lei do valor, ainda que em posições desiguais frente a esta, não há que se falar, em consequência, na dominação ou imperialismo monetário absoluto de uma sobre as demais. Como se viu, as crises, ao ameaçarem a conversibilidade das mercadorias e/ou das dívidas em dinheiro ou das moedas bancárias nacionais em moedas emitidas por Bancos Centrais, impõem, de forma violenta e, em última instância, a lei do valor.

Para uma concepção não-substancialista de dinheiro

Apresentada uma primeira conceituação do dinheiro em Marx, me ocupei, em seguida, de um breve panorama do debate recente em torno da teoria marxiana do dinheiro. Vimos que, em consonância com diferentes interpretações da teoria do valor, o dinheiro pode ser concebido basicamente de dois modos: como mercadoria (portadora de trabalho) e como não-mercadoria (forma do valor).

Diante disso, os marxistas endereçam o problema do dinheiro inconversível de distintas maneiras: a partir da complementariedade e da contradição entre as distintas formas de dinheiro, da total superação ou suspensão apenas temporária da validade empírica do dinheiro-mercadoria, do dinheiro-mercadoria aparecendo como fundamental em algumas funções e não em outras, da autonomização crescente das formas de valor, da determinação em última instância do valor frente ao dinheiro, etc. Em meio a tal busca por uma teoria marxista do dinheiro capitalista contemporâneo, à polarização forma *versus* conteúdo do valor soma-se ainda a contradição entre o caráter estatal/público *versus* mercantil/privado do dinheiro como equivalente geral, com autores tendentes a destacar um ou outro dentre esses "polos".

É possível encontrar, em Marx, evidências textuais que reforçam distintas, e, às vezes, antagônicas, posições a respeito. Frente a isso, trata-se, então, de explorar de modo vivo o movimento da obra de Marx naquilo em que pode oferecer à investigação de um fenômeno contemporâneo. Interessa-nos, sobretudo, uma forma global de compreender e investigar o dinheiro, o método e o sistema de pensamento que o ilumina no quadro de suas relações.

Atualmente, a maioria dos autores que se referenciam na obra de Marx ou com ela dialogam, concorda, mesmo que por diferentes razões, e em distintos graus de assertividade, que o dinheiro, não tem de ser, obrigatoriamente, uma mercadoria na teoria de Marx, inclusive em sua função crucial como medida de valor. Embora o próprio Marx possa ter pensado que o dinheiro como medida de valor precisasse ser uma mercadoria, o papel moeda não lastreado em ouro também pode funcionar como tal. Trata-se de uma conclusão que concilia, sem prejuízo a nenhuma delas, as dimensões teórica e empírica do problema.

Conforme observa Michael Heinrich (2004), Marx não poderia imaginar, em sua época, o sistema monetário capitalista sem um dinheiro-mercadoria, mas a existência de tal mercadoria não é, de modo algum, uma consequência necessária de sua análise da mercadoria e do dinheiro. No âmbito de sua análise da forma mercadoria, Marx desenvolve, como vimos, as determinações da forma equivalente geral. Sua análise do processo de troca leva à conclusão de que os proprietários de mercadorias devem necessariamente relacionar suas mercadorias com um equivalente geral, "mas que o equivalente geral deve ser uma mercadoria específica não foi provado por Marx, apenas assumido" (Heinrich, 2004, p. 70). Resultado da dinâmica do mercado, o dinheiro ocupa um lugar diferente das mercadorias comuns, uma vez que foi excluído/eleito socialmente para desempenhar o papel de validador social dos trabalhos privados. É o reconhecimento social de sua capacidade para desempenhar tão importante atribuição que lhe possibilita justamente não ser uma mercadoria "real". Aquilo que servirá como equivalente geral (seja uma mercadoria física ou simplesmente papel moeda) não pode ser determinado apenas no nível da circulação simples de mercadorias. Ainda de acordo com Heinrich (2004, p. 70), quando o sistema capitalista de crédito é levado em consideração, "fica claro que a existência de uma mercadoria dinheiro é meramente um estado de coisas historicamente transitório, mas não corresponde ao 'modo de produção capitalista, em sua média ideal' que Marx procurou analisar"[230].

Uma vez que não há, nas economias de mercado, planejamento prévio e social da produção, o trabalho empenhado nas mercadorias se realiza socialmente apenas quando sancionado ou validado pela troca. Em uma economia mercantil, caracterizada pela separação dos produtores independentes, essa troca não ocorre de outra forma se não por meio do dinheiro; isso porque, sob pena de estar inviável tecnicamente a troca, o trabalho abstrato precisa de uma comensurabilidade geral para que possa se expressar. Assim sendo, não existe valor sem dinheiro. Para Marx (2011a, p. 94, grifos meus), o dinheiro, "*esse símbolo*, esse *signo material do valor* de troca, é um produto da própria troca, e não a implementação de uma ideia concebida *a priori*".

Mas cabe, uma vez mais, o esclarecimento de que, desde o ponto de vista do processo de acumulação capitalista, as tais unidades de produção independentes em que o trabalho é realizado privadamente são unidades de capital no interior das quais esse trabalho

---

[230] "Muitos autores sustentam que Marx adotou uma teoria da moeda-mercadoria. Trata-se de uma visão truncada do que poderíamos chamar de teoria monetária de Marx ou da concepção marxista do capitalismo como uma economia monetária. [...] O dinheiro – a forma geral do valor e expressão universal da riqueza –, somente ele, realiza a riqueza individual como riqueza social; é o dinheiro este 'objeto'. Há quem confunda essa objetividade com a corporeidade metálica, mas, na construção de *O Capital*, a corporeidade metálica é apenas o passo 'mercantil' para que a objetividade assuma a sua forma apropriada ao regime do capital plenamente constituído" (Belluzzo, 2013, p. 8-9).

é contratado em troca de salários. Assim, a acumulação de capital dinheiro não representa apenas a validação social do trabalho desempenhado privadamente, mas simultaneamente a reprodução da própria relação capital-trabalho assalariado. Daí o capitalismo, como economia mercantil-monetária, não poder ser pensado como uma economia de troca simples, e a teoria do valor não pode ser mobilizada senão como uma *teoria monetária do valor*. Não se trata, por isso, de pensarmos uma economia real contra uma economia monetária, mas, distintamente, pensarmos a própria realidade monetária ou a importância do dinheiro no mundo real da economia de mercado capitalista.

Marx aponta que os produtos do trabalho se tornam valores porque são produzidos no âmbito das relações de capital. Também deixa claro, como se viu, que o valor se manifesta necessariamente na forma de dinheiro, de modo que o dinheiro é a manifestação por excelência de valor e, portanto, do capital; dito de outra maneira: uma concretização material da relação de capital. Sabe-se ainda que a mais-valia é, ao mesmo tempo, pressuposto e consequência do modo especificamente capitalista de apropriação de sobretrabalho, mais precisamente, uma relação social historicamente específica de exploração que se manifesta como lucro (e não como tributo, trabalho feudal forçado, etc.). Mas o lucro (assim como o salário) é algo que pode ser medido empiricamente apenas no nível de sua forma de aparecimento: em unidades monetárias. A crítica da economia política de Marx não apenas afirma que há exploração, mas também explica porque o capitalismo aparece em tais formas específicas. Desde esse ponto de vista, a teoria monetária do valor de Marx constitui uma crítica radical à teoria ricardiana do valor; um verdadeiro rompimento com a concepção de valor como trabalho incorporado.

Por isso, é possível dizer, ainda com Heinrich (2004, p. 64), que concepções "substancialistas", que procuram sustentar a existência do valor como algo interior ou incorporado aos objetos individuais, são, em verdade, teorias pré-monetárias do valor; esforços que buscam desenvolver uma teoria do valor sem referência ao dinheiro.

Sabemos que tanto a teoria do valor trabalho da economia política clássica quanto a teoria neoclássica da utilidade marginal são teorias pré-monetárias do valor, mas, da mesma forma, conforme o autor, "a teoria do valor 'marxista' usual que alega que o valor já é completamente determinado pelo 'tempo de trabalho socialmente necessário' também é uma teoria pré-monetária do valor".

Desta feita, cabe reforçarmos o que define como tal o materialismo de Marx. Caracterizado pelo privilégio epistemológico conferido à necessidade humana de reprodução de sua vida material por meio do trabalho (um processo sempre social e relacional, mediado simbolicamente, e, assim, carregado de inúmeras instabilidades e complexidades), esse não pode ser confundido com um materialismo sensorialista[231] qualquer, que busca na rigidez de uma essência material objetiva as respostas para as questões fundamentais da vida social e econômica[232]. A partir desta abordagem, uma leitura materialista do dinheiro é aquela que se dedica a desvendar o conjunto de relações sociais que o define e o sustenta como tal, a materialidade de seu *conteúdo social*.

É precisamente neste sentido que minha análise do Bitcoin se pretende também *materialista*; e foi mobilizando este mesmo materialismo que cheguei à abordagem da forma valor/trabalho abstrato como interpretação mais adequada da relação entre valor e dinheiro na teoria do valor de Marx.

---

[231] "Exatamente ao contrário da objetividade sensível e crua dos corpos das mercadorias, na objetividade de seu valor não está contido um único átomo de matéria natural. Por isso, pode-se virar e revirar uma mercadoria como se queira, e ela permanece inapreensível como coisa de valor [*Wertding*]" (Marx, 2013, p. 124).

[232] "O materialismo tosco dos economistas, de considerar como qualidades naturais das coisas as relações sociais de produção dos seres humanos e as determinações que as coisas recebem, enquanto subsumidas a tais relações, é um idealismo igualmente tosco, um fetichismo que atribui às coisas relações sociais como determinações que lhes são imanentes e, assim, as mistifica" (Marx, 2011, p. 575).

Por meio desta lente, vimos que o dinheiro atua validando socialmente os trabalhos privados em uma dinâmica tal em que o valor das mercadorias não é determinado apenas ou previamente na produção, mas apenas *a posteriori* ou, nas palavras de Marx, "*post festum*". Não estando assegurada, como se viu, a compatibilidade entre a produção e a circulação, nos deparamos com um processo complexo (e sujeito a inúmeras intempéries) de determinação do valor. O tempo de trabalho a ser levado em consideração é apenas aquele de fato "socialmente necessário", o "tempo de trabalho em média necessário". O valor da mercadoria determinada pelo tempo de trabalho gasto na sua produção é apenas seu valor "médio".

Mas sabe-se também que, devido a flutuações na oferta e na demanda, dentre outras complexidades, os preços de mercado sempre diferem dessa média (sendo justamente tal elasticidade dos preços aquilo que garante sua funcionalidade como mecanismo de coordenação da economia de mercado capitalista[233]). É por isso que, ao invés de ser determinada antecipadamente, a validação social das mercadorias, do caráter social de sua produção, só pode se dar *a posteriori*, por meio do constante "tateamento" entre valor e preço de que fala Brunhoff. Eis que se torna, uma vez mais, evidente a necessidade, para isso, de um terceiro, exterior à mercadoria[234], o dinheiro, eleito

---

[233] "A grandeza de valor da mercadoria expressa, portanto, uma relação necessária – e imanente ao seu processo constitutivo – com o tempo de trabalho social. Com a transformação da grandeza de valor em preço, essa relação necessária aparece como relação de troca entre uma mercadoria e a mercadoria-dinheiro existente fora dela. Nessa relação, porém, é igualmente possível que se expresse a grandeza de valor da mercadoria, como o mais ou o menos pelo qual ela vendável sob dadas circunstâncias. A possibilidade de uma incongruência quantitativa entre preço e grandeza de valor, ou o desvio do preço em relação à grandeza de valor, reside, portanto, na própria forma-preço. Isso não é nenhum defeito dessa forma, mas, ao contrário, aquilo que faz dela a forma adequada a um modo de produção em que a regra só se pode impor como a lei média do desregramento que se aplica cegamente" (Marx, 2013, p. 176-7).

[234] "A determinação do valor das mercadorias é um processo complexo que exige a exterioridade do dinheiro" (Mollo, 2018, p. 94).

socialmente como espelho do valor. A falta de uma proporcionalidade segura entre produção e distribuição, ou seja, a falta de garantia de compatibilidade ou consistência *a priori* entre ambas, lega ao dinheiro e às relações monetárias enorme importância no estabelecimento dos valores – um processo de tal modo oscilante, recorde-se, que jamais pode ser caracterizado como qualquer tipo de "equilíbrio"[235].

Ao tratar da relação complexa entre valores, preços e exploração capitalista, Saad-Filho (2002, p. 54, grifos do autor) aponta que

> A equalização do trabalho e a determinação de valores e preços são os resultados de um processo real em três etapas: primeiro, os trabalhos individuais são *normalizados* entre os que produzem o mesmo tipo de mercadoria; segundo, eles são *sincronizados* entre aqueles que produziram o mesmo tipo de mercadoria no passado ou com tecnologias distintas; e, terceiro, eles são *homogeneizados* em relação aos outros tipos de trabalho, à medida que a mercadoria é equalizada com o dinheiro ideal.

Vejamos, em mais detalhe, o que configura essa determinação complexa e diacrônica de valores e preços como resultado dos processos de normalização, sincronização e homogeneização dos trabalhos.

Sabe-se que, no capitalismo, as empresas concorrem entre si, produzindo as mesmas mercadorias em vários mercados simultaneamente. Esse processo as obriga a aplicar normas estritas de produção e inovar constantemente para sobreviver. Conforme Saad-Filho, "essas pressões decorrentes da produção e da troca *normalizam* o trabalho assalariado realizado para o capital no interior da produção" (2002, p.

---

[235] "A estrutura do *capital em geral* se move mediante a concorrência entre os capitais individuais, sempre no propósito, mediante o progresso técnico, de violar a lei que os obriga a produzir de acordo com o tempo de trabalho socialmente necessário. A lei do valor é, portanto, como já foi dito, a lei da violação permanente das condições existentes de equivalência" (Belluzzo, 2013, p. 66, grifos do autor).

56, grifo do autor). O autor nos lembra ainda que a normalização do trabalho é um processo duplo. De um lado, compreende o estabelecimento do trabalho médio ou da produtividade média em cada firma e setor; de outro significa a subordinação dos trabalhos executados em cada firma e setor pelo processo social de produção de cada tipo de mercadoria. Trata-se de um processo que coloca em perspectiva, ademais, o problema das distintas intensidades e complexidades do processo de trabalho (e, portanto, da educação e treinamento dos trabalhadores), bem como do controle capitalista da produção *vis-à-vis* a tendência à mecanização crescente e desqualificação do trabalho.

Longe de serem fixados de uma vez por todas quando as mercadorias são produzidas, nota Saad-Filho, os valores são determinados socialmente de forma contínua, podendo se modificar devido a mudanças técnicas nos distintos ramos da economia. "A venda simultânea, ao mesmo preço, de mercadorias produzidas em diferentes momentos revela que os trabalhos individuais concretos são *sincronizados* entre aqueles que produziram o mesmo tipo de mercadoria em outros períodos ou por meio de tecnologias distintas" (2002, p. 62, grifo do autor). A normalização explica, de acordo com o autor, por que o tempo de trabalho necessário para produzir uma dada mercadoria é socialmente determinado, incluindo o tempo necessário para produzir os insumos envolvidos em seu processamento. Trata-se de um processo que coloca em questão a necessidade de reprodução das mercadorias, o problema da transferência de valor dos insumos ao produto, bem como as repentinas "desvalorizações" do capital fixo provocadas pelo avanço tecnológico.

Se na necessidade de normalização e sincronização dos trabalhos já está evidenciada a relação dinâmica e complexa entre valores e preços, é no processo de homogeneização que o papel do dinheiro aparece de maneira ainda mais evidente. A homogeneização, explica o autor, traduz as diferentes produtividades de valor de trabalhos médios (normalizados e sincronizados) em cada setor em distintas quantidades de trabalho abstrato. Isso ocorre à medida que as mercadorias recebem seus preços, ou quando a moeda cumpre sua função de medida de valor; ponto em que a lei do valor busca estabelecer a correspondência entre os preços das mercadorias e o tempo de trabalho socialmente necessário para sua reprodução.

> O processo de homogeneização tem três implicações importantes. Primeiro, o valor não pode aparecer diretamente como uma quantidade de horas de trabalho; aparece apenas como preço. Em outras palavras, a produtividade-valor dos trabalhos realizados em empresas ou setores distintos é avaliada apenas pelo valor agregado (em dinheiro) por hora. Segundo, os valores e preços de todas as mercadorias são determinados simultaneamente. Terceiro, a afirmação de Marx de que o dinheiro é "a encarnação direta de todo trabalho humano", ou imediatamente trabalho social, implica que a produção de dinheiro é distinta porque neste setor o trabalho não é homogeneizado. Em vez disso, o valor do dinheiro é o pivô da homogeneização dos trabalhos realizados nos outros setores e fornece a referência para a formação de preços (Saad-Filho, 2002, p. 66-7).

Com isso, cabe recordarmos, essa complicada dinâmica de imposição da lei do valor às mercadorias só se constata por meio do dinheiro, mais precisamente, por meio da validação posterior das mercadorias pelo dinheiro na troca. Se o dinheiro é o pivô da homogeneização dos trabalhos realizados nos distintos setores, e fornece o ponto de referência para a formação de preços, seu valor deve necessariamente conservar alguma ligação com o valor das mercadorias que ele representa. Não tendo o dinheiro, como se viu, um valor intrínseco, a lei do valor se impõe seja ao dinheiro (como equivalente geral) seja às mercadorias, em última instância, por meio da operação da, já analisada, "restrição monetária": a necessidade de que toda mercadoria seja convertida em dinheiro, e de que toda forma de dinheiro seja ao fim convertida em equivalente geral.

Tudo somado, devendo ser socialmente reconhecido como capaz de desempenhar o papel de validação social dos trabalhos privados, não é necessário, desde o ponto de referência em que nos ancoramos, que o dinheiro seja ele próprio uma mercadoria como as outras, ou um dinheiro-mercadoria *de fato*. No entanto, esse dinheiro apenas será capaz de manter sua função de validação social dos trabalhos privados sob a condição de continuar a ser socialmente reconhecido como equivalente geral, ou seja, se o dinheiro é fundamental na imposição da lei do valor, a própria lei do valor se impõe também ao dinheiro.

Assim, para se reproduzir como tal, o equivalente geral precisa se submeter a um processo complexo e dinâmico de sanção social (algo que envolve também a ação estabilizadora do Estado, ancorada no poder econômico e político que representa). Essa conversibilidade geral entre mercadorias e formas de dinheiro, sob pena de perder seu reconhecimento social, demanda certa proporcionalidade, revelando, desse modo, o caráter relativo da autonomia entre valor e valor de troca, e, assim, a necessidade da preservação da lei do valor em última instância – o que possibilita que o dinheiro, o símbolo do valor, mantenha certa ligação com o valor que ele representa. O reconhecimento do dinheiro não está sustentado, por isso, em nenhum valor intrínseco, mas em sua eventual capacidade de possibilitar a reprodução da economia, refletindo as condições sociais médias de produção.

Veremos, no capítulo seguinte, de que modo esse processo social é também político e ideológico, não podendo ser concebido como estritamente "econômico" – algo que já figura implícito nesta primeira apresentação do "tateamento social" entre valores e preços, da reprodução complexa do equivalente geral como validador social do trabalho empenhado na produção mercadorias e da restrição monetária como imposição irregular, e em última instância, da lei do valor. O dinheiro, veremos, não é apenas – ainda que seja fundamentalmente – uma criatura do mercado, mas sustenta sua existência e reprodução continuada em relações político-ideológicas garantidas, sancionadas e geridas também pelo Estado – um poder ao mesmo tempo autônomo e submetido ao conjunto da sociedade.

5. Dinheiro, Estado e Poder

> *[...] eu estava procurando a verdade
> e acabei encontrando o dinheiro*
>
> George Soros

Vimos que, em Marx, as formas desenvolvidas são pressupostas na análise das formas analíticas elementares[236]. Em vista disso, os desenvolvimentos conceituais da mercadoria e do dinheiro, bem como suas referidas formas e funções, não correspondem a outra realidade concreta que não à mercadoria e ao dinheiro realmente existentes *no capitalismo*, o modo de produção do capital. Assim sendo, em busca de uma adequada compreensão da realidade concreta do dinheiro capitalista, faz-se necessária uma reflexão sobre a forma-Estado, uma vez que é fato, em termos históricos, não ter existido capital e capitalismo sem Estado[237].

---

[236] Conforme recorda Belluzzo (2013, p. 63): "As formas elementares interessam [a Marx] não em si mesmas, senão como passos para analisar as mais desenvolvidas, como elos da cadeia de construção lógica".

[237] "É pouco mencionado que, já nos capítulos em que cuida da circulação simples de mercadorias e do dinheiro, Marx apresente o Estado moderno como companheiro inseparável da mercantilização geral. Nos capítulos sobre a gênese do dinheiro em sua formatação mercantil, Marx apresenta o Estado como fiador da moeda e garantidor da confiança dos produtores no resultado de sua labuta. O sistema jurídico liberal – particularmente as codificações do direito civil e comercial – foi concebido para permitir a fluidez da circulação de mercadorias e dinheiro e, ao mesmo tempo, conter os impulsos individuais dos que pretendam arranhar as ilusões de equivalência e igualdade. Em sua essência a soberania monetária está apoiada

Como se sabe, a temática do Estado é relativamente subdesenvolvida na obra de Marx. Não obstante, são delineadas por Marx e Engels, grosso modo, duas funções primordiais do Estado sob o capitalismo: I) coordenar e regular o processo de acumulação de capital e II) articular e reproduzir os mecanismos de legitimação da ordem social. Devido a uma difusa (e nem sempre fecunda) divisão de trabalho no interior das ciências sociais, os economistas têm se dedicado fundamentalmente à primeira dimensão, enquanto os sociólogos, antropólogos e politólogos à segunda (e mesmos os marxistas, com importantes exceções, raramente fogem a essa segmentação). Buscarei superar a unidimensionalidade característica dessa divisão, em prol de uma aproximação da relação entre dinheiro e Estado, simultaneamente, a partir de ambos os aspectos.

Debatidas as relações entre valor, dinheiro e mercadoria em Marx, e tendo sido obtido, a partir deste exercício, um primeiro conceito de dinheiro, será necessário, neste ponto, realizarmos uma discussão fundamental para um esforço de teorização marxista do dinheiro (especialmente para as leituras próximas à abordagem da forma valor/trabalho abstrato): o debate em torno do fetichismo. Mais especificamente, das relações que se estabelecem no capitalismo entre dinheiro, fetichismo e ideologia. É que entre o mercado e o Estado, buscarei demonstrar, a problemática da ideologia e da luta de classes impõe-se como mediação incontornável para uma aproximação devidamente informada do dinheiro.

Por isso, veremos, em seguida, como o fetichismo da mercadoria, do dinheiro e do capital se articulam num complexo subsumido à dimensão ideológica da ordem social capitalista; uma tal ordem que não pode ser reproduzida senão por meio de aparelhos que pressupõem a existência do Estado (capitalista moderno). Mas um Estado pensado aqui a partir da materialidade (e contingência) das relações de poder que o constituem na luta de classes e demais conflitos polí-

---

na arquitetura jurídica que sustenta os indivíduos livres em sua condição produtores de mercadorias, apenas submetidos às normas dos contratos garantidos pelo Estado" (Belluzzo, 2013, p. 47).

ticos e, assim, a partir de sua autonomia relativa – algo especialmente evidente quando se trata da moderna gestão estatal do dinheiro.

Tal abordagem pode configurar, a meu ver, dois avanços importantes: de um lado, ao reforçar a um só tempo a grande importância e as limitações da autoridade monetária na gestão econômica, contribui para a abertura de eventuais diálogos críticos sobre o dinheiro com as demais formulações heterodoxas em economia, bem como com outras disciplinas; e, de outro, ao inserir o aspecto contingente, conflituoso e relativamente imprevisível das relações de poder entre Estado, capital e sociedade, auxilia na construção de alternativas à visão idealista-hegeliana de dinheiro como conceito abstrato puro.

Dinheiro, fetichismo e ideologia

A partir de uma primeira definição do dinheiro em Marx, vimos que um de seus traços fundamentais aponta para o fato de que, no capitalismo,

> a atividade particular de cada produtor só adquire sentido quando sancionada pela forma geral do valor de troca, isto é, pelo dinheiro. A mercadoria só se confirma como *valor* no momento em que se transforma em mercadoria geral, em dinheiro. E o trabalho concreto de cada um só é validado como trabalho social quando seu produto é acolhido pelo dinheiro como representante do trabalho em geral" (Belluzzo, 2013, p. 11, grifo do autor).

Assim sendo, uma vez que o dinheiro se ergue frente ao trabalho como uma potência autonomizada que parece regular seus movimentos e ordenar seus desejos, a produção do valor de troca já inclui em si uma forma de coerção social. O valor das mercadorias é, portanto, uma expressão de relações sociais que não podem ser diretamente controladas pelos produtores diretos (trabalhadores).

Disso segue que, em uma sociedade produtora de mercadorias, as relações decisivas de dominação não são (inter)pessoais, mas impessoais e objetivas. Essa dominação, como veículo da submissão a necessidades básicas e inerentes da reprodução da vida material, não existe porque as coisas possuem em si características especiais ou porque a ação social pede necessariamente uma mediação por meio delas, mas porque as pessoas se relacionam às coisas de uma forma particular, a ser, tomando-as como mercadorias. Essa dominação objetiva, ou, nos termos de Marx, essa "objetificação das relações sociais como propriedade de coisas", resultado de um comportamento social específico, não é transparente à consciência cotidiana. Daí formas sociais e históricas que configuram os produtos como mercadorias aparecerem para esta "consciência" como formas "naturais" da vida social.

Essa função de naturalização e, sobretudo, de ocultamento do caráter explorador e coercitivo das relações sociais é definida por Marx como "fetichismo" – quando as relações de exploração e dominação de classe aparecem, no quadro da ideologia dominante, em uma forma material, isto é, materializadas, coisificadas, objetificadas. Relações sociais, como dinheiro e capital, ou funções que derivam de relações sociais, como juros e lucros, aparecem como objetos (ouro, meios de produção) ou qualidade de objetos (meios de produção que produzem lucro, somas de dinheiro que produzem juros).

Por meio do fetichismo, o condicionamento característico das relações sociais sob o capitalismo é, então, tornado opaco. Atividades de práticas produtivas estruturalmente distintas são todas reduzidas à atividade humana em geral e a análise da economia política acaba, assim, circunscrita a uma narrativa em torno do comportamento de indivíduos reagindo de maneira racional em situações dadas. Marx rejeita, no bojo dessa discussão, o enquadramento dado pela economia política clássica à forma valor e à troca de mercadorias como "leis naturais", assim como critica sua recusa em investigar outros modos de produção, o que ilustraria a emergência do fetichismo como fenômeno típico da sociedade burguesa.

A uma primeira vista, o fetichismo da mercadoria consiste, portanto, na operacionalização deste processo de subordinação por meio do *mercado* (ainda que não apenas por meio dele, conforme veremos); que, no capitalismo, é o espaço por excelência de constituição de relações sociais generalizadas. O conceito contribui, veremos, para uma análise das representações ideológicas não como forma de "falsa consciência", mas como formas sociais necessárias de desconhecimento ou ocultamento que são reproduzidas em práticas sociais; formas essas funcionais e necessárias, diga-se, à reprodução continuada das estruturas do modo de produção capitalista.

Quanto ao nosso objeto, em particular, o que aqui se aplica às mercadorias se aplica também – e de maneira intensificada – ao dinheiro.

Apenas como resultado de um comportamento específico dos proprietários de mercadorias é que o dinheiro adquire suas propriedades específicas. Como manifestação independente do valor, o dinheiro possui uma forma especial, ou seja, existe na forma de equivalente geral frente às demais mercadorias – função que essas estão impedidas de ocupar. Mas esta "mercadoria especial" (ou pedaço de papel) que funciona como dinheiro só pode fazê-lo/sê-lo porque todas as demais mercadorias se referem a ela como dinheiro. Como essa mediação não é imediatamente visível (os agentes não precisam estar cientes da mediação para que suas ações tenham efeito), a forma dinheiro aparece como uma propriedade natural desta "coisa"/mercadoria, como possuidora de propriedades em/de si mesma. Seja o dinheiro uma mercadoria, um pedaço de papel ou bits em uma tela de computador, essa relação social aparece aqui como uma propriedade objetiva de uma coisa. Mas com um agravante, segundo Heinrich, que contribui para o absurdo dessa "objetividade espectral" do dinheiro: "enquanto mercadorias são objetos úteis que, *adicionalmente*, têm o status objetivo de serem valores, o dinheiro é *diretamente* uma 'coisa-valor'(*Wertding*)" (2004, p. 78, grifos do autor); daí, como se viu, a "corporeidade" do dinheiro (ouro, papel, etc.) ser tópico de baixa relevância conceitual.

Introduzida esta primeira caracterização do fetichismo da mercadoria e do dinheiro, urge nos debruçarmos sobre algumas tensões presentes na formulação marxiana do fetichismo de modo a melhor qualificá-la conceitualmente em vista dos objetivos desta investigação. Devido à importância e pertinência de suas contribuições nesse terreno, faremos isso pela via de uma apropriação crítica da problemática levantada pelo assim chamado "marxismo althusseriano"[238], algo presente nos trabalhos de Étienne Balibar, Jacques Rancière, bem como do próprio Louis Althusser.

Investigar, ainda que de passagem, os becos obscuros do debate em torno das relações entre valor, fetichismo e ideologia contribuirá, ademais, para a formulação de uma abordagem capaz de aproximar as pertinentes questões abertas pela leitura althusseriana de Marx, e seu campo de problemática, daquelas contribuições da chamada abordagem da forma valor ou do trabalho abstrato[239] – em grande parte, apresentadas na leitura do dinheiro mobilizada anteriormente. Tal construção guarda especial pertinência, veremos à frente, com uma análise complexa das relações contemporâneas entre dinheiro e poder do Estado[240].

---

[238] São especialmente úteis, nesse particular, as leituras de Dimoulis e Milios (2004), Milios et al. (2002), Milios (2009), Sotiris (2015) e Papafotiou e Sotiris (2016).

[239] Este exercício, para alguns inusitado, não é propriamente inédito. Tanto Milios (2009) quanto Sotiris (2015), bem como Papafotiou e Sotiris (2016), articulam evidências e argumentos em defesa de um encontro teórico entre as formulações gerais do marxismo althusseriano e a abordagem da forma valor. Conforme nota Sotiris (2015, p. 167): "Um dos aspectos mais interessantes de *Reading Capital* [Ler o Capital, coletânea de textos organizada por Althusser e seus seguidores na década de 1960] é o próprio fato desta ser também uma contribuição ao debate da teoria do valor, uma contribuição que, em certo sentido, antecede a abertura desse debate através de textos como 'Dialética da Forma do Valor', de Hans-Georg Backhauss, ou 'Gênese e Estrutura do Capital', de Roman Rosdolsky, ou a redescoberta da obra de I.I. Rubin, ou contribuições posteriores à teoria do valor".

[240] Conforme Papafotiou e Sotoris (2016, p. 18), estamos "totalmente de acordo com a maioria dos marxistas contemporâneos que têm trabalhado em uma abordagem teórica da forma valor. (...) Mas gostaríamos de divergir deles em termos filosóficos, porque não pensamos que todas essas suposições necessariamente levem a Hegel como a referência filosófica ne-

Frente aos objetivos desta investigação, cumpre iniciarmos apontando que o esforço de leitura crítica de Marx empreendido por Louis Althusser e seus seguidores chama atenção para o que seria um problema metodológico presente n'*O Capital*: o fato de que seu autor investiga a natureza do valor e do dinheiro nos três primeiros capítulos do Volume I da obra antes de apresentar uma definição de modo de produção capitalista. Essa ordem de exposição (que não se confunde necessariamente com seu método/ordem de investigação[241]), argumentam, teria sido responsável pela leitura equivocada realizada por alguns marxistas de que, ao invés de uma categoria tipicamente constitutiva do modo de produção capitalista, o valor é um conceito que oferece uma descrição geral e preliminar da produção simples de mercadorias – algo que poderia, inclusive, preceder historicamente o capitalismo.

---

cessária". Em linhas gerais, como se verá, tal abordagem se consubstancia na conclusão de que "o surgimento da forma de valor e a reprodução da relação de exploração capitalista não é a materialização de uma ideia ou de um elemento já substancialmente preexistente, mas o resultado de práticas singulares, encontros, arranjos institucionais, atravessados em todas as instâncias pela dinâmica da luta de classes, que acabam como estruturas sociais reproduzidas que dão essa impressão de 'sistemicidade'".

[241] Para Althusser, o problema com a tentativa de Marx de começar sua exposição n'*O Capital* pela simples abstração de valor é que isso suspende teoricamente todos os elementos concretos, materiais e históricos que criaram as condições para a acumulação capitalista como exploração. Essa ordem de exposição, que se move da noção abstrata de valor para a história concreta das lutas que a determinam, é diferente do processo real de pesquisa e conhecimento que, de fato, segue a efetividade constante do antagonismo entre as classes. "Pois, paradoxalmente, para propor uma teoria desse tipo, ele precisa levar em conta o que a ordem da exposição exige para suportar a produtividade do trabalho em todas as suas formas; a força de trabalho como algo além de uma simples mercadoria; e, de modo mais simples, a história das condições sob as quais o capitalismo surgiu, o que exige, entre outras coisas, referência à acumulação primitiva. Daí os longos capítulos sobre a jornada de trabalho, o processo de trabalho, a manufatura e a grande indústria, e o extraordinário capítulo sobre acumulação primitiva" (Althusser, 2006, p. 39).

Para além da confusão produzida pelo suposto deslocamento conceitual entre valor e modo de produção capitalista, produto do mencionado método de exposição, a referência introdutória ao valor "em si" criaria, novamente, a ilusão de que os três primeiros capítulos do Volume I d'*O Capital* oferecem uma investigação teórica bem-acabada do conceito de fetichismo. De modo distinto, sustenta Étienne Balibar (1975), a crítica do fetichismo representaria pouco mais do que uma "dialética preparatória", um comentário irônico sobre as limitações intelectuais do pensamento burguês, por meio do qual Marx busca dissipar os falsos pressupostos por trás das visões espontaneístas dos economistas vulgares.

É certo que a mercadoria é a forma econômica mais simples do capitalismo – ainda que, na primeira sessão do Volume I, essa seja, de fato, apresentada sem referência à força de trabalho, a mais característica das mercadorias do modo de produção capitalista. Ao se partir, porém, apenas e centralmente da mercadoria, sobretudo no modo como essa é apresentada nos três primeiros capítulos, o risco é que se acabe recaindo na construção de um modelo de economia estritamente centrado na imagem de produtores independentes (e autoempregados), algo que, definitivamente, não captura o que há de próprio, ou específico, no modo de produção capitalista – e que, certamente, não reflete o método de Marx.

Apesar disso, talvez seja precipitado rejeitar, apenas por essas razões, a problemática do fetichismo como "idealista"[242], como querem os althusserianos. Vejamos.

Vimos que dos *Grundrisse* ao *Capital* Marx insiste que o valor é uma expressão de relações típicas e exclusivas do modo de produção capitalista. Assim sendo, Marx introduz um conceito de produção simples de mercadorias apenas como uma construção intelectual

---

[242] Para Althusser, a teoria do fetichismo de Marx está baseada em uma projeção idealista do comunismo como uma sociedade totalmente "transparente" (sem ideologia), e desse modo, do capitalismo – em que, por oposição, uma forma de alienação produz aparências falsas desta transparência inicial.

que irá ajuda-lo a estabelecer, mais à frente, o conceito de produção propriamente capitalista[243].

Ademais, conforme notam Dimitri Dimoulis e John Milios (2004), distintamente do que afirmam muitos marxistas, Marx faz claras referências ao fetichismo em sessões subsequentes de seu trabalho, sobretudo em partes do Volume III d'*O Capital*[244]. Os autores falam, por isso, da preponderância, para além do fetichismo da mercadoria, de um "fetichismo do capital"[245] em Marx.

> No curso de suas investigações posteriores, Marx deixou claro que o conceito de fetichismo não se refere apenas à mercadoria, mas a todas as formas de capital (dinheiro, meios de produção). Na realidade, Marx não expõe uma teoria do fetichismo da *mercadoria*, mas uma teoria do *fetichismo do capital*, das relações capitalistas. Ele introduz a mercadoria *como uma forma do capital* e como *resultado da produção capitalista*. Nesse contexto, ele também introduz o fetichismo

---

[243] "A sociedade mercantil simples é um momento teórico destinado a demonstrar que a 'aparência' – ou o *modo de apresentar* da circulação capitalista – precisa confirmar a ilusão de igualdade exigida pela justiça dos mercados" (Belluzzo, 2013, p. 65, grifos do autor).

[244] A razão para isso é que as formas de aparência das relações capitalistas são analisadas principalmente no terceiro volume. Para mais sobre, ver Godelier (1977) e Rancière (1971, 1976).

[245] O argumento segue, em grande parte, aqui, a leitura de Rancière (1971a, 1971b, 1976). Dussel (2001), reforçando esse ponto, também observa o aparecimento do fetichismo do capital já nos manuscritos de 1881-83. Sotiris (2015, p. 188, grifos meus) aponta ainda que: "De maneira semelhante, na *Contribuição para a Crítica da Economia Política* de 1859, o fetichismo aparece em uma nota de rodapé referindo-se ao 'fetichismo dos pensadores alemães' e em referência à 'riqueza como fetiche' em uma seção sobre dinheiro. É óbvio que estamos lidando não apenas com o fetichismo da mercadoria, mas com uma referência mais geral a processos de objetificação/mistificação das relações sociais, *com ênfase mais no dinheiro do que simplesmente mercadorias, algo que nos aproxima do fetichismo de valor e do capital ao invés do simples fetichismo da mercadoria*".

da mercadoria como forma ou resultado do fetichismo do capital (Dimoulis e Milios, 2004, p. 27, grifos dos autores).

Assim sendo, e sem rejeitar a importância do conceito de fetichismo para uma análise das formas ideológicas de reprodução do modo de produção capitalista, os autores nos convidam a um necessário ajuste:

> Aparentemente, as ideias de Marx sobre a forma fetichista de aparência das *relações capitalistas* no nível superficial da circulação (ou no contexto da ideologia burguesa) não podem ser expressadas adequadamente se a relação de capital em si não for analisada, isto é, se não nos retiramos do quadro introdutório da primeira seção do Volume I (Dimoulis e Milios, 2004, p. 29, grifo dos autores).

Se passagens de Marx apontam para o fetichismo do capital já nos *Manuscritos* e na *Contribuição à Crítica da Economia Política* – anteriores, como se sabe, a *O Capital*, é possível dizer, então, que Marx inicia o Volume I d'*O Capital* já tendo elaborado uma definição de fetichismo como uma forma socialmente necessária, e especificamente capitalista, de ocultamento/desconhecimento.

Em referência a esse "fetichismo do capital", argumentam ainda os autores (Dimoulis e Milios, 2004), Marx não ativa um jogo simples entre sujeito e objeto, mas demonstra, distintamente, as várias maneiras em que as relações capitalistas são impressas em coisas, deixando traços de seus movimentos durante o processo de acumulação. Esses traços aparecem subsequentemente – "em uma cooptação espontânea" – como qualidade dessas coisas.

Tudo somado, tendo em mente que Marx escreve a primeira seção do Volume I d' *O Capital* com o objetivo de chegar ao conceito de capital, e levando em conta o fetiche do capital acima apontado, fica evidente que a análise marxiana está longe de representar uma operação ideológica de derivação de todas as formas a partir da mercadoria simples. Disso resulta ser equivocado reduzir o fetichismo à transformação de matéria em ideias, de coisas em senhores de seres humanos, de "sujeitos em objetos", e as relações entre os seres humanos em relações entre as coisas.

Podemos confirmar, adicionalmente, a partir desta abordagem, que a referência ao fetichismo da mercadoria não precisa configurar uma "teoria da alienação" a pressupor uma "essência humana" que se defronta com relações sociais em contradição com essa essência. Mais do que isso: o fetichismo não é a *causa* por trás do ocultamento das relações sociais de exploração, não significa uma "alienação". A análise do fetichismo da mercadoria aponta para o exame do *sintoma* (de uma "causa ausente"[246]), não de uma forma de causalidade direta, em si mesma (Dimoulis e Milios, 2004). É, distintamente, uma forma necessária de engajamento com a realidade em uma sociedade capitalista (e que só pode desaparecer com o fim dessa). Conforme sintetiza Rancière (1976, p. 358-373, grifos do autor, ênfases minhas):

> Os termos relevantes não são sujeito, predicado e coisa, mas **relação e forma**. O processo de alienação [...] não significa a externalização dos predicados de um sujeito para algo estranho, mas mostra o que acontece com as relações capitalistas quando elas assumem a forma mais altamente mediada do processo. Os determinantes sociais das relações de produção são assim reduzidas aos determinantes materiais da coisa. O que explica a confusão entre o que Marx chama de *fundamentos materiais* (coisas que exercem a função de portador) e

---

[246] A visibilidade das formas sociais é resultado das relações sociais subjacentes a elas, o que configura um tipo diferente de causalidade, uma forma de 'causalidade estrutural' ou 'causa ausente', em que uma estrutura existe fundamentalmente em seus resultados. "Aqui podemos afirmar do seguinte modo: o que determina a relação entre os efeitos (as relações entre as mercadorias) é a causa (as relações sociais de produção), na medida em que está ausente. Essa causa ausente não é o trabalho como sujeito, é a identidade do trabalho abstrato e do trabalho concreto, na medida em que essa generalização expressa a estrutura de um certo modo de produção, o modo de produção capitalista" (Rancière, 1971b, p. 36).

os determinantes sociais. Estes últimos se tornam *qualidades* naturais dos elementos materiais da produção. Desta forma, a relação de capital é constituída como uma *coisa*. [...] **As relações que determinam o sistema capitalista só podem existir sob condições de ocultamento. A forma de sua realidade é a forma na qual seu movimento real desaparece** ... [N'*O Capital* Marx formula] a teoria do processo e a teoria das razões de seu desconhecimento.

Disso resulta que tais efeitos de inconsciência/desconhecimento associados à forma valor, e típicos do fetichismo, não estão relacionados a alguma forma de "consciência alienada"[247], mas ao funcionamento objetivo das estruturas sociais. O ocultamento/desconhecimento emerge, aqui, como um efeito estrutural em certa medida necessário à reprodução ampliada do capital[248].

---

[247] "Não é um sujeito separado de si mesmo, cujos predicados passam para uma entidade alheia. É uma forma que se torna alheia à relação que sustenta e, ao se tornar alheia a ela, se torna uma coisa e leva à materialização da relação". [...] "Marx designa como subjetivação da coisa a aquisição pela coisa da função de motor do processo" (Rancière, 1976, p. 361-62).

[248] De acordo com Sotiris (2015), Papafotiou e Sotoris (2016), avaliação que acompanho, tal formulação do fetichismo pode ser compatibilizada com a teoria da forma valor, conforme articulada por Rubin (1987). "É interessante que o texto de Rancière [na coletânea *Ler o Capital*], de certa forma, nos lembra a posição de Rubin de que o surgimento da forma valor e do fetichismo da mercadoria só pode ser explicado com referência às relações sociais capitalistas de produção (embora em Rubin, em muitos casos, as relações sociais de produção referem-se principalmente às relações de mercado e um mercado baseado em produtores independentes de mercadorias, não as relações no interior da produção capitalista)". [...] "É interessante notar que, na época em que Rancière escreveu seu texto, não havia traduções ou edições disponíveis do livro de Rubin" (Sotiris, 2015, p. 186-7). "Além disso, em ambos os teóricos, escrevendo com 40 anos de diferença, os efeitos de desconhecimento associados à forma valor (incluindo o que Marx definiu como fetichismo da mercadoria) não estão relacionados a alguma forma de consciência alienada, mas ao funcionamento objetivo das estruturas sociais, desconhecimento emergindo como efeito estrutural e,

Pensemos, por exemplo, como faz Rancière (1976), na figura do capital portador de juros. Operacionalizado no circuito D-D', ele oculta o processo que o torna possível (o capital como relação de produção com seu correlato em trabalho assalariado), como se fosse possível "produzir dinheiro a partir de dinheiro" – o capitalista financeiro que avança a soma do dinheiro permanece "fora" do processo de produção e reprodução. O que ele faz é apenas avançar uma quantia em dinheiro e dela retirar uma quantia aumentada; não lhe dizendo respeito o que acontece entre esses dois atos. Mas eis que este ocultamento, sabemos, não é ocasional, sendo, antes, o produto de uma determinada forma social de organizar a produção e algo, contraditoriamente, funcional à sua reprodução continuada. O desaparecimento do processo no resultado é um aspecto crucial do próprio processo. O fetichismo pode ser caracterizado, neste caso particular, então, como a externalização das relações do capital na forma do capital portador de juros. O ocultamento do aspecto crucial que possibilita o juro capitalista, ou seja, as relações sociais capitalistas, sustenta tanto a forma do capital portador de juros quanto o processo de externalização das relações de capital.

Eis que podemos voltar ao dinheiro: o circuito do capital-dinheiro, com seu princípio de autoexpansão do valor, também só pode ser explicado por aquilo que desaparece no processo, ou seja, as relações sociais capitalistas.

> Assim, o circuito do capital-dinheiro é o que melhor expressa o processo capitalista. De fato, é uma peculiaridade desse processo ter como princípio a autoexpansão de valor, como o circuito de D a D' expressa claramente. Mas essa forma determinada do processo de reprodução do capital, o processo de autoexpansão do valor possibilitado pelas relações de produção de capital e trabalho assalariado, tende a desaparecer em seu resultado (Rancière, 1976, p. 356).

---

em alguns aspectos, como 'socialmente necessário' para a reprodução ampliada do capital" (Papatifou e Sotiris, 2016, p. 20).

Neste sentido, o fetichismo aparece como um aspecto mais geral do modo de produção capitalista, uma forma particular de inversão ideológica inscrita não apenas na generalização da troca de mercadorias, mas também nas relações sociais de produção capitalistas e, em particular, na relação salarial e no processo de subsunção real do trabalho ao capital.

Mas eis que essa constatação nos coloca a necessidade de evidenciar os pontos de contato entre fetichismo e ideologia e, assim, de que modo o dinheiro entra neste circuito.

Uma premissa central da crítica althusseriana reside no fato de que Marx constrói sua análise do fetichismo sem referência ao sistema legal e à atividade ideológica do Estado. A crítica encontra certa ressonância sobretudo se levarmos em consideração que, conforme indiquei, o fetichismo da mercadoria só pode surgir em uma sociedade capitalista já em funcionamento, e não a partir de um mecanismo semiespontâneo representado pelo ato de troca de mercadorias em condições não capitalistas.

A centralidade analítica conferida à concepção de troca generalizada de mercadorias no modo de produção capitalista, argumentam, tende a subestimar o papel do Estado nessa equação, algo problemático sobretudo se levarmos em conta que as relações de mercadorias, de tal modo constituídas, não podem funcionar, conforme nos recorda Althusser (2006, p. 132), "sem o dinheiro cunhado pelo Estado, transações registradas por agências de Estado e tribunais capazes de resolver possíveis disputas".

Dado que Marx fala de fetichismo sem definir o conceito de ideologia e de aparelhos ideológicos de Estado[249], sem os quais a explo-

---

[249] De acordo com Althusser (1974), os Aparelhos Ideológicos de Estado (AIE) são um conjunto de mecanismos e instituições distintas e/ou especializadas, públicas e/ou privadas, que têm como função primordial reproduzir no campo ideológico as relações de produção capitalista. Entre esses estão a escola, a família, a imprensa, as igrejas, etc. Tais AIE são, ao mesmo tempo, meios e também lugar da luta de classes, e, portanto, espaços onde mecanismos de resistência das classes exploradas podem encontrar formas de se expressar. Se o Aparelho Repressivo de Estado funciona primariamen-

ração e o modo de produção capitalista não podem ser devidamente reproduzidos, fica por definir a realidade concreta do fetichismo: se uma verdade, ilusão, mistificação, alienação, etc.

Conforme nota Balibar (1997), diferentemente de seus primeiros trabalhos, Marx não discute ou sequer utiliza o conceito de ideologia ao longo d'*O Capital*[250]. Uma das consequências desta "ausência" é a substituição explícita ou implícita do conceito de ideologia pelo de fetichismo por Marx e/ou pelos marxistas – o que termina por resultar em uma visão de que a ideologia é um efeito direto do mecanismo da troca de mercadorias, independentemente da ação material de aparelhos (de Estado) ou instâncias propriamente ideológicas do capitalismo[251].

---

te através da violência e secundariamente através da ideologia, os Aparelhos Ideológicos de Estado funcionam predominantemente através da ideologia e secundariamente através da violência – seja essa dissimulada, simbólica ou atenuada (sanções, exclusões, seleções).

[250] Para além dos trabalhos de juventude de Marx, o conceito de ideologia retorna como elemento teórico relevante nas obras tardias de Engels, algo que não será aqui abordado.

[251] Conforme sistematiza Balibar (1993), o antagonismo entre as problemáticas da ideologia e do fetichismo resultou na formação de duas diferentes orientações no campo marxista. De um lado a "abordagem política", que concentrou sua atenção no Estado, analisando os processos por meio dos quais as ideologias se desenvolvem e são impostas; de outro a "abordagem econômica", que conferiu importância decisiva à estrutura da troca de mercadorias, vinculando as falsas representações e as ilusões das sociedades burguesas ao fetichismo. Enquanto a primeira dá ênfase ao elemento geral e universal do Estado, a segunda se concentra na dimensão concreta e subjetiva dos indivíduos, ações e trocas, em busca de uma teoria da dimensão simbólica da vida cotidiana. Conforme recordam Dimoulis e Milios (2004), os representantes da abordagem política ou ignoram a análise do fetichismo da mercadoria (é o caso de Antonio Gramsci, que se limita a uma discussão de seus aspectos político-culturais) ou expressam diretamente sua oposição a ele (como fazem, por exemplo, Althusser e Balibar). Em outra via, os teóricos da dita abordagem econômica, começando por Lukács, acabam por despolitizar a questão da ideologia, descolando-a das estratégias burguesas específicas de manutenção do poder; o que leva, por fim, a uma fenomeno-

A problemática do fetichismo é rejeitada, por fim, pela escola althusseriana[252] com base nas confusões que enseja; algo que serve, argumentam, não só para obnubilar o que há de específico e constitutivo no modo de produção capitalista (as duas grandes descobertas de Marx n'*O Capital*: os processos de espoliação, isto é, acumulação primitiva, que constituem a força de trabalho como mercadoria, e os mecanismos exploradores correspondentes de extração da mais-valia), como também para impedir uma necessária conceituação estrutural-relacional de ideologia (como aparelhos constituídos em meio à dinâmica da luta de classes e à reprodução das relações sociais capitalistas) capaz de superar aquela definição idealista, racionalista e simplificadora de ideologia como "falsa consciência".

Ocorre que, com isso, tal abordagem ignora um traço distintivo do fetichismo: seu caráter de consequência autoproduzida do ocultamento das relações sociais por meio dos mecanismos *per se* econômico-mercantis – algo não direta e imediatamente vinculado aos aparelhos ideológicos de Estado. É compreensível, portanto, nessa chave, que, ao falar de fetichismo, Marx suspenda por um momento o Estado e as consequentes formulações sobre o contexto em que se dá o aparecimento ou criação do fetichismo. Que isso ocorra não serve para invalidar como tal sua análise a respeito.

É que, ao fazê-lo, os autores do marxismo althusseriano – apesar de seu mérito em tratar o valor e o dinheiro como relações sociais – ignoram que produção e circulação de mercadorias são, em verdade, etapas inseparáveis de um mesmo processo social (de valorização do valor). Se é correto que no âmbito da produção é que se dá o gasto

---

logia da alienação – um interminável debate sobre consumismo, declínio cultural, política como espetáculo, etc.; formações culturais, em suma, que impõem ao homem um modelo de vida "desumano".

[252] Apesar de sua pioneira discussão sobre a forma valor e o fetichismo da mercadoria em texto publicado na obra coletiva *Ler o Capital,* em parte referência para o debate aqui mobilizado, Rancière, seguindo Althusser, também irá negar e abandonar, mais tarde, tais formulações. Para mais sobre ver Sotiris (2015).

da força de trabalho, a geração de valor e a apropriação da mais-valia (exploração), é igualmente certo que sem a esfera da circulação no mercado, onde a mercadoria se converte em dinheiro por meio da troca, o valor não pode se realizar e, dessa forma, ser constituído como tal. Mais do que isso, sem a circulação não é possível comprar a força de trabalho como mercadoria tendo um valor, o qual, quando confrontado com o valor realizado, permite observar a mais-valia. Cabe insistir: sem dinheiro não há valor. Que o capitalismo não seja *apenas* uma economia mercantil, não muda o fato de que seja *também* e *fundamentalmente* uma economia mercantil. Daí a necessidade de analisarmos ambos os aspectos dessa economia monetária: o capitalismo não pode ser definido apenas pela espoliação e exploração, mas também pela expansão generalizada do mercado, incluindo o dinheiro e os mercados de capitais. A descoberta teórica de Marx sobre o modo de produção capitalista não está limitada à teoria da mais-valia; mas ao fato de que, neste modo de produção, tudo é constantemente levado a assumir a *forma social* do valor de troca. O valor como produto do trabalho abstrato (ou o tempo de trabalho socialmente necessário como medida de valor) não pode ser pensado sem o processo de troca generalizada mediada pelo dinheiro[253].

O paradoxo da análise althusseriana no que se refere ao valor (e, em consequência, ao dinheiro) se dá precisamente, então, na seguinte disjuntiva: se, por um lado, negam a abordagem ricardiana linear de valor como trabalho incorporado, afirmando-o, em oposição, como relação social (algo consequente com sua teoria da ideologia, em particular, e com sua teoria da reprodução social, em geral), por outro lado acabam reféns daquela mesma visão ao subestimarem a

---

[253] "Os vestígios de terminologia hegeliana que se pode descobrir na seção I d'*O Capital* não podem ser explicados de outra forma: eles absolutamente não diminuem o alcance crítico e analítico do estudo de Marx, que transforma o problema do valor de troca e dos mercados. Esses últimos são concebidos dentro do quadro da contradição geral entre produtores privados de mercadorias e circulação mercantil como sistema de dependência recíproca imposta pelas coisas" (Brunhoff, 1978a, p. 60).

centralidade do aspecto mercantil-monetário do valor[254]. O impacto deste equívoco para a construção de uma leitura rigorosa do capitalismo contemporâneo não pode ser menosprezado, especialmente diante dos efeitos devastadores da expansão do dinheiro e dos mercados de capitais, amparados no fetichismo das fantasias neoliberais dos mercados autorregulados[255].

---

[254] Não é por acaso, mas não por isso menos contraditório, que Althusser faz referência positiva à concepção neorricardiana do valor de Pierro Sraffa, bem como ao fato desse ter logrado evidenciar os erros de Marx em aspectos importantes de sua teoria do valor, conforme citação a seguir: "o que devemos pensar de uma teoria que se propõe a demonstrar a produção dos preços de produção a partir do valor, e o consegue apenas ao preço de um erro, deixando algo de fora do cálculo? Sraffa, o velho amigo de Gramsci, que emigrou para a Inglaterra – Sraffa e sua escola devem receber crédito por verificar atentamente a demonstração de Marx sobre esse ponto e descobrir, para sua surpresa, que a demonstração está incorreta. O erro tem raízes profundas: está enraizado, precisamente, no princípio de que é necessário começar com o elemento mais simples, o primeiro, a saber, a mercadoria ou o valor, enquanto essa forma simples não é de fato nem simples nem a mais simples. O erro também está enraizado no princípio de que é necessário começar em um modo 'analítico', com a missão da análise sendo a de descobrir, na forma simples, sua essência e os efeitos dessa essência, efeitos que, finalmente, encontramos novamente, por dedução sintética, o próprio concreto. No entanto, o próprio Marx ignora essa exigência" (Althusser, 2006, p. 40). Com uma ressalva: "o aforismo de Althusser sobre a teoria do valor, uma convergência realmente incômoda com Sraffa, [é] impulsionado não pelo desejo de simplificar e quantificar a categoria de valor (como fazem os sraffianos), mas de abolir a teoria do valor 'abstrata' e passar à luta explícita de classe/conjuntura política/ideológica como a única 'fonte de ciência' n'*O Capital*" (Papafotiou e Sotiris, 2016, p. 17-8). Veremos, mais à frente, como alguns de seus predecessores, difusamente conhecidos como "regulacionistas marxistas", superam essa contradição, com destaque para Suzanne de Brunhoff (que volta a Isaak Rubin), em vias de uma leitura neorricardiana do valor.

[255] Cabe acrescentar, ainda, em consonância com a citação anterior, que Althusser, apesar de sua crítica à teoria do fetichismo (de que essa se vale de uma imagem de "transparência" das sociedades não regidas pelo valor), fruto de um processo de pensamento que parte previamente do caráter abstrato do valor e do autodesenvolvimento dos conceitos antes de analisar a realidade concreta da luta de classes, acaba caindo ele mesmo, indiretamen-

Por outro lado, uma concepção metafísica do valor, que o trata como um conceito abstrato capaz de conter em si todas as suas determinações, possibilitando-nos deduzir logicamente o desenvolvimento das formas econômicas, pode, sim, também prejudicar nossa tentativa de teorização da reprodução capitalista em chave materialista – em suas formas sociais específicas, rituais e práticas materiais, relações sociais de exploração. Trata-se, sem dúvida, de algo que nos turva a visão para apreensão da multiplicidade de práticas singulares e conflitos sociais, nos níveis micro e macro, que levaram ao surgimento do capitalismo como modo de produção e que sustentam sua plástica e complexa reprodução continuada.

Mas, com essa observação, somos levados ao que aparentemente configura um paradoxo. Ressaltei que há, em Marx, um fetichismo da mercadoria que pode e deve ser compreendido à luz de um fetichismo do capital e suas formas. Essa operação demonstra, uma vez mais, a necessidade de avaliarmos de modo integrado produção e circulação, as dimensões mercantil e "propriamente" capitalista do valor como relação social. Vimos, ainda, que ambos os aspectos não representam etapas distintas ou cindidas, mas momentos de uma mesma e única dinâmica sociopolítica, em consonância com um certo modo de exposição conceitual. Se o fetichismo em Marx, como sugeri, não é resultado de uma atividade ideológica específica, mas das consequências autoproduzidas de um ocultamento necessário à

---

te, em certa ideia de transparência das relações "políticas" de exploração no âmbito da produção de valor (como trabalho incorporado) – algo que, curiosamente, entra em contradição com sua teoria da ideologia, em particular, e da reprodução social, em geral. "É claro que não podemos conceber a produção e a reprodução capitalistas como um todo sem estudar as formas concretas (políticas e ideológicas) das práticas reais de exploração. Contudo, a omissão da teoria da forma valor não pode ser feita sem um custo sério à coerência de qualquer esforço de teorização o capitalismo. Sem uma teoria da forma valor e suas modalidades, ficamos com uma teoria exclusivamente política da exploração, que também seria uma teoria da exploração baseada no caráter imediato e transparente das relações de exploração" (Papafotiou e Sotiris, 2016, p. 12).

operacionalização do modo de produção capitalista, este capitalismo, por sua vez, é efetivamente inviável como tal na ausência de uma superestrutura funcional, embora não seja "criado" diretamente por ela. O fetichismo nunca aparece *in natura*, por si mesmo; não pode se fazer presente senão em uma formação social já devidamente integrada do ponto vista político-ideológico.

A saída para esse dilema, que de outro modo poderia nos transportar diretamente para uma improdutiva e pouco esclarecedora discussão sobre as verdadeiras 'origens'[256] históricas do valor, do dinheiro, do capital e das relações ideológicas, reside no conceito de sobredeterminação[257]. Este nos oferece uma compreensão do modo de produção capitalista como uma estrutura relacional complexa – estrutura de uma conjuntura, perpassada por contradições múltiplas e distintamente combinadas, ou mais precisamente, sobredeterminadas. Assim,

> o modo de produção capitalista, como qualquer outro, não apenas reproduz constantemente o produto material, como também as relações socioeconômicas, as determinações econômicas formais sob as quais se cria esse produto. Por isso, o resultado desse modo de produção aparece constantemente como seu pressuposto, assim como suas precondições surgem como seus resultados (Marx, 2017, p. 933).

Disso resulta que se a análise do fetichismo da mercadoria e do capital não pode ser diretamente derivada de uma ideologia jurídica

---

[256] "Não se trata da relação que as relações econômicas assumem historicamente na sucessão de diferentes formas de sociedade. Muito menos de sua ordem "na ideia" ([como em] Proudhon) (uma representação obscura do movimento histórico). Trata-se, ao contrário, de sua estruturação no interior da moderna sociedade burguesa" (Marx, 2011a, p. 60).

[257] Ver Althusser (1979). Discuti a apropriação do conceito althusseriano de sobredeterminação em outras ocasiões. Para tanto, ver Paraná (2016), Silva, Paraná e Pimenta (2016, 2017).

pré-existente[258], tampouco apenas a troca de mercadorias pode, pura e simplesmente, captar ou descrever a estrutura deste sistema político-jurídico. Neste quadro, a "determinação em última instância pelo econômico" se justifica quando compreendida como um processo de formação[259] contingente e simultâneo[260] de distintos elementos em interação no interior do modo de produção capitalista (aqui incluídos os mecanismos ideológicos que o acompanham), dispostos em relação ao aspecto econômico – como numa espécie de campo gravitacional, onde tais elementos interagem e influenciam-se mutuamente em intensidades variadas.

---

[258] Cabe notar que mesmo "a teoria dos Aparelhos Ideológicos do Estado (AIE) não é uma teoria da origem das representações ideológicas, mas de suas reproduções. As representações ideológicas surgem de todos os aspectos da vida social, de todas as práticas sociais, econômicas, políticas ou discursivas. Os AIE são instrumentais para transformá-los em discursos e estratégias ideológicas mais coerentes e para reproduzi-los" (Sotiris, 2015, p. 190).

[259] Sob esse ponto de vista, o surgimento do capitalismo industrial moderno pode ser explicado em termos de contingência ou improbabilidade, como um "encontro casual" entre vários fatores. Como se sabe, esse encontro contingente se dá historicamente a partir de dois pré-requisitos fundamentais: de um lado uma desenvolvida esfera de circulação (que avança com o mercantilismo e a constituição do sistema colonial), de outro a separação entre trabalho e propriedade (dos meios de produção) que força, no bojo do medievo tardio e das revoluções políticas do período, a constituição de uma classe de trabalhadores livres possibilitados e forçados a vender seu trabalho como mercadoria.

[260] "[...] na sincronia do capitalismo, parece que a flecha da causalidade se move da troca generalizada e da predominância da forma valor para as relações de exploração capitalistas. No entanto, na real diacronia do capitalismo, sabemos que isso não se aplica. [...] De fato, a generalização da troca de mercadorias, a monetização generalizada da produção e a expansão de relações de propriedade social especificamente capitalistas, incluindo a relação salarial com o 'trabalho livre', praticamente coincidem e fazem parte do mesmo processo histórico. Ao mesmo tempo, não podemos dizer, em termos causais, que primeiro temos produção (e exploração) e depois a troca, com a troca e a predominância da forma valor constantemente chamando à existência alguma forma de produção e exploração capitalista" (Papafotiou e Sotiris, 2016, p. 14).

Assim sendo, tal processo não apenas pode ser analisado em ambas as direções (da mercadoria e do capital para suas expressões jurídico-político-ideológicas e vice-versa), como, de maneira mais precisa, aponta para uma simultaneidade ou inseparabilidade de fenômenos – como sociais, são ao mesmo tempo políticos e econômicos. Dessa forma,

> os processos de surgimento de representações fetichistas não estão fora do Estado ou das práticas do Estado. O Estado já está sempre presente, tanto no mercado quanto no processo de produção capitalista. A garantia legal do contrato salarial e do dinheiro, a importância do poder do Estado para salvaguardar o crédito e o sistema bancário, o papel da lei burguesa em todos os aspectos da economia, tudo isso atesta que as práticas sociais das quais emergem as representações fetichistas, também são sempre condicionados por aparelhos estatais, suas intervenções materiais e tropos discursivos, as estratégias de classe inscritas nos aparelhos estatais e a prática ideológica sendo reproduzida nos Aparelhos Ideológicos do Estado (Sotiris, 2015, p. 90-1).

Ao buscarmos uma definição de fetichismo consequente com sua funcionalidade ao modo de produção capitalista e como parte inseparável de suas relações constitutivas, vimos que esse não é nem um sinônimo de ideologia nem uma forma de melhor defini-la. Neste intento de análise da influência do fetichismo para a construção de uma definição de ideologia (no capitalismo) será preciso, portanto, buscarmos, mesmo que de passagem, uma definição mesma de ideologia.

O ponto de partida para uma definição de ideologia deve ser, como já está evidente a esta altura, a totalidade heterogênea das práticas sociais que são produzidas e implementadas por meio de instituições e mecanismos ideológicos, direta ou indiretamente relacionados ao Estado, que operam para reproduzir como tal a ordem social. Nessa concepção, as relações sociais ideológicas são, conforme Balibar (1973, p. 57), "relações sociais específicas realmente distintas das relações de produção, embora sejam determinadas por estas 'em última instância' [...] materializadas em práticas específicas, dependendo de aparelhos ideológicos específicos". É certo que tais práticas ideológicas expressam ideais da classe dominante que fornecem legitimação direta ou indireta para a própria diferenciação de classes, e há, ainda, em um nível mais especializado, práticas ideológicas típicas de grupos e conjunturas particulares, para além daquelas de caráter mais geral. Importa reter, no entanto, que a ideologia não é um simples derivado das várias formas de coerção direta ou indireta, mas algo codificado em ideias "orgânicas", ou seja, que contribuem para uma reprodução mais ou menos previsível (com capacidade de promover coesão social e legitimação) das relações sociais de produção. Se a ideologia expressasse apenas a violência escamoteada, ou mesmo apenas ideias correspondentes a interesses particulares, não seria suficientemente persuasiva ou estável. A única maneira pela qual sua persistência pode se tornar razoável é que seja considerada como a "verdade"[261] necessária e autoevidente em uma determinada sociedade.

Compreender a ideologia de tal forma, "orgânica", como algo relacionado a verdades socialmente produzidas, significa que essa não é algo que pode ser superado através do "esclarecimento"[262]. Como

---

[261] Pensemos, com Marx, no seguinte exemplo, que antecipa de certa forma em algumas décadas a problemática weberiana sobre o papel da ética protestante na constituição de um "espírito do capitalismo": "O culto ao dinheiro tem seu ascetismo, sua renúncia, seu autossacrifício – a parcimônia e frugalidade, o desprezo dos prazeres mundanos, temporais e efêmeros; a busca do tesouro eterno. Daí a conexão entre o puritanismo inglês ou também do protestantismo holandês com o ganhar dinheiro" (Marx, 2011a, p. 175). Em outro trecho, Marx (2013, p. 348) diz que "o protestantismo, já em sua transformação de quase todos os feriados tradicionais em dias de trabalho, desempenha um papel importante na gênese do capital".

[262] "O valor converte, antes, todo produto do trabalho num hieróglifo social. Mais tarde, os homens tentam decifrar o sentido desse hieróglifo, desvelar o segredo de seu próprio produto social, pois a determinação dos objetos

tais, esses ideais orgânicos não apenas se tornam relativamente aceitáveis para os membros de uma sociedade, como são experienciados por eles como expressões de uma verdade efetiva da vida social. Neste sentido, são as fundações de uma relação "dos indivíduos com as suas condições de existência" (Althusser, 1974) – ideias e representações simbólicas, não necessariamente conscientes, com existência, validade e eficácia material, produzidas e produtoras de efeitos concretos que, por meio de processos de subjetivação e interpelação, estruturam a reprodução da vida social[263]. Não se trata de algo reduzi-

---

de uso como valores é seu produto social tanto quanto a linguagem. A descoberta científica tardia de que os produtos do trabalho, como valores, são meras expressões materiais do trabalho humano despendido em sua produção fez época na história do desenvolvimento da humanidade, mas de modo algum elimina a aparência objetiva do caráter social do trabalho. O que é válido apenas para essa forma particular de produção, a produção de mercadorias [...], continua a aparecer, para aqueles que se encontram no interior das relações de produção das mercadorias, como algo definitivo, mesmo depois daquela descoberta, do mesmo modo como a decomposição científica do ar em seus elementos deixou intacta a forma do ar como forma física corpórea" (Marx, 2013, p. 149). Conforme observa Safatle (2010, p. 126), "talvez haja algo no conceito de fetichismo em Marx que a temática da reificação [Luckács] não consegue apreender. Esse ponto de ruptura refere-se ao modo de articulação entre crença e saber no interior do fetichismo. Em alguns momentos importantes de seu texto, Marx indica situações nas quais o saber da consciência é estruturalmente distinto da crença que suporta o seu agir; situações em que o saber é, de uma certa forma, impotente diante da crença. Nesses momentos, ele parece procurar, através do fetichismo, descrever o mecanismo de uma certa 'ilusão vivenciada como necessária' que não passa pela incapacidade da consciência de apreender a totalidade".

[263] De acordo com Althusser (1974), ideologia é a representação da relação imaginária dos indivíduos com as suas condições reais de existência. Note-se que, a partir dessa definição, os indivíduos não representam suas relações de existência, mas sua *relação* com essas condições de existência. A ideologia tem uma existência material e pode ser reproduzida em rituais. Só existe para sujeitos e através de sujeitos, de modo que todos os sujeitos são sujeitos ideológicos. Os indivíduos são recrutados pela ideologia através da interpelação, processo por meio do qual os indivíduos se transformam em sujeitos da ideologia, momento de reconhecimento de si enquanto um

do, portanto, a uma "falsa consciência" ou ao simples contraste entre verdade e falseamento, liberdade e falta de liberdade, mas ideias que, por meio de sua eficácia material, dão viabilidade a uma determinada forma de organização da vida socioprodutiva. Resulta disso que uma teoria da ideologia não pode ser uma teoria das representações ideológicas que surgem de modo espontâneo das próprias relações sociais, mas uma teoria das práticas ideológicas materializadas e reproduzidas por aparelhos.

Se essa definição de ideologia aparece como um ponto de partida mais fecundo para a operacionalização de análises responsivas às formas sofisticadas de fabricação de coerção e consenso que despontam no capitalismo avançado, é certo também que está vinculada, como vimos, ao equívoco consubstanciado no descarte sumário de uma necessária reflexão sobre o fetichismo.

Historicamente, tal posição buscou se justificar conceitualmente no interior de uma teia teórica que relaciona o primado das relações sociais de produção sob as forças produtivas e a centralidade teórica da luta de classes a uma leitura antiessencialista e antiteleológica do desenvolvimento e estruturação do modo de produção capitalista. Por fim, objetiva captar a contingência e indeterminação do político, do antagonismo social e das lutas populares, a autonomia relativa das instâncias sociais e, nesse quadro, as distintas formas de subjetivação da classe trabalhadora.

No entanto, essa ênfase no caráter político e antagônico das relações de produção – na história concreta das lutas de classes, nos confrontos singulares, na violência cotidiana da exploração que está no âmago do capital, bem como a centralidade dada ao papel do Es-

---

sujeito ideológico. Assim, a ideologia está sempre interpelando indivíduos em sujeitos, interpelando indivíduos concretos em sujeitos concretos, para que ajam conforme os desígnios da ideologia que os interpela. Como a todo instante se é interpelado, sempre-já é sujeito da ideologia. Dado que os indivíduos sempre agem a partir da ideologia, sua existência é "eterna". Por serem sempre práticas de sujeitos, todas as práticas são sempre levadas a cabo através da ideologia.

tado e seus aparelhos ideológicos – pode facilmente, como foi o caso, levar-nos a desconsiderar a efetividade social e ideológica específica da forma valor, bem como a uma má compreensão das formas de ocultamento/desconhecimento decorrentes do domínio particular das práticas econômicas. Como se disse, a reprodução do capitalismo não depende apenas de um balanço de forças no âmbito da produção, mas de uma série de práticas em nível da circulação, já que essa e aquela são dimensões inseparáveis de um mesmo processo social. Daí ambos, fetichismo e ideologia, estarem umbilicalmente interligados, mesmo que não possam ser confundidos entre si.

Vimos que Marx transcende a distinção clássica entre sociedade e sujeito/indivíduo, demostrando que não há sujeitos fora da sociedade, mas apenas práticas que constituem subjetividades com base em elementos históricos. O sujeito não constitui/cria o mundo, como quer o idealismo, mas o mundo é que dá origem a essa subjetividade individual na sociedade burguesa, como possuidora de si mesma e de suas mercadorias, em uma relação com o mundo das coisas. Isso implica um verdadeiro rompimento com a filosofia da consciência e do sujeito[264].

Sabemos, a partir de sua formulação sobre o fetichismo, que, para Marx, a ilusão constitui componente necessário da realidade – mesmo que possa significar um erro de compreensão e/ou o resultado da naturalização de construções históricas. A análise da realidade não está presa aqui à entidade sensível "real", mas alcança a coisa suprassensível. Tais "ilusões" têm efeito material e são, por isso, reais como formas de comportamento não transparentes e ideologicamente submetidos, produtos dessa mesma realidade.

Assim sendo, o fetichismo opera de modo a acoplar a ideologia a esse sujeito socialmente constituído e a sua subordinação. Se aceitarmos aquela compreensão de ideologia como uma totalidade de ideias necessárias e "verdadeiras" no âmbito do mundo social, o fetichismo das relações capitalistas (do valor/capital e da mercadoria)

---

[264] Para mais sobre ver Silva, Paraná e Pimenta (2016).

aparece como uma parte, dimensão ou vetor do processo mais amplo de produção ideológica. Assim, se a ideologia abarca, em seu interior, o fetichismo, esse serve, ao mesmo tempo, de matéria-prima àquela. O fetichismo viabiliza, portanto, a funcionalidade da ideologia, servindo como veículo do consentimento produzido por meio da naturalização da ordem social. É por isso que os aparelhos ideológicos podem fazer (e geralmente o fazem) uso político do mecanismo do fetichismo[265].

Desse modo, ecoando Rancière (1976) e com ajuda da síntese proposta por Dimoulis e Milios (2004), o fetichismo nos aparece como um importante elemento em uma teoria da ideologia, apontando para os mecanismos de percepção da realidade que estão ligados não às vontades subjetivas, mas às condições gerais de um modo de produção impostas/transmitidas aos sujeitos. O fetichismo representa, portanto, o deslocamento específico segundo o qual a estrutura do modo de produção capitalista se apresenta no campo da vida cotidiana e se oferece à consciência e ação dos agentes. No contexto da produção ideológica, o fetichismo fornece matéria-prima significativa: sustenta o primado do indivíduo, amparando a ilusão de liberdade e igualdade como pressuposto e resultado das trocas no mercado, algo que atua para naturalizar e de-historicizar o regime do capital.

Estado e capital

Seguindo, até aqui, a trajetória de exposição realizada nesta parte do livro, comecei apresentando, ainda em nível abstrato, uma primeira definição de dinheiro como equivalente geral em Marx, ao que se seguiu um breve debate sobre as interpretações contemporâneas da

---

[265] Ainda que esteja relacionado à coerção, o fetichismo não representa um destino inexorável no capitalismo, produto de uma necessidade econômica inevitável que força todos a agirem de uma única forma. É, como vimos, produto de relações sociais históricas e transitórias, sobredeterminadas por dimensões e práticas diversas que apontam para a autonomia relativa do nível político, algo que serve como canal de abertura para mudanças políticas e sociais.

teoria marxiana do dinheiro. Após a construção de uma síntese crítica sobre a natureza do dinheiro capitalista, passamos a uma reflexão sobre as relações entre dinheiro, fetichismo e ideologia – relações essas que evidenciam a necessária existência do Estado e seus aparelhos para a reprodução continuada do modo de produção capitalista, em meio às contradições da luta de classes. Eis que chegamos, agora, à investigação de algumas das determinações concretas do dinheiro em termos de poder político e social, sobretudo no que tange ao papel da intervenção do Estado na economia, mais amplamente, e na reprodução (sanção/gestão) do dinheiro como equivalente geral, em especial.

Uma vez, como se destacou, que o dinheiro não pode ser devidamente apreendido senão como relação social e veículo de acúmulo de poder social, materializado nos mecanismos de representação e realização do valor, a problematização dos circuitos contemporâneos do dinheiro (nacional e internacional, público e privado) dirige nossa reflexão para a ação econômica dos Estados no capitalismo globalizado de nosso tempo.

Cumpre começarmos, então, indo direto ao núcleo da questão, com a conceituação de Estado[266] que informa, como ponto de partida, essa investigação: trata-se de superestrutura dotada de ação imanente e, ao mesmo tempo, não redutível à relação fundamental de exploração capitalista, a ser, seu substrato (ou base, caso se queira) material. Desse modo, e ainda que funcionalmente vinculado às di-

---

[266] A intrincada teia conceitual mobilizada nesta definição de Estado guarda, como se sabe, rica e extensa história teórica. Ainda que alguns autores (Gruppi, 1986; Althusser, 1999) recorram a Maquiavel, Rousseau, Espinosa, Hegel, entre outros, irei situar seu início nas formulações de Karl Marx e Friedrich Engels que, reelaboradas por Antonio Gramsci, chegam a Louis Althusser e Nicos Poulantzas; a partir de onde são revisadas, por fim, pelos autores da chamada Escola da Regulação Francesa. Feito um breve panorama dessa "linhagem", me dedicarei às sínteses de Bob Jessop e, particularmente, Suzanne de Brunhoff, de especial importância para a construção que embasa, do ponto de vista teórico, minha investigação das relações entre dinheiro e Estado capitalista.

nâmicas de reprodução da estrutura produtiva capitalista, o Estado é dotado de autonomia relativa em face dessa e, desta forma, poroso, em certa medida, em sua constituição, às lutas de classe e demais conflitos sociais[267].

Tal porosidade, vinculada à sua autonomia relativa, no entanto, está limitada em seu horizonte de possibilidades pela reprodução continuada, ainda que instável, do modo de produção. A viabilização das dimensões concretas e conjunturais de tal reprodução, por sua vez, é chamada a se articular em diferentes modos de regulação social, política e econômica, em consonância com distintos regimes de acumulação de capital. Tais articulações, ainda que vinculadas entre si nos níveis regional, nacional e global, assumem configurações variadas nas distintas formações sociais capitalistas, situadas histórica e geopoliticamente – uma vez que se sobredeterminam, em seu interior, as dimensões culturais, políticas, etc. – algo que nos permite falar, por fim, na existência de "variedades de capitalismo", no plural, no interior de um sistema capitalista mundial, no singular.

A gestão do dinheiro e da força de trabalho, "mercadorias" especiais, com estatuto particular no capitalismo, estão no centro da ação econômica do Estado capitalista, algo de especial importância no quadro desta reflexão.

---

[267] Essa definição, de inspiração marxista, tem o mérito de superar ambas as definições keynesiana e ortodoxa de Estado, que concedem, cada uma a seu modo, excessiva exterioridade, unicidade e coerência à ação estatal – o que termina por confundir a compreensão do real significado de seu papel econômico. No caso de Keynes, é a imagem tradicional de um Estado externo à economia que sustenta e legitima a benéfica e necessária ação estatal sobre o investimento. No caso dos liberais, tal intervenção, considerada errônea e problemática, igualmente decorre da imagem de *sujeito* político agindo de fora sobre uma economia de mercado. Para mais sobre ver Poulantzas (1977) e Brunhoff (1977, 1985).

***

Sabe-se que Marx não dedica à questão do Estado formulação detida e sistemática. Do conjunto aberto de reflexões do autor a respeito, no entanto, podem ser extraídos pontos de partida importantes. Em sua *Crítica da Filosofia do Direito de Hegel*, Marx (2010) argumenta que a formação social burguesa emergente é caracterizada fundamentalmente pela separação institucional entre esfera pública e sociedade civil – estando o Estado situado no centro daquela, onde a política é orientada pelo interesse coletivo, e dominando nessa a propriedade privada e o interesse individual. Contra o conceito hegeliano de Estado (como representante do interesse comum de todos os membros da sociedade), Marx sustenta que esse pode representar apenas uma comunidade ilusória de interesses, onde, na realidade, estão escamoteados os graves antagonismos típicos de uma sociedade sustentada na propriedade privada e no trabalho assalariado[268].

A isso corresponde dizer que são as relações sociais de produção que dão forma às relações sociais de dominação e de servidão – o que não significa, no entanto, que políticas estatais específicas devam ser lidas apenas ou diretamente como resultado linear da dominação econômica corrente. Trata-se de uma abordagem que destaca a aná-

---

[268] Tal ideia será mais tarde desenvolvida n'*O Capital* V. III do seguinte modo: "A forma econômica específica em que o mais-trabalho não pago é extraído dos produtores diretos determina a relação de dominação e servidão, tal como esta advém diretamente da própria produção e, por sua vez, retroage sobre ela de modo determinante. Nisso se funda, porém, toda a estrutura da entidade comunitária econômica, nascida das próprias relações de produção; simultaneamente com isso, sua estrutura política peculiar. Em todos os casos, é na relação direta entre os proprietários das condições de produção e os produtores diretos – relação cuja forma eventual sempre corresponde naturalmente a determinada fase do desenvolvimento dos métodos de trabalho e, assim, a sua força produtiva social – que encontramos o segredo mais profundo, a base oculta de todo o arcabouço social e, consequentemente, também da forma política das relações de soberania e de dependência, isto é, da forma específica do Estado existente em cada caso" (Marx, 2017, p. 852).

lise formal da relação entre soberania e dependência no interior do modo de produção capitalista. O Estado, ao reproduzir o modo de produção, deve atuar também para legitimar a ordem social vigente.

Daí situar-se justamente neste ponto, noção importante e ademais expressa em obras de análise política de acontecimentos históricos concretos em Marx, como *O 18 de Brumário de Luís Bonaparte* (2011c) e *Guerra Civil na França* (2011d), entre outros textos, em que raramente o autor vincula de modo linear o desenvolvimento particular de regimes políticos ou mesmo o conteúdo de políticas específicas de Estado a argumentos diretamente econômicos; dado que aqui dependem mais das dinâmicas específicas das lutas políticas do que das circunstâncias econômicas imediatas. Ao contrário, nesses trabalhos a atenção está dirigida às formas de Estado, aos regimes e discursos políticos, ao balanço de forças políticas junto de mudanças nas condições econômicas, crises econômicas, contradições subjacentes, etc.

Tudo somado, seguindo Bob Jessop (2012), podemos elencar quatro aspectos-chave a respeito do Estado que emergem dos distintos textos de Marx:

I) Capitalistas individuais são impedidos pelo Estado de usar a coerção direta no processo de trabalho e na competição com outros capitalistas, mas, ao mesmo tempo, o Estado protege a propriedade privada e inviolabilidade dos contratos em favor do capital como um todo. Isso possibilita ao capital insistir em seu direito de gerir o processo de trabalho, apropriar mais trabalho e reforçar as garantias para os contratos com outros capitais.

II) O capitalismo requer trabalho assalariado livre e o Estado possibilita isso ao atacar os privilégios feudais, promover o cercamento das terras comunais, punir indigentes e "indisciplinados" para o trabalho, impor a obrigação das pessoas entrarem no mercado de trabalho, etc. Mas o Estado também possibilita aos trabalhadores exercerem a propriedade de sua própria força de trabalho livremente, assegura condições para a reprodução do trabalho assalariado, impõe leis trabalhistas, responde eventualmente a demandas sociais como moradia, segurança alimentar, etc.

III) O Estado representativo moderno não se engaja diretamente em atividades econômicas lucrativas. O capital prefere ele mesmo provê-las, relegando ao Estado as atividades econômicas e socialmente necessárias que não são lucrativas. A natureza dessas atividades muda, no entanto, de acordo com as distintas formações sociais e ao longo do tempo.

IV) Por fim, o estado moderno financia suas próprias atividades a partir de impostos e taxas – um necessário fardo sobre o capital (e um custo dos negócios a ser contornado sempre que possível); e/ou por meio de dívida pública, que termina por limitar a liberdade de ação do Estado sob a ameaça de fuga/greve de capital. As ações do Estado moderno dependem, desse modo, de uma economia "saudável" e em constante crescimento, algo que termina limitando os programas políticos aos imperativos econômicos.

Nessa linha, Engels buscará, mais tarde, desenvolver uma teoria geral para explicar as origens do Estado e suas contribuições ao desenvolvimento econômico. Ele elabora ainda importantes argumentos a respeito da autonomia do sistema legal nas sociedades capitalistas e sobre a importância da ideologia jurídica – que já apontam, de certo modo, para a ideia de autonomia do Estado moderno. Em outros trabalhos, estuda a especificidade do Estado capitalista, o qual descreve ocasionalmente como o "capitalista coletivo ideal". Trata-se de noção que denota o papel do Estado em articular e promover o interesse "coletivo" do capital contra os interesses dos capitais particulares – tarefa que pode ser levada a cabo precisamente por aquele não ser um capitalista real, mas uma força política colocada acima e contra a sociedade civil e, portanto, capaz de agir em prol de todos os capitais (daí seu caráter ideal).

Isto posto, resta, assim, a conclusão de que o Estado não é apenas um "comitê de gestão dos negócios comuns da burguesia" e/ou o "comitê executivo da classe dirigente" (como Marx e Engels sugerem no *Manifesto do Partido Comunista*); nem mesmo um agente reduzido à violência de classe. Diferentes regimes guardam diferentes efeitos na luta de classes, privilegiam diferentes interesses e ensejam mais ou menos facilidades para a construção de estabilidade econômica, ordem política e coesão social.

Problematizadas à luz das estratégias e condições de possibilidade para a revolução no Ocidente e, mais especificamente, na Itália de sua época, tais formulações são reelaboradas em Antonio Gramsci (1971, p. 244) para quem o Estado é "o complexo de atividades práticas e teóricas com o qual a classe dominante não apenas justifica e mantém sua dominação, mas atua para conquistar o consentimento ativo daqueles a quem ela domina". Apoiando-se em uma leitura do Estado em termos ampliados, define esse ainda como a soma de sociedade política e sociedade civil, sendo que, nas sociedades ocidentais, seu poder é compreendido em termos de "hegemonia sustentada pela coerção".

Gramsci define dois modos de dominação de classe: a força (o uso de um aparato coercitivo para colocar as massas em conformidade com os requerimentos de um modo de produção específico) e a hegemonia (reprodução e mobilização do "consentimento ativo" dos dominados para com a classe dominante por meio do exercício de liderança moral, intelectual e política orientada por uma "vontade geral" ou consenso "nacional-popular"). Nessa divisão, a força não é necessariamente identificada ao Estado (há, por exemplo, grupos paramilitares, milícias) nem a hegemonia é diretamente identificada com a sociedade civil (o Estado também tem funções ético-políticas). Desse modo, Gramsci aponta para o peso relativo de diferentes aspectos – coerção, fraude, corrupção, revolução passiva e consentimento ativo – em formações sociais e conjunturas distintas.

No núcleo da matização entre base material e superestrutura, que propõe como via de superação do economicismo que o autor detecta nas correntes hegemônicas do pensamento marxista de sua época, Gramsci argumenta que ideias ético-políticas são elementos importantes tanto na formação da base econômica quanto da superestrutura jurídico-política, bem como no campo moral e intelectual. Para reforçar tal formulação vale-se da noção de "bloco histórico", que alude à unidade estrutural resultante da interação de tais níveis em uma dada formação social[269].

Mais tarde, e na mesma direção, empreendendo uma poderosa crítica às leituras deterministas da teoria marxista, que compreende o fator econômico como único (ou linearmente) responsável pelo desenvolvimento histórico, Louis Althusser encontra em Marx e Engels, passando por Gramsci, o reconhecimento de uma autonomia relativa das superestruturas e suas eficácias particulares (práticas). Em busca de uma autonomia relativa do político frente ao econômico, Althusser está preocupado com a dimensão conjuntural e complexa daquele, advogando, nos termos de Lenin, por um marxismo como "análise concreta da realidade concreta". Tal empreendimento teórico o levará a investigações de cunho filosófico e epistemológico que contribuirão para uma verdadeira virada na constituição do campo de problemática marxista em torno do político, em geral, e do Estado[270], em particular – tornando-se referência para toda uma geração de importantes pensadores dentro e fora do marxismo.

Resumidamente, conforme argumenta o autor, o uso do método dialético em Marx difere fundamentalmente do uso da dialética em Hegel, não apenas pela sua inversão estrutural, que o coloca de ponta-cabeça. Opera-se, sobretudo, pela adoção de um conceito de

---

[269] Para tanto, no âmbito da luta política, propõe o conceito de "bloco hegemônico" para se referir a uma aliança durável de forças organizadas e dirigidas por uma classe (ou fração de classe) que se prova capaz de exercer liderança política, intelectual e moral sobre as classes dominantes e massas populares. Nesse particular, dá especial importância ao que chama de "intelectuais orgânicos", a ser, os intelectuais que guardam vinculação orgânica com uma classe (dominante ou revolucionária), capazes de articular projetos hegemônicos que expressam seus próprios interesses de classe de longo prazo em termos de um projeto nacional-popular.

[270] Em diálogo com Gramsci e com o marxismo clássico, Althusser (1974) leva além a diferenciação entre (poder de) Estado *versus* Aparelho (repressivo) de Estado, distinguindo-o em relação aos já citados Aparelhos Ideológicos de Estado (AIE).

contradição que não se dá apenas entre princípios e ideias simples, como em Hegel, mas sim como uma contradição sobredeterminada, que incorpora fatores diversos (meio físico, organização produtiva humana, superestrutura ideológica existente, cultura, entre outros), em constante interação, influenciando e alterando reciprocamente uns aos outros. Às diferentes configurações e arranjos entre esses aspectos sobredeterminados correspondem distintas realidades sociais e modos de organização da produção em uma dada formação social. Tais *práticas*, em suas especificidades, e em vinculação mútua e contraditória umas com as outras, são, no entanto, hierarquizadas entre si pelo aspecto econômico, que as condiciona em última instância.

Dessa forma, o modo de produção de uma dada sociedade não determina mecanicamente sua superestrutura, de modo que ambas, estrutura e superestrutura, afetando uma à outra reciprocamente (como o efeito retroage na causa), e de forma não determinista, irão, em sua infinidade de fatores, sobredeterminar as contradições e movimentos de mudança social ao longo da história, nos permitindo compreender e avaliar os processos sociais e políticos, dessa maneira, a partir de causalidades múltiplas. Assim, apresenta-se um "todo-complexo-estruturado", ou sobredeterminado, em que distintas instâncias ou práticas relativamente autônomas podem ser decisivas ou dominantes em dado contexto sem que sejam necessariamente determinantes.

Vimos como os althusserianos ligam sua crítica da teoria do fetichismo ao diagnóstico da necessidade de uma teoria do Estado para o marxismo[271], e, mais especificamente, do papel ideológico do Estado, aqui compreendido, conforme Althusser (2006, p. 135), como a "função político-econômico-ideológica do Estado como uma máquina para transformar a força que emana da luta de classes em poder".

---

[271] "[...] Nesta sociedade de classe capitalista, o Estado e o direito continuam a existir – não apenas o direito privado, mercantil, mas também o direito público, político, que é, apesar do termo '*common law*', de um tipo completamente diferente; e há também as ideologias que a ideologia da classe dominante se esforça para unificar na ideologia dominante" (Althusser, 2006, p. 133).

Partindo do quadro acima desenhado, inicialmente em busca de uma teoria regional do político e do Estado no marxismo, Nicos Poulantzas irá, em distintas fases de sua obra, pensar o Estado a partir dos termos em que se dá e se reproduz a referida autonomia relativa[272]. A autonomia relativa em relação às classes e frações de classe do bloco no poder impede que o Estado possa ser entendido como mero instrumento a serviço da classe dominante, o que possibilita explicar a existência de políticas sociais que favoreçam a classe dominada e eventualmente restrinjam o poder econômico da classe dominante sem, com isso, colocar em risco seu poder político de controle da sociedade.

Para Poulantzas (1971), o Estado pode ser caracterizado, então, como uma espécie de "fator de coesão" dos distintos níveis – econômico, político, ideológico – em uma formação social, com função adjacente de regulação de seu equilíbrio geral. Em vista desse papel de coesão, tais funções do Estado acabam por ser todas políticas, uma vez que correspondem à manutenção dos interesses políticos da classe dominante, uma espécie de local de organização de seu poder – simultânea e consequentemente, de desorganização das classes

---

[272] Como está evidente a esta altura, a ideia de autonomia relativa do Estado remete à tensão entre imanência e exterioridade que caracteriza a posição do Estado face ao processo de exploração que define a sociedade capitalista como tal. Nos termos de Althusser (1974): "a exterioridade do Estado é a forma de que se deve revestir a imanência do Estado para que o Estado seja, e seja pensável...". A isso significa apontar as distâncias relativas do Estado, em sua relação com a sociedade de classes, no tocante à base material e às determinações diretas do modo produção, em geral e, mais especificamente, em sua vinculação direta aos interesses de uma determinada classe. Afirmar a autonomia relativa do Estado nesses termos significa dizer, então, que na mobilização da tarefa (imanente) de garantir a reprodução do capital, esse é levado a não atender alguns interesses dos capitalistas e/ou atender demandas e necessidades dos trabalhadores (exterioridade). Naturalmente, o movimento dessa tensão tem como margem limítrofe a garantia geral, ou em última instância, do processo de exploração – daí ser relativa, e não neutra. É essa autonomia, portanto, que permite aos trabalhadores e classes subalternas, no contexto de lutas de classes permanentes, obter ganhos e conquistas eventuais.

dominadas. No capitalismo, vale frisar, tais funções precisam ser realizadas sob maior ou menor participação de uma comunidade nacional, a ser expressadas/representadas em uma vontade popular/geral.

É certo que o pensamento do autor a respeito muda ao longo do desenvolvimento de suas obras. Na primeira fase, o argumento central repousa na ideia de que "o Estado reproduz a estrutura de classes porque é uma articulação das relações econômicas de classe na região política" (Carnoy, 1986, p. 129) – o que significa dizer que suas formas e funções são levadas a se configurarem a partir de tal estrutura. Em obras tardias, no entanto, as contradições inerentes à autonomia do Estado ganham maior peso, apontando para uma abordagem relacional do poder que leva Poulantzas a sustentar que "o Estado concentra não apenas a relação de forças entre frações do bloco no poder, mas também a relação de forças entre essas e as classes dominadas" (Poulantzas, 1981, p. 162).

Essa ampliação do conceito de Estado o permite ser compreendido como produto das lutas de classe, para além de mero modelador dessas. A isto significa sustentar a possibilidade de existência de lutas de classe no interior do aparelho do Estado, que se torna também objeto destas. As contradições inerentes a sua autonomia, ativadas por lutas políticas e sociais, acabam por conformar, assim, o próprio Estado, um Estado como "condensação de relações de força" ou "campo de batalha" (Poulantzas, 1981, p. 162).

Também influenciado pelo marxismo, mas a partir de embocadura teórica distinta, Claus Offe (1984) articula o mesmo problema da relação entre Estado e capital a partir da tensão existente entre as funções do Estado capitalista voltadas à acumulação capitalista e à legitimação social. A formulação pode ser articulada no seguinte raciocínio: sob o capitalismo, as decisões de investimento estão fundamentalmente sob o controle de agentes privados, os empresários capitalistas. O Estado, por sua vez, sustenta-se a partir da arrecadação de impostos – algo dependente, como se sabe, da intensidade da atividade econômica e do nível dos investimentos. É pela via desta dependência que o Estado termina atado às decisões – e não importa se objetivamente ou subjetivamente motivadas – de tais capitalistas.

Trata-se aqui de destacar a posição de tais empresários-investidores em delimitar o quadro de possibilidades materiais para ação do Estado. A posição estratégica de força da classe capitalista (comando sobre o processo de acumulação) na luta de classes enseja uma capacidade de "produzir" a realidade política em questão, visto que a dominação de classe, que se expressa na "seletividade das instituições" estatais, está relacionada justamente à dependência material do Estado frente ao investimento capitalista.

Daí a permanente tensão entre acumulação e legitimação: o Estado deve velar pela legitimação da ordem social (gestão e reprodução das instituições políticas e econômicas, atendimento às demandas e reivindicações crescentes das maiorias sociais sob um regime democrático), mas só pode fazê-lo, no capitalismo, por meio da arrecadação de impostos – o que pressiona para cima, ao longo do tempo, a taxação do capital. Isso entra em conflito, no entanto, com outra de suas tarefas estruturantes: a de garantir, coordenar e mesmo estimular a valorização de capital. Assim, é a própria estrutura econômica que possibilita que os interesses capitalistas recebam atenção privilegiada por parte do poder do Estado e de seus agentes – independentemente da existência de relações interpessoais entre as elites políticas e econômicas, afinidades políticas ou mesmo de ameaça e/ou combate aberto na esfera político-eleitoral (ainda que isso também ocorra). Diante do imperativo de garantir o estímulo ao investimento econômico, os agentes políticos são quase que automaticamente direcionados (ou forçados) a incorporar os interesses do capital.

A redução de soberania popular a que isso resulta decorre do fato de que o atendimento das demandas sociais pode ocorrer, como "concessão", a partir de certas circunstâncias, apenas na medida em que isso não coloque em xeque um patamar mínimo, taxas consideradas razoáveis, para a remuneração do capital. Daí a amplitude da carga tributária, a extensão dos direitos e benefícios, entre outros aspectos, estarem submetidos à apreciação subjetiva dos capitalistas frente ao que consideram suportável ou aceitável economicamente em um dado contexto. De outro modo, materializada uma queda da propensão a investir, uma contração da atividade econômica pode ocorrer e, desse modo, graves restrições tanto ao funcionamento considerado normal da economia quanto à manutenção regular das próprias ações governamentais. Eis a balança (acumulação x legitimação), mediada por condições e possibilidades concretas em cada momento histórico, em que se equilibra a relação Estado-capital.

Tais formulações marxistas sobre o Estado no pós-guerra foram objeto de intensos debates[273]. No bojo de tais discussões, entre uma das críticas mais robustas feitas a Poulantzas, e que mais interessa para os propósitos deste trabalho, figura a de que o autor teria incorrido em "politicismo" ao conceber em termos estritamente políticos a estrutura do Estado e da luta de classes, abandonando inclusive o conceito de sobredeterminação.

Por isso, sem dispor de uma elaboração de fôlego sobre os fundamentos e dinâmicas de funcionamento do modo de produção capitalista em seu tempo, Poulantzas não teria conseguido precisar lógica e teoricamente os termos e amplitudes da dita autonomia relativa do Estado. Em outras palavras, se as classes sociais e as frações de classe estavam posicionadas em termos de sua localização ocupada na estruturação do modo de produção, como defendia Poulantzas, caberia precisar as dinâmicas de funcionamento de tal modo de produção de maneira a detalhar o papel socioeconômico do Estado, algo não realizado devidamente pelo autor, de acordo com seus críticos.

---

[273] Para um panorama detalhado, e proposta de síntese, sobre os debates marxistas a respeito do Estado no pós-guerra, ver Mollo (2001). De acordo com a autora (2001, p. 349): "A questão maior, que sustenta a grande divisão, é a da relação entre base econômica e superestrutura, ou entre a economia e política, já abordada em estudos anteriores a partir da obra de Marx. Esta questão, ao longo das discussões, vai se transformando ou se detalhando, de forma que passamos a ter, por um lado, um debate entre o privilégio da estrutura ou da luta de classes na análise, e o outro defendendo a derivação lógico-histórica do Estado".

Paralelos, críticos e complementares às formulações sobre a autonomia relativa do Estado no capitalismo em Althusser e Poulantzas, e, de certo modo, como herdeiros desses, despontam os trabalhos da chamada Escola da Regulação Francesa ou Teoria da Regulação (Aglietta, 1979; Boyer, 1990). Em linhas gerais, os autores desta escola sustentam que o sistema capitalista consegue sobreviver às crises sistêmicas e tendências desagregadoras, e, dessa maneira, seguir se reproduzindo, através da criação de um aparato regulatório de Estado, que, uma vez estabelecido, tende a agir de forma anticíclica, evitando-as ou amenizando-as. Tais aparatos regulatórios (compostos ainda pelo emprego de recursos ideológicos, culturais, etc.), ou regimes de acumulação, pressupõem determinadas configurações políticas e institucionais que "organizam" a atividade produtiva de modo a adequar a produção ao consumo, no intento de evitar (ou amenizar) crises de superprodução e outros problemas econômicos, como a inflação, por exemplo, mantendo de pé e em pleno funcionamento o modo de produção capitalista, a despeito de suas graves instabilidades.

Tais regimes de acumulação são estabelecidos por meio de um conjunto de leis, normas, valores e costumes (modos de regulação) que articulam elementos ou formas estruturais de integração a fim de produzir um contexto favorável à acumulação capitalista, tais como: forma de adesão ao sistema internacional, padrão monetário, forma de concorrência, forma de Estado e relações salariais/de trabalho. Da relação sistêmica entre o conjunto dessas formas estruturais, num dado regime de acumulação, resultará um certo modelo de desenvolvimento da economia. Tais ganhos de acumulação, no bojo das lutas de classe, possibilitam a melhoria das condições de vida dos trabalhadores.

Há, na ideia de "regulação" de um regime de acumulação (sendo acumulação entendida como produção de valor), a tentativa de pensar sua correspondência com as formas sociais de repressão e de integração da classe trabalhadora à luz das transformações estruturais do capitalismo. A necessidade do Estado como força de coesão é, aqui, também resultado da necessidade de gestão da relação salarial tornada universal e da mercantilização ampliada das relações sociais características do capitalismo – mas essas se dão em relação ao desenrolar das lutas de classe que ensejam "estratégias de acumulação alternativas".

Em diálogo com tais proposições regulacionistas, e fortemente influenciada pelos últimos trabalhos de Poulantzas, em sua formulação relacional sobre o Estado[274] (como "condensação material da correlação de forças entre as classes sociais"), outra tentativa de articular teoricamente as esferas econômica e política, a estrutura e a luta de classes, é a do sociólogo britânico Bob Jessop em sua *abordagem estratégico-relacional* do Estado.

Resumidamente, o autor aponta que a estrutura na qual a acumulação de capital se desenvolve é determinada pela forma valor[275], mas não de modo linear ou determinístico, já que os movimentos das lutas de classe, bem como a anarquia da produção capitalista não permitem determinar, de partida, o curso da acumulação. Faz-se necessário, então, a imposição de um mecanismo regulador, a intervenção de um fator externo – entre os quais o Estado. Dado que há inúmeras e não apenas uma estratégia de regulação possíveis, a escolha política da *estratégia* é influenciada pela luta de classes.

A abordagem busca situar, assim, a operação dinâmica e a natureza do capitalismo dentro da realidade histórica de luta de classes.

---

[274] Ancorado na formulação de Poulantzas sobre o poder de Estado como relação social (Poulantzas, 1971, 1981), Jessop desenvolve a seguinte definição de Estado: "um conjunto relativamente unificado, socialmente inserido e enraizado, socialmente regularizado e estrategicamente seletivo de instituições, organizações, forças sociais e atividades organizadas em torno de (ou pelo menos envolvidas em) fazer decisões vinculativas para uma comunidade política imaginada" (Jessop, 2002, p. 40).

[275] "A forma valor é a relação social fundamental que define a matriz do desenvolvimento capitalista. Ela compreende um número de elementos interconectados que estão ligados organicamente como momentos diferentes na reprodução total da relação-capital. [...] Estes elementos interconectados da forma valor definem os parâmetros nos quais a acumulação pode ocorrer e também delimitam os tipos de crises econômicas que podem se desenvolver no interior do capitalismo" (Jessop, 2007, p. 102-3).

É por meio dessa luta que as classes, em face a parâmetros anteriores (*path dependence*), viabilizam "estratégias de acumulação". Desse modo, "uma 'estratégia de acumulação' define um 'modelo de crescimento' econômico específico completo com suas diversas precondições extra-econômicas e delineia a estratégia geral apropriada para a sua realização" (Jessop, 2007, p. 105).

Em termos conceituais, trata-se de adicionar à mediação entre conceitos abstratos/realidade concreta realizada em Poulantzas (relação existente entre as determinações estruturais de classe e a posição de classe na conjuntura) a matização simples/complexo, abrindo, desta forma, ainda mais, o sistema conceitual à complexidade e à contingência. Dito de outra forma, se a compreensão da dimensão concreta, em Poulantzas, se dá pelo uso de um necessário conjunto de "conceitos de estratégia" (bloco no poder, hegemonia, etc.), em Jessop tais conceitos de estratégia passam a ser entendidos não apenas em sua dimensão concreta (enquanto prática política), mas também em sua dimensão complexa. Isso significa dizer que a relação entre economia e política não é dada totalmente nem no plano estrutural, nem no plano concreto. Tal assertiva leva o autor a sustentar que apenas uma análise que se permita transitar entre essas duas dimensões pode ser capaz de avaliar qual seria o grau de independência e/ou dependência entre essas duas esferas[276].

No que tange especificamente à análise da luta de classes, trata-se de ressaltar a importância das instituições e das lutas políticas concretas (forma) em adição às dimensões estruturais (conteúdo), superestimadas em abordagens anteriores. Isso levará o autor, inclusive, a abrir um diálogo crítico com correntes do institucionalismo,

---

[276] "Eles [os conceitos de estratégia] podem ser usados para dissolver as leis abstratas, unitárias e essencializadas dos movimentos e necessidades do capital construídas pela lógica do capital em uma série de lógicas mais concretas e contingentes do capital. E eles podem ser usados para superar a tendência da análise teórica das classes em focar nas modalidades concretas das lutas socioeconômicas de maneira a negligenciar a forma em favor do conteúdo" (Jessop, 1985, p. 344).

ajustando algumas de suas formulações à necessidade de enquadramento e contextualização espaço-temporal das instituições, agentes políticos e suas estratégias.

Para Jessop, mesmo que a análise da forma valor nos permita definir os parâmetros básicos de reprodução do capitalismo, ela não é capaz de sustentar sozinha uma leitura robusta e situada da análise da dinâmica e da natureza desse sistema social. Se a acumulação de capital não pode ser explicada apenas pelos parâmetros estabelecidos estruturalmente (ainda que também por esses), tampouco o Estado pode.

As estruturas do Estado passam a ser analisadas pelo autor, então, por meio do conceito de *forma Estado*, em direta analogia ao conceito de forma valor. Assim, a forma Estado também seria composta por elementos interconectados que serviriam como matriz para as relações políticas (seus aspectos formais, como o próprio conceito indica). No entanto, nas palavras de Jessop (2007, p. 119), "além destes aspectos formais do sistema estatal, devemos também examinar seus aspectos substantivos. Além das políticas específicas implementadas pelo aparato estatal, há duas determinações mais gerais: as bases sociais de apoio e oposição ao Estado e a natureza do 'projeto hegemônico' (se existente) ao redor do qual o exercício de poder estatal está centrado".

Dessa maneira, a particularização do Estado ou, dito de outro modo, sua separação institucional face ao circuito do capital, e advindo disso, a análise de elementos adicionais como formas de representação, intervenção e articulação política ganham destaque nessa abordagem[277].

---

[277] "[...] É óbvio que sua separação institucional permite um deslocamento entre as atividades do Estado e as necessidades do capital. [...] Isso se deve ao fato de que tanto a forma valor do modo de produção capitalista quanto a sua forma estatal particularizada são indeterminadas em certos aspectos, de maneira que qualquer correspondência ou deslocamentos entre elas ou entre seus conteúdos substanciais dependerão de muitos fatores além dos mecanismos puramente formais" (Jessop, 2007, p. 118).

Dinheiro, Estado capitalista e lutas de classes

Intervindo no debate acerca da necessidade do Estado e de sua autonomia (relativa) em relação à sociedade, a partir de Marx, Suzanne de Brunhoff (1985) afirmará que o Estado é ao mesmo tempo condição e resultado do processo capitalista de produção. Ecoando, nesse particular, o resgate althusseriano de Engels, a autora destaca (1978a) que, no quadro de uma sociedade dividida em classes, o Estado é caracterizado, ao mesmo tempo, por uma "exterioridade", algo que o situa "acima da sociedade", e por uma "imanência", relacionada ao importante papel econômico que tem a cumprir[278]. É essa "posição contraditória"[279] – e os dois termos dessa contradição só têm sentido, naturalmente, na relação que estabelecem entre si – que sustenta sua autonomia relativa frente à acumulação de capital.

A ação do Estado, ao mesmo tempo imanente e não redutível à relação fundamental de exploração, pode ser melhor captada, sustenta Brunhoff, aqui ecoando análise clássica de Polanyi (2000) sobre as mercadorias "fictícias" (terra, trabalho, dinheiro)[280], por meio da con-

---

[278] "Da concepção de Estado aqui exposta por Marx, pode-se reter que não existe um Estado que tenha, entre outras tarefas, uma 'função econômica', mas que imanência e exterioridade estão ligadas e que o efeito destas depende de condições objetivas, graças às quais se constitui um 'conjunto sistemático' de práticas estatais. Sem estas condições, o 'poder do Estado'... nada pode" (Brunhoff, 1978a, p. 16).

[279] "Esta posição contraditória não é apenas o efeito de um poder que decorre da dominação de uma classe e da utilização de um aparelho repressivo que compreende principalmente a administração. Ela é também o reflexo de coerções que tornam necessárias a extração e a alocação a certas tarefas de uma parte do produto social. Por exemplo, os trabalhos da infraestrutura que são indispensáveis implicam, caso o Estado assuma a responsabilidade dos mesmos, uma arrecadação fiscal e órgãos de administração, seguindo regras particulares de direito, mesmo se os principais beneficiários destes trabalhos fazem parte da classe dominante" (Brunhoff, 1978a, p. 14).

[280] "O ponto crucial é o seguinte: trabalho, terra e dinheiro são elementos essenciais da indústria. Eles também têm que ser organizados em mercados e, de fato, esses mercados formam uma parte absolutamente vital do siste-

sideração das particularidades das mercadorias consideradas "especiais" no modo de produção capitalista, a ser, a força de trabalho[281] e a moeda – a um só tempo mercadorias e relações sociais. Isso se deve ao fato de tais mercadorias especiais – dada a relação particular que nelas se estabelece entre valor de uso e valor de troca – exigirem intervenção (gestão/sanção) do Estado para sua reprodução continuada[282].

Sabe-se que o capital como relação social de exploração objetivada na extração de mais-valia pressupõe o assalariamento vinculado ao apartamento dos trabalhadores em relação aos meios de produção. Para tanto, o trabalhador, que possui apenas seus próprios braços para sobreviver, é forçado a vender livremente no mercado sua força de trabalho como mercadoria em troca de um salário. Sabemos, com Marx, que o Estado moderno intervém antes, no processo de acumulação primitiva, por meio da violência originária que possibilita, de um lado, o surgimento do proletário, e, de outro, do capitalista, dono do dinheiro/meios de produção. Mas intervém também depois, na sanção de regras e normas que impõem ao conjunto dos capitalistas uma limitação da duração da jornada de trabalho, sem a qual a força de trabalho, a depender das condições para sua oferta continuada, poderia ser exaurida.

---

ma econômico. Todavia, o trabalho, a terra e o dinheiro obviamente não são mercadorias. O postulado de que tudo o que é comprado e vendido tem que ser produzido para venda é enfaticamente irreal no que diz respeito a eles" (Polanyi, 2000, p. 94).

[281] Conforme observa Rancière (1971b, p. 44, grifo do autor): "Somos confrontados com a seguinte contradição: o trabalho aparece como uma mercadoria, ao passo que nunca pode ser uma mercadoria. Ou seja, estamos lidando com uma estrutura que é *impossível*. Essa possibilidade da impossibilidade remete-nos à causa ausente, às relações de produção".

[282] "A gestão estatal da mercadoria particular que é a força de trabalho (inseparável do aprovisionamento contínuo de mão de obra barata M), a gestão estatal da moeda (ligada à acumulação de capital-dinheiro D), tais são os principais eixos de uma ação do Estado, indissociável da produção e da circulação capitalistas em geral" (Brunhoff, 1985, p. 3).

Mas essa intervenção estatal sob a força de trabalho, segundo Brunhoff, vai além, impondo-se como necessária também devido à "insuficiência do salário direto em assegurar a reprodução desta força" (1977, p. 131). Isso porque, para além do valor médio-cotidiano da força de trabalho, há que se arcar com o custo de reprodução daquele trabalho vivo, porém desempregado – algo que o objetivo de lucro, baseado na exploração, não admite.

Apesar da não responsabilização direta dos capitalistas pela reprodução das condições de vida de trabalhadores desempregados, doentes, etc., sabe-se que o exército industrial de reserva é funcional ao rebaixamento do salário médio e também como meio de aprovisionamento de mão de obra necessária em momentos de salto ou aceleração da acumulação. É preciso, então, que essa massa de trabalhadores privados de seus meios de existência, o exército de reserva, seja mantida, de tal modo que a força de trabalho (em forma de mão de obra barata) esteja sempre à disposição. Trata-se de garantir, em suma, ao mesmo tempo a disciplina do trabalho e a insegurança do emprego. É aí, nota Brunhoff, "que intervêm as instituições não capitalistas, de caráter mais ou menos estatal, que asseguram a reprodução da força de trabalho, dentro dos limites da manutenção de uma insegurança fundamental do emprego e através de formas que garantam a disciplina do trabalho" (1985, p. 8).

Desse modo, conforme Mollo (2001, p. 370), "são as próprias contradições definidoras do modo de produção capitalista que supõem uma ação estatal na gestão da força de trabalho, neste caso proporcionando formas de assistência, previdência e seguridade sociais". Mas a gestão de uma parte do valor da força de trabalho não pode ser diretamente realizada, observa Brunhoff (1985), por nenhuma das classes imediatamente interessadas nessa, algo que levaria à introdução de "práticas de classe", em choque com o objetivo restrito e necessário de assistência/previdência.

É por isso que, mesmo quando os mecanismos e aparatos de gestão da assistência, previdência e seguridade sociais são concedidos à iniciativa privada, tais funções devem permanecer ligadas indiretamente ao Estado; uma vez que não podem ser transferidas para os próprios operários mais pauperizados, tampouco arcadas diretamente pelos capitalistas sob consequência de redução de seus lucros.

Partindo para a análise da ação do Estado quanto ao dinheiro, cumpre resgatarmos, novamente seguindo Brunhoff (1978b), os desdobramentos da definição de dinheiro apresentada anteriormente. Trata-se, de forma geral do valor e da riqueza, equivalente geral pelo qual todas as mercadorias podem ser trocadas; no qual todas as formas (bilhetes, promissórias, cheques) são intercambiáveis em condições determinadas; e cujas diferentes funções (medida de preços, meio de troca, reserva de valor) se articulam entre si em condições determinadas. Tal equivalente geral é aqui compreendido como veículo de representação e realização do valor de troca e, portanto, relação social. Longe de uma simplificação em torno da noção de moeda-mercadoria, vinculada a uma espécie qualquer de "metalismo", trata-se de ressaltar a importância da noção de "equivalente geral", bem como a particularidade do dinheiro como "forma social"[283].

O Estado desempenha um papel importante no processo complexo de reprodução do equivalente geral, "ação estatal simultaneamente exterior e imanente à circulação do capital. A intervenção do Estado não cria a forma moeda, que se constitui na circulação mercantil, mas contribui para determiná-la como tal" (Brunhoff, 1985, p. 39).

---

[283] "Sem moeda não existe capitalismo, diz Marx. Mas, ao mesmo tempo, a moeda não está jamais completamente integrada no capitalismo. Ela é inicialmente definida na produção mercantil e depende da lei do valor própria a esta produção, o que lhe dá um caráter contraditório (como medida dos valores e padrão dos preços). Ela deve, no entanto, ser reproduzida como equivalente geral, sob pena de perder seu papel na circulação mercantil. Quando funcionam os circuitos de crédito próprios ao modo de produção capitalista – circuitos esses que devem fechar-se em si mesmos, mas que, ao mesmo tempo, não podem jamais fazê-los todos simultaneamente – modificam-se as condições da reprodução do equivalente geral. E o capital-dinheiro, sob a forma do 'capital financeiro' tal como Marx o define, desempenha um papel contraditório, funcional e perturbador na produção do capital industrial" (Brunhoff, 1978a, p. 175-6).

> Ele [o Estado] participa do movimento das contradições desde a circulação das mercadorias. Sem ele, não haveria fixação de um padrão dos preços como unidade de medidas; não haveria cunhagem do ouro em moedas que circulam no âmbito de um dado país; não haveria garantia da validade dos signos de ouro utilizados como meios de circulação; não haveria formação de uma moeda nacional a ser trocada por moedas estrangeiras. A ação monetária do Estado tem um duplo caráter: ratifica certas contradições do equivalente geral, disfarçando o papel determinante do valor de troca e validando práticas monetárias diversificadas (cunhagem de moedas de ouro, emissão de cédulas eventualmente não convertíveis em ouro). Mas, por outro lado, ela contribui para a necessária articulação das formas e das funções da moeda (Brunhoff, 1978a, p. 61-62).

Vimos, ainda, a partir de Marx, que a apropriação de dinheiro é uma fonte de poder político, já que o poder do equivalente geral configura uma alavanca material sempre mobilizável, conversível em qualquer mercadoria. Daí o entesouramento: o dinheiro representa e materializa poder social e as relações sociais gerais, a "substância da sociedade". O dinheiro repõe, assim, sob a forma de objeto aparentemente "mágico", o poder social na mão dos indivíduos que, como tais, são levados a exercê-lo.

Este poder, naturalmente, não toca apenas os indivíduos. Tal efeito político da propriedade do dinheiro está vinculado à configuração de um tesouro pelo Estado. Esse entesouramento tem as mesmas raízes do entesouramento privado. À cunhagem, entesouramento e relativo controle da circulação do dinheiro corresponde ao estabelecimento de um poder geral e uniforme do Estado sobre o conjunto do território nacional. Como gerente central do dinheiro, o Estado é levado a administrá-lo em relação a sua reprodução como equivalente geral.

Por isso o poder monetário do Estado é necessariamente limitado pelo poder social que a moeda dá aos particulares que entesouram. O entesouramento público e o entesouramento privado têm a mesma raiz; mas opõem-se um ao outro. O Estado, ou "poder tornado autônomo da sociedade", entesoura para consolidar o seu poder sobre os particulares. Mas o entesouramento privado significa que o "poder social torna-se o poder privado de particulares". Por outro lado, o entesouramento público de uma nação significa que o poder monetário de um Estado é limitado pelo dos outros Estados. Os efeitos políticos e sociais da moeda são dependentes de sua natureza econômica, como expressão de uma divisão da sociedade em agentes econômicos autônomos (Brunhoff, 1978b, p. 46-7).

Assim, de acordo com a autora, a intervenção estatal no que se refere ao dinheiro, "tem como pressuposto a existência de uma coerção, qual seja, o uso de uma moeda que deve a todo instante ser aceita como meio de pagamento estável e válido no país no plano internacional. Esta coerção não é outra que não a do invariante-equivalente geral (padrão, meio de circulação, meio de reserva, meio de pagamento)" (1978a, p. 13).

A coerção ou restrição monetária (*contrainte monétaire*), de que se falou antes, significa, então, a necessidade de reprodução adequada do dinheiro como equivalente geral para toda a produção mercantil. O dinheiro nunca é, portanto, um simples instrumento de classe, ainda que seja administrado no interesse de uma dessas classes, e mesmo que tenha objetivamente o efeito de dissimular as relações de produção. "Na contradição imanência/exterioridade do Estado em relação à sociedade de classes e à infraestrutura, o aspecto dominante é ora a imanência, ora a exterioridade (no caso da moeda, ora a gestão, ora a sanção política)" (Brunhoff, 1978a, p. 14). Isso significa dizer que, apesar de ser continuamente chamado à gestão/sanção do dinheiro, o Estado não tem poderes plenos sobre este, dado que a decisão política governamental referente ao valor da moeda nacional – assim como as condições da reprodução dessa – é "sobredeterminada" política e socialmente. O que não é surpreendente caso se admita, por um lado, que a moeda é uma relação social, ainda que não se apresentando como tal, e, por outro, que uma intervenção política só é finalmente interpretável se relacionada com contradições econômicas e sociais determinadas (Brunhoff, 1978a, p. 171).

Uma vez que a eficácia da ação estatal nesse particular é limitada (pela inflação, deflação, etc.), é possível concluir que o Estado se mostra necessário, mas não pode resolver, por si mesmo, as agudas contradições do capitalismo, atuando para movê-las (também por meio da ação concernente ao dinheiro) no tempo e no espaço, de um setor a outro, de uma região a outra, e assim por diante. Por isso, a gestão da força de trabalho e do dinheiro levada a cabo pelo Estado muda ao longo da história do capitalismo, assumindo modalidades distintas, mas nem por isso deixa de estar, segundo Brunhoff (1985), menos ligada à fórmula geral do capital em todos esses momentos[284].

Compreendido isso, resta destacar, como se viu, que a restrição monetária verificável na relação entre Estado e agentes econômicos em uma economia nacional, pode ser observada também entre os diferentes Estados, estando eles mesmos submetidos a uma restrição/coerção monetária internacional. Isso significa que as moedas nacionais devem ser socialmente validadas em âmbito internacional, ou seja, serem passíveis de troca nos mercados de câmbio. Esta coerção/restrição está vinculada à existência de uma circulação internacional

---

[284] Conforme Mollo (2001, p. 371): "Tanto no caso da intervenção sobre a força de trabalho quanto no caso da moeda, a ação estatal apesar de sempre necessária em vista das contradições mencionadas, modifica-se ao longo do tempo e atende a necessidades históricas específicas. Assim, se em períodos como os do pós-guerra ela se pautou por intervenção maciça em investimentos e em evolução de crédito farto para financiá-lo, o liberalismo atual não nega a necessidade de ação estatal, mas, ao contrário, sua retirada da economia é também estratégica do ponto de vista da acumulação".

de mercadorias e capitais, de modo que os Estados, mesmo tendo um papel a cumprir, são levados a não influenciar diretamente, senão de modo vinculado às necessidades de expansão do capitalismo[285].

Ademais, a circulação internacional pressupõe, ainda, uma moeda internacional de circulação e de referência relativa aos valores das várias moedas nacionais. Atualmente, essa moeda é o dólar, que, como moeda de referência, reflete, de certo modo, parte das relações de forças verificadas no sistema monetário-financeiro internacional. Por isso, o dinheiro apresenta-se também como um ponto de tensão e disputa geopolítica internacional.

Cabe, nesse particular, resgatarmos brevemente aqui, e de modo mais concreto, a discussão sobre a "pirâmide" monetária e o papel concreto do Estado na gestão do sistema do dinheiro de crédito contemporâneo, trazendo, assim, os bancos à explicação.

Como se sabe, a fixação de um padrão de preços como unidade de medida e a sustentação de uma soberania monetária[286] como atributo de poder precedem historicamente o capitalismo. Trata-se de algo que surge das práticas mercantis para ser homologado por uma instituição política[287]. O dinheiro capitalista naturalmente se-

---

[285] Ainda assim, "a manutenção da convertibilidade da moeda nacional em outras moedas, quando existem Estados-nações, implica uma certa gestão central da moeda nacional, ação que atua no sentido da manutenção da moeda como equivalente geral. Sem a pressão da circulação mercantil, o papel do Estado não teria sentido. No entanto, no âmbito desta circulação, ele tem um alcance real como prática monetária estatal" (Brunhoff, 1978a, p. 61-62).

[286] "Em última instância, a reprodução da sociedade fundada no enriquecimento privado depende da capacidade do Estado de manter a integridade da convenção social que serve de norma aos atos dos produtores independentes. A ordem monetária é indissociável da soberania do Estado, e sua sobrevivência supõe que os proprietários privados acatem a moeda com uma convenção necessária para reiteração do processo de circulação das mercadorias, de liquidação das dívidas e avaliação da riqueza" (Belluzzo, 2013, p. 62-3).

[287] "Aqui intervém uma primeira espécie de gestão estatal coextensiva com a soberania do Estado, que consiste em fixar a cotação oficial de pelo me-

gue relacionado a esses traços distintivos, mas tende a se transformar, conforme se desenvolve o sistema de crédito, em dinheiro de crédito privado que aparece e desaparece no movimento das relações entre bancos e empresas. Evolui, modificando-se, assim, a gestão estatal do dinheiro, que passa a comportar a ação de um Banco Central emissor, partícipe em um sistema bancário cujas partes se articulam segundo as normas estabelecidas pelo Estado.

Os sistemas monetários contemporâneos estão baseados em duas formas principais de moeda: o papel inconversível emitido pelo Banco Central e a moeda de crédito produzida pelos bancos comerciais. O primeiro cancela qualquer débito e pode ser usado para pagar impostos, o último é composto pelos passivos de instituições financeiras privadas (incluindo depósitos e notas bancárias), que oferecem direitos sobre outras formas de moeda. Desse modo, a quantidade e o valor de troca desse dinheiro de crédito são regulados indiretamente pela antecipação do crédito e pelo pagamento das dívidas (algo submetido aos processos de produção e acumulação), mas também, em outro nível, pela influência e ação do Banco Central sobre as operações do sistema financeiro. Passemos a analisar, em mais detalhes, o que isso significa para uma leitura das tensões entre dinheiro, Estado e poder.

As mencionadas moedas bancárias privadas de crédito pedem, para que sejam aceitas em circuitos ampliados, certa socialização, ou "validação social". Trata-se de processo que é efetuado justamente por meio de uma centralização pública. Conforme Brunhoff, "A 'gestão estatal da moeda', indispensável, consiste notadamente em abastecer os bancos secundários com moeda central a um preço que é a *taxa de juros monetária*" (1991, p. 138). Ainda de acordo com a autora, "Sem uma intervenção central, as moedas privadas poderiam ter diferenças de cotação entre si, conforme a situação de seus emissores" (1991, p. 140), contradizendo a necessidade de uma uni-

---

nos uma das moedas em circulação num espaço determinado, aquela cuja cunhagem ou emissão são asseguradas pelo Estado" (Brunhoff, 1985, p. 42).

dade de conta (algo que ocorreu, por exemplo, no EUA do século XIX, antes da instituição do *Federal Reserve*). Uma vez instituída a emissão por um Banco Central e, assim, a conversibilidade de todas as demais moedas entre si e contra aquela emitida centralmente, as inúmeras moedas bancárias privadas acabam por se tornar homogêneas, e aquele "meio de pagamento, criado na relação de crédito entre um banco e um emprestador, é validado como elemento do 'equivalente geral'". Por isso é que "a emissão de moeda central não é uma intervenção estatal *artificial* num determinado mercado, ela *faz parte* das condições de funcionamento desse mercado. Da mesma maneira que não há mercadorias sem moeda, não há moedas de créditos privados sem moeda central" (Brunhoff, 1991, p. 140-2, grifos da autora).

O dinheiro capitalista, pensado de modo unitário, está assentado, então, em dois componentes: um privado, a moeda dos bancos, e outro público, a moeda do Banco Central.

> A segunda deriva da primeira, mas esta [moeda privada] precisa de moeda central. Graças a ela, os problemas de *solvabilidade* (créditos duvidosos de um banco) são tratados como problemas de liquidez (abastecimento em *cash* pelo Estado) como se houvesse "reservas públicas" (correspondente à função "reserva de valor" da moeda). A manutenção de um sistema de pagamentos é feita pela articulação das duas moedas (chamadas "escritural" e "fiduciária"). E os desequilíbrios monetários assumem a forma de tensões entre moedas privadas (escriturais) e moeda central (fiduciária) (Brunhoff, 1991, p. 144-5).

A análise das contradições do dinheiro que busco perseguir aqui mostra que a reprodução do equivalente geral implica a combinação de operações privadas bem como um processo de centralização pública. Sem isso, a instabilidade monetária pode desembocar numa crise da própria moeda.

Como se sabe, bancos são empresas privadas que atuam no mercado de crédito. Trata-se de uma atividade capitalista que, como todas as demais, enseja riscos. Se, por exemplo, uma empresa que tomar um empréstimo não for capaz de honrá-lo, isso pode levar à desvalorização dos créditos que constam no ativo do banco emprestador. Os poupadores, por sua vez, podem ser levados a duvidar da solvência do banco e, assim, retirar seus depósitos que ali estavam. Não podendo produzir moeda para utilizar consigo mesmo[288], o banco em questão terá de tomar emprestado de outros bancos, ou então apelar para o Banco Central, que, nesse caso, entra como "emprestador de última instância". Assim é que o Banco Central pode evitar que falências bancárias em cadeia, quando for o caso, resultem em crise generalizada (em escala social) de todo o sistema de pagamentos. Isso porque o Banco Central, devido ao seu caráter público, é o único que pode fazê-lo sem correr o risco de falência. Quando ocorre uma crise monetária, em geral, ou crise de solvência de um banco, em particular, fica patente, então, que a corrida para se resgatar os depósitos do banco em questão significa que este não é mais considerado como emissor de uma moeda confiável. Do ponto de vista monetário, o que a intervenção pública busca fazer, nestes casos, é oferecer um "suporte social", de modo a manter a equivalência dessa moeda com a moeda estatal. Portanto, o papel imprescindível de "emprestador de última instância", papel de um órgão público, é algo que, sob tal arranjo, não pode ser suprimido ou ocupado por outro agente.

Disso decorre uma conclusão importante: o Estado não pode impedir a ocorrência de crises financeiras que afetam a moeda bancária privada – crise que começa, como se viu, no setor privado, já que essa emissão de moeda crédito bancária responde à racionalidade privada de maximização do ganho. Mas, se a gestão macroeconômica em escala social não suprime a instabilidade monetária, pode

---

[288] Um banco privado não pode, por exemplo, liquidar sua dívida com outro banco privado pela emissão da sua própria moeda porque isso seria simplesmente a emissão de uma nova dívida, e não um acerto de contas.

impedir que essa degenere em crise geral da moeda, algo que passa, necessariamente, pela intervenção do órgão público emprestador de última instância.

Em qualquer caso, esse mecanismo nos ajuda a entender, uma vez mais, porque o dinheiro é endógeno e não neutro. O Estado, via Banco Central, não "cria" direta e impunemente a moeda, mas o faz sancionando socialmente sua criação[289].

Isso significa que nas economias mercantis capitalistas, o dinheiro – como forma geral da riqueza – é simultaneamente um bem público e objeto de desejo privado. Nessa condição de "bem público", é referência para todos os atos de produção e troca de mercadorias, bem como para mensuração da riqueza. É por isso que deve estar sujeito a normas de emissão, circulação e destruição que sustentem e reafirmem de modo continuado sua universidade como padrão de preços, meio de circulação e forma geral da riqueza[290].

---

[289] "Seja qual for a conjuntura, o mercado monetário entre bancos emprestadores e tomadores de reservas ('fundos federais', contas correntes dos bancos junto ao Banco Central) é normalmente o lugar onde se exprimem as necessidades dos bancos em moeda central. [...] Essa gestão de pagamentos difere das operações de socorro que disfarçam as fraquezas dos grandes bancos, mas também faz o Banco Central intervir como *emprestador em última instância*. *Ele ratifica, a custo variável, uma criação de moeda da qual ele não é o estimulador*. Suas intervenções não podem suscitar o crédito privado, que depende principalmente das relações entre bancos e empresas: não é o 'dinheiro fácil' que está na origem do crescimento econômico, ele nada mais faz que acompanhá-la e favorecê-la. Inversamente, uma restrição poderosa do refinanciamento dos bancos pelo Banco Central não provoca a crise econômica, mas a *cristaliza*' (Brunhoff, 1991, p. 145, grifos da autora).

[290] Mas, "para reafirmar, continuamente a sua universalidade e a unidade das três funções o dinheiro não pode ser produzido privadamente, nem qualquer decisão privada pode substituí-lo por outro ativo. Ou seja, em uma economia mercantil capitalista nenhum agente privado tem a faculdade de comprar mercadorias, pagar suas dívidas ou avaliar seu patrimônio com moeda de sua própria emissão. Isso significa que as expectativas de receita, os cálculos de custos e preços, os direitos aos rendimentos do trabalho e dos ativos instrumentais, o valor das dívidas e a avaliação do estoque de riqueza real e financeira são 'declarações', ideia de quanto pretendem

Disso resulta o processo de "centralização conflituosa", nas palavras de Brunhoff (1985, 1991), levado a cabo na relação entre bancos secundários e o Banco Central, dinâmica que assume formas concretas variadas em relação às ações governamentais concernentes ao papel do Banco Central como emprestador de última instância. Assim sendo, se existem, em um dado momento, vários tipos de "moedas" em circulação em uma esfera nacional, é preciso que o Estado garanta sua condição ou qualidade monetária de alguma maneira – o que ocorre, como se viu, na medida em que essas são conversíveis na moeda pela qual o Estado é responsável direto. Havendo vários Estados, é preciso, ainda, que se verifique também, de algum modo, certa conversibilidade entre as moedas nacionais. Isso supõe a existência de uma moeda internacional, posta em circulação segundo regras de gestão "acordadas" pelos Estados ou impostas a eles. Eis que voltamos à "pirâmide" da moeda de que fala Brunhoff (1985).

A moeda privada de crédito, formada e destruída nas transações entre bancos e empresas, figura na base dessa pirâmide. Com a liquidação desse crédito, a validação antecipada das atividades econômicas das empresas (materializada no adiantamento de dinheiro a elas), converte-se em uma validação social efetiva. Mas a conversibilidade entre as distintas moedas bancárias, como se viu, só pode ser realizada pela mediação da moeda do Banco Central, veículo por meio do qual as moedas bancárias são convertidas em "moeda nacional"[291].

---

valer, em termos do 'equivalente geral'. Mas essas declarações só podem ser reconhecidas 'socialmente' quando acontece o 'salto mortal' das mercadorias e dos ativos privados, a sua metamorfose na forma geral da riqueza" (Belluzzo, 2013, p. 61).

[291] Conforme Brunhoff (1985, p. 44): "Se a conversibilidade entre moedas bancárias privadas não se realiza num lugar central segundo regras determinadas, a circulação monetária tem um caráter caótico, que atrapalha o desenvolvimento das transações. Todos os países capitalistas puseram em prática, de uma forma ou de outra, uma ação monetária centralizadora de caráter estatal, durante o século XIX. A possibilidade de converter as diversas moedas bancárias privadas numa moeda comum emitida pelo Estado foi assegurada pelo desenvolvimento de sistemas bancários que ligam os

Mas o Banco Central não pode saldar a dívida nacional com um país estrangeiro emitindo sua própria moeda nacional (a não ser que seja o *hegemon* e, ainda assim, com restrições, como vimos), daí a necessidade de uma nova conversão em moeda internacional.

Nesse quadro, a política monetária do Estado está submetida a um "tateamento social" entre dois grandes objetivos: de um lado prover o dinheiro necessário ao processo de acumulação capitalista, e, de outro, atuar de modo a garantir a manutenção do reconhecimento social deste dinheiro como forma universal da riqueza. Trata-se de um processo perpassado por disputa sociais e, situado, como querem Michel Aglietta e André Orléan (2002), às margens da violência e da confiança.

Apesar desses autores abandonarem a teoria do dinheiro e do valor de Marx, substituindo a exploração de classe por uma noção de "poder como dominação", há algo de importante – e a meu ver complementar – a ser retido nessas contribuições. De um lado, é correto, como sustentam os autores (Aglietta e Orléan, 1990), que o dinheiro é fruto de uma violência fundacional que garante a coesão social das sociedades mercantis como um momento decisivo do processo de socialização[292]. De outro, a confiança, sem dúvida, joga um papel

---

bancos privados ao Banco Central segundo determinadas regras".

[292] Inspirados nas formas simples, total e geral de Marx, Aglietta e Orléan (2002) definem três tipos de violências que caracterizam a relação monetária: a violência essencial, violência recíproca e a violência fundacional. A violência essencial se verifica quando uma mercadoria se relaciona à outra de maneira fortuita ou acidental – algo que se transforma em uma fonte de conflito na medida em que, na ausência de um princípio de riqueza unanimemente reconhecido, "cada um se opõe aos demais para fazer prevalecer a definição de riqueza mais favorável aos seus interesses ou tenta seguir as flutuações erráticas da opinião majoritária" (Aglietta e Orléan, 2002, p. 79). A violência mútua ocorre quando existem vários bens que atuam como equivalentes uns aos outros. É a forma que representa a especulação sobre as "moedas parciais". A violência fundadora, por sua vez, é aquela que estabelece a unanimidade em torno de uma única "coisa" para representar a riqueza e estabelecer a estabilidade das trocas. É quando os indivíduos excluem todos os outros bens em favor de um, configurando regra ou princípio que representa o lado centralizador da dinâmica monetária. Mas essa

importante na reprodução tanto econômica quanto política do equivalente geral – confiança aqui compreendida como fenômeno social. Isso porque a aceitabilidade do dinheiro pelos agentes sustenta-se na pressuposição de que todos os demais estarão dispostos a aceitá-lo, nas rodadas seguintes, como forma geral da riqueza e de existência do valor das mercadorias[293]. Disso depende a continuidade das trocas e dos pagamentos, bem como da própria produção, que demanda certa garantia de preservação da forma geral do valor.

De qualquer forma, cabe adicionar, por nossa conta e risco, que, se é possível falar em mecanismos de violência e confiança na reprodução do dinheiro como equivalente geral, isso não ocorre senão no interior do movimento de luta entre as classes – um conflito produtivo e distributivo no qual a administração do dinheiro ocupa posição privilegiada.

A produção social do dinheiro é parte, como se viu, de uma luta mais ampla pelo poder no interior da luta econômica. É, então, em meio a essa luta, marcada por interesses econômicos conflitantes, que é determinado o valor do dinheiro. Desse modo, a reprodução

---

está sob tensão permanente, já que tal unanimidade pode ser rejeitada em prol de um outro "meio de coesão e pacificação, mas também de disputa de poder e fonte de violência" (Aglietta e Orléan, 2002, p. 79), reabrindo um cenário de violência mútua. Assim, o dinheiro nunca é uma instituição completa ou garantida de modo definitivo, mas está sempre sujeita às tendências contraditórias de "fracionamento" e de "centralização". Trata-se de formulação que nos ajuda a entender o caso específico do Bitcoin.

[293] Como no caso da violência, Aglietta et al. (1998) apontam a existência de três dimensões articuladas de confiança que sustentam a reprodução da ordem monetária: a confiança hierárquica, a confiança metódica e a confiança ética. "Na ordem monetária, a *confiança hierárquica* é expressa na forma de uma instituição que estabelece as regras para o uso da moeda e que emite os meios finais de liquidação. [...] A *confiança metódica* opera sobre a segurança das relações entre si e a dos pagamentos na ordem monetária. Ela procede da repetição de atos da mesma natureza que levam as trocas a uma conclusão bem-sucedida. A rotina é, portanto, a fonte dessa forma de confiança. [...] O *ponto de vista ético* é o da universalidade dos direitos da pessoa humana" (Aglietta e Orléan, 2002, p. 25-6, grifos meus).

do dinheiro envolve, conforme Geoffrey Ingham (1998, p. 14), um "reequilíbrio contínuo das relações de poder entre interesses econômicos", sendo a política monetária, por isso, o "reforço de um qualquer equilíbrio de poder que foi forjado" (Ingham, 2004, p. 150)[294].

A materialidade social do dinheiro

Conforme aprendemos, o dinheiro, não neutro e endógeno, não pode ser diretamente identificado ou confundido com o crédito ou o capital. O equivalente geral ou universal configura uma restrição monetária objetiva frente ao caráter incerto da validação social das mercadorias. Apesar de o dinheiro não ser suficiente para explicar, sozinho, a exploração capitalista, é um veículo fundamental para a compreensão da objetividade das crises capitalistas e, assim, da precariedade resiliente deste modo de produção. Forma "autonomizada" do valor, mecanismo necessário de sua representação e realização, o dinheiro nunca se autonomiza de maneira plena, mas sempre relativa; guardando um vínculo de determinação em última instância com o valor, o trabalho, a produção. Mas o que significa objetivamente essa "determinação em última instância"? O que aponta para uma definição de dinheiro? Precisamente que, de modo contraditório, como deve ser, ao mesmo tempo em que tal autonomização se mostra fundamental para o funcionamento e expansão do modo de produção capitalista, está também relacionada às turbulências, instabilidades e crises sistêmicas do capital. As crises cíclicas são a evi-

---

[294] Apesar de Ingham, ainda que ancorado em uma noção weberiana de "luta econômica", apresentar adequadamente as lutas sociais em torno da produção social do dinheiro, ele acaba cedendo, em outros momentos de sua obra, às limitações da definição cartalista de dinheiro, na qual esse é determinado basicamente pela declaração/nomeação de uma autoridade política que transcende os interesses em disputa. Assim, o Estado (definido de uma maneira que pouco considera as diferenças de sua conformação ao longo da história), utiliza seu poder de modo a impor um "sentido hegemônico para o dinheiro". O Estado o faz fundamentalmente por meio da definição de uma unidade de conta (Ingham aqui ecoa Keynes) para o dinheiro que circula no interior do território em que exerce sua soberania.

dência a um só tempo da existência e dos limites claros dessa mesma autonomização, sempre relativa.

Vimos que, do mercado ao Estado, a problemática da ideologia e da luta de classes impõe-se como mediação incontornável para uma compreensão arrematada do dinheiro. O fetichismo da mercadoria, do dinheiro e do capital se articulam num complexo subsumido à dimensão ideológica da ordem social capitalista; uma tal ordem que não pode ser reproduzida senão por meio de aparelhos que pressupõem a existência do Estado.

O Estado, por sua vez, não se confunde com o processo de exploração, o que lhe dá certa autonomia de ação. No entanto, está atado à materialidade (e contingência) das relações de poder que o constituem na luta de classes e demais conflitos políticos e, assim, porta uma autonomia de ação que é apenas relativa. O Estado é, como vimos, uma instituição ao mesmo tempo externa e imanente em relação ao processo de acumulação; necessária para gerenciar a reprodução de duas mercadorias "especiais": a força de trabalho e o dinheiro (como equivalente geral). A ideia de uma "política econômica" dirigida pelo Estado surge após a década de 1930, quando as moedas se tornam inconversíveis em nível nacional. A partir de então, as políticas fiscais, monetárias e sociais devem assegurar a conexão entre dinheiro e força de trabalho; e o Banco Central transforma a antevalidação bancária da realização da produção em uma pseudovalidação social das mercadorias[295].

No modo de produção capitalista, a dominação tem como um de seus pressupostos e resultados necessários – em nível jurídico-político e em nível da ideologia – o estabelecimento do trabalha-

---

[295] "Isso não quer dizer que o Estado dirige a moeda ou se encontra em condições de controlar sua quantidade global e, por isso (para aqueles que adotam a tese quantitativa), seu valor. Não, isso significa apenas que o Estado participa necessariamente na reprodução do equivalente geral, para a efetivação da qual é preciso principalmente que as diversas formas de moeda que circulam num dado momento sejam permutáveis umas pelas outras, a uma taxa dada" (Brunhoff, 1985, p. 42).

dor como um sujeito de direito livre e igual, com tudo o que isso implica para a articulação estrutural do Estado e da ideologia dominante: uma configuração hierárquico-burocrática do aparelho estatal, o funcionamento (supostamente não classista) do Estado com base na lei e na legitimidade formal, etc. – princípios que também orientam, alegadamente, a prática da política monetária. Assim, a ideologia dominante consagra procedimentos de reforço e consolida interesses de classe por meio de sua materialidade, como elemento de funcionamento institucional do Estado, mas também como prática de vida, não apenas das classes dominantes, bem como das classes subordinadas, ainda que de forma distinta. Nesse sentido, a ideologia dominante está no núcleo estrutural das relações capitalistas de dominação e de exploração, visto que legitima tais relações de classe, impondo-as por meio de práticas que se apresentam como relações de igualdade perante a lei, liberdade e interesse comum decorrente da harmonização de interesses individuais. Em poucos fenômenos sociais isso se mostra de modo tão enfático quanto na absoluta impessoalidade e indiferença do dispositivo dinheiro – este "nexo com a sociedade, que o indivíduo traz consigo no bolso" – frente a tudo e todos.

Há quem veja no processo contemporâneo de autonomização (desmaterialização?) crescente do dinheiro um movimento de realização de seu "conceito". Mas não seria plausível, alternativamente, e quiçá mais adequado, pensarmos o dinheiro a partir daquela definição althusseriana de ideologia, como a representação de uma relação imaginária, portadora de existência material, que orienta as práticas cotidianas no quadro das relações de produção vigentes? É evidente que, seja no caso da ideologia, seja no caso do dinheiro, esta positividade não configura uma simples idealidade, mas, sim, a cristalização de relações de força/poder, que são reafirmadas e tensionadas de modo contínuo por meio de práticas, no bojo de lutas permanentes entre as classes – sem as quais o conceito de modo de produção acabaria desidratado de seu conteúdo político[296].

Para tanto, será necessário nos determos à definição althusseriana de causalidade estrutural como existência de uma estrutura em seus efeitos (Althusser et al., 1980). Conforme sistematizam Dimitris Papatifou e Panagiotis Sotiris (2016), em tal visão, as "estruturas", ou seja, as relações que tendem a ser reproduzidas e a aparecer como estáveis e duradouras no sistema, podem ser concebidas como encontros que duram. Para Althusser, a noção de encontro tem um significado histórico[297]: os encontros entre os homens e o dinheiro, dos homens com a força de trabalho livre/disponível no início do capital,

---

[296] E aqui a noção, apresentada em Balibar (1994), de um "curto-circuito" entre o econômico e o político realizado pela crítica da economia política de Marx é especialmente útil. Em contraste com a separação burguesa entre economia e política, Balibar insiste no fato de que Marx enfatiza as dimensões políticas da exploração junto das condições econômicas da dominação política. É nesse ponto, seguindo Papatifou e Sotiris (2016, p.28), que busco amarrar o esforço de construção deste trabalho a uma certa interpretação da teoria da forma valor: "À luz dessa perspectiva, o surgimento de uma potencial teoria da forma valor só pode ser o resultado de um curto-circuito teórico (e, em última instância, político)". Sobre a obra de Marx frente à divisão entre o político e o econômico na época burguesa, ver também Wood (2011).

[297] Fala-se em histórias e temporalidades plurais e complexas que coexistem: "não é possível dar conteúdo ao conceito de tempo histórico, a não ser definindo o tempo histórico como a forma específica da existência da totalidade social considerada, existência em que diferentes níveis estruturais de temporalidade interferem em função das relações peculiares de correspondência, não-correspondência, articulação, defasagem e torção que mantém mutuamente, em função da estrutura de conjunto do todo, os diferentes 'níveis' do todo. Devemos dizer que, assim como não há produção em geral, não há história em geral, mas estruturas específicas da historicidade, fundadas em última instância em estruturas específicas dos diferentes modos de produção, estruturas específicas da historicidade que, sendo apenas a existência de formações sociais determinadas (pertencentes a modos de produção específicos), articuladas como todos, só têm sentido em função da essência dessas totalidades, isto é, da essência de sua complexidade própria" (Althusser et al., 1980, p. 49).

etc.; mas também um "significado estrutural": a interminável série de interações como relações sociais antagônicas que definem a realidade social e sua natureza contingente e não teleológica. A duração desses encontros tem a ver com o papel desempenhado por aparelhos que reforçam sua reprodução. No esquema de Althusser, vimos anteriormente, estes são os Aparelhos Ideológicos de Estado que, em suas práticas e rituais materiais, não só garantem a reprodução das relações sociais (em sua interconexão, como divisão social do trabalho) e dos agentes que ocuparão posições nesta divisão social do trabalho, mas também interpelam os indivíduos como sujeitos que tendem, a menos que sejam "maus sujeitos", a reproduzir voluntariamente as práticas, interações, atos de fala, afetos, em suma, que levam estruturas a serem reproduzidas como encontros duradouros, oferecendo uma base cotidiana para a existência e a reprodução das formações sociais.

> Isso significa que os encontros no mercado e as trocas de mercadorias mediadas por dinheiro que, em sua repetição multitudinária, criam a forma valor coexistem, em termos de temporalidades, com os encontros entre os portadores do capital e os portadores do trabalho. Eles coexistem com as temporalidades da formação do Estado e da garantia estatal do dinheiro e do crédito. Eles coincidem com as temporalidades do surgimento de aparelhos ideológicos de Estado, públicos e privados, ou – nos termos de Gramsci – os aparelhos hegemônicos e suas formas de interpelação em torno da forma do 'homo oeconomicus' na era burguesa. Eles coexistem com o aprimoramento da percepção fetichista que surge 'espontaneamente' da repetição das trocas no mercado, com a temporalidade da produção capitalista como produção para troca em um mercado em que o aumento da produtividade é a condição para o aumento da participação de mercado (Papatifou e Sotiris, 2016, p. 26-7).

Temos, assim, resumidamente: I) encontros que tendem a se reproduzir; II) práticas ideológicas, rituais e aparelhos que reforçam essa reprodução e repetição tendenciais; e III) aparelhos estatais (e práticas) que garantem isso. Práticas coletivas de significação e formação de elementos ideológicos que, por meio da interpelação, produzem formas de subjetividade que, mesmo de maneira contraditória, permitem a reprodução social. Consequentemente, e ao mesmo tempo, temos o valor de troca como uma forma social, em sua complexidade, como resultado de todas essas interações sociais, como uma relação por si só, como percepção social, em suma, como estrutura existente de forma imanente em seus efeitos.

Assim, o dinheiro, como forma e relação social, e as estruturas (em seus feitos, como repetições dinâmicas, e que se transformam) do sistema monetário capitalista aparecem, por fim, como parte integrante e resultado de tais determinações múltiplas, determinações em última instância econômicas, mas inseparavelmente político-ideológicas – articuladas por aparelhos de Estado no interior da luta de classes. Eis, pois, a materialidade social do dinheiro, um mecanismo de representação e realização do valor (sem o qual não haveria capital e capitalismo), perpassado por violência e confiança, coerção e consentimento, em suma, por ideologia; e que ademais existe, em si mesmo, como *ideologia*.

6. Considerações finais: Bitcoin, Blockchain e o futuro do dinheiro

> *Sou pessimista no sentido de que nos aproximamos de tempos perigosos. Mas sou otimista exatamente pela mesma razão. Pessimismo significa que as coisas estão ficando bagunçadas. Otimismo significa que esses são precisamente os momentos em que a mudança é possível*
>
> Slavoj Zizek

Finalizado o percurso que nos trouxe até aqui, podemos voltar ao nosso objeto empírico. Concluída a investigação, o não cumprimento das aspirações neoliberais que constituem o Bitcoin evidenciam que a tentativa, pretendida por seus criadores, de neutralizar o dinheiro no capitalismo não é factível. A despeito da busca manifesta por uma substituição do dinheiro mundial, por estabilidade monetária contra a suposta instabilidade do dinheiro estatal e pela descentralização e desconcentração do poder de emissão e gestão monetárias, o que se observa empiricamente é justamente o oposto: baixo volume e alcance de circulação, alta instabilidade (por se comportar como ativo especulativo) frente à moeda estatal e maior concentração relativa de poder entre seus usuários.

Restou evidente, ademais, na esteira do debate teórico mobilizado, que, devido a sua pequena circulação e caráter altamente especulativo, o Bitcoin não é um candidato factível ao posto de equivalente geral – uma vez que se encontraria prejudicada, aqui, a articulação ampla entre os processos de trabalho e a inserção das classes sociais na dinâmica econômica, o que, por seu turno, redundaria na não reprodução do dinheiro como relação social ampliada. Sua instabilidade e concentração crescentes, que ameaçam estruturalmente o sistema desta criptomoeda, demonstram, ainda, que tampouco está eliminada a necessidade do Estado para a reprodução monetária – frente a necessidade de um combate efetivo de tais problemas. Por fim, sua pequena importância relativa e alta volatilidade denunciam a inviabilidade material da utopia tecnocrática de um dinheiro apolítico, controlado tecnologicamente; o que serve para nos revelar, novamente, o forte conteúdo ideológico deste experimento monetário. Tudo somado: o Bitcoin não é e não será dinheiro. Para sê-lo terá de deixar ser o Bitcoin.

Vimos que este criptoativo funciona antes como uma inovação financeira, um investimento especulativo, do que como moeda. Nesta chave, a paulatina entrada de pequenos e grandes investidores[298], instituições financeiras e demais atores em seu ecossistema, mais do que um indício de seu potencial monetário, demonstra sua utilidade como "mercadoria" ou ativo financeiro que o capital buscará, inevitavelmente, mobilizar em seu favor. Assim é que o Bitcoin aparece como mais uma ferramenta de promoção de concentração econômica, ao invés de um desafio aberto à ordem social e econômica.

Por razões teóricas e práticas discutidas ao longo deste trabalho, muito indica que, concernente ao aspecto monetário, o futuro do Bitcoin é pouco ou nada promissor; sendo mais provável que siga sua trajetória como uma reluzente opção de aposta especulativa. E mesmo neste caso, sabemos, trata-se de algo também incerto e arriscado. Contra a insistência dos defensores do Bitcoin em seu caráter "revolucionário", tal ceticismo, em verdade uma postura que se

---

[298] Dados da companhia de pesquisa Autonomous Next, divulgados pela CNBC, apontaram que havia, em 2017, mais de 120 *hedge funds* dedicados exclusivamente a investimento em criptomoedas. Disponível em: https://www.cnbc.com/2017/10/27/there-are-now-more-than-120-hedge-funds--focused-solely-on-bitcoin.html. Para uma lista de alguns desses fundos ver: https://www.businessinsider.my/bitcoin-price-surge-leads-to-growth--in-hedge-funds-2017-8/?r=US&IR=T. Acesso em: 18 jan. 2020.

pretende científica, advém das inúmeras evidências, aqui recolhidas, a demonstrar que os fortes laços sociomateriais, bem como as configurações institucionais do mundo econômico, não são assim tão facilmente superados.

Ainda que fosse possível, sob o efeito disruptivo de uma única tecnologia monetária, uma transformação estrutural de tal monta, demonstrei que a disseminação do Bitcoin tampouco seria uma forma desejável de promovê-la. Concebido sob valores capitalistas libertários, o Bitcoin é codificado para enfraquecer o poder da regulação política sobre a economia, atacar o Estado, promover o mercado como instância de autorregulação social, fortalecer a propriedade individual como forma primeva de liberdade, estimular a competição entre os indivíduos e, portanto, impossibilitar as dinâmicas e mecanismos políticos de redistribuição, característicos de qualquer ideário de democracia orientado pelos valores de igualdade material, solidariedade coletiva frente à contingência individual e liberdade social "positiva". Assim, o eventual fortalecimento e valorização do Bitcoin significa, objetivamente, uma transferência de riqueza social para essa tendência política, que, aliada ao capital de risco e às oligarquias que investem em criptomoedas, atentam diretamente contra forças políticas emancipatórias e progressistas. Como as ideias que o sustentam, o Bitcoin representa uma ameaça, ao invés de uma esperança, para a democracia.

Descobrimos, ao longo desta investigação, que, como plataforma ou *software* "monetário", o Bitcoin apresenta-se como uma forma de poder simultaneamente técnico e político – o que indica, novamente, que temos subestimado, contemporaneamente, o poder de técnicos, engenheiros, programadores e empreendedores para a materialização, no próprio *design* de *softwares* e tecnologias, de certas visões políticas. Para a longa tradição de crítica social da tecnologia, bem como para a teoria do dinheiro aqui mobilizada, isso não chega a representar uma novidade. Mas o modo especialmente transparente, declarado e, por vezes, "consciente" como isso se inscreve em sua ação, seu código e sua dinâmica de funcionamento certamente eleva a outro patamar esta observação, possibilitando-nos melhor refletir sobre a força ideológica de tais valores em nosso tempo e, mais amplamente, sobre o inevitável conteúdo social que toda forma de moeda, eficaz ou falha, precária ou estabelecida, marginal ou hegemônica, inevitavelmente carrega.

Ademais, como paradoxo ambulante que é, o Bitcoin traz em si os limites e contradições de seu próprio tempo: é, de maneira simultânea, uma forma radicalmente utópica e profundamente pragmática; o produto de um corpo fechado de ideias e um sistema sociotécnico chamado à transformação contínua frente às consequências imprevistas de seu uso; uma impossibilidade virtual e uma realidade em movimento. Como o capitalismo neoliberal contemporâneo, o Bitcoin se desenvolve de modo um tanto imprevisível, marcado que está por conflitos inconciliáveis, em um quadro limitado pela possibilidade da catástrofe, de um lado, e pela busca de realização do desejo de hegemonia total, por outro.

Por isso é que, em meio a tantas contradições, o realismo ou ceticismo bem-informado não pode ser confundido, aqui, com uma forma qualquer de conservadorismo ou tecnofobia de esquerda. Do começo ao fim, resta evidente, o objetivo que moveu esta investigação não foi outro que não a busca por alternativas reais, embrionárias que fossem, à ordem econômica e social vigente. Em meio a tão árduo esforço analítico-criativo, a ingenuidade utópica, por mais bela que venha a ser, tem muito pouco a nos oferecer. É certo que, sob inúmeros aspectos políticos, econômicos e sociais, considerados por quaisquer matrizes de pensamento progressista, quase nada parece, de fato, sustentar a necessidade e a utilidade de algo como o Bitcoin. E é realmente difícil enxergar, a uma primeira vista, como seria possível resistir, no interior da plataforma, aos férreos valores políticos que estão literalmente codificados em seu *software*. Mas se o balanço final quanto ao Bitcoin passa longe de ser animador, seria um equívoco sustentar, como vimos, que todos os integrantes de sua comunidade de usuários estão situados na direita liberal, ou mesmo que sua base técnica não possa jamais ser utilizada para fins outros que não aqueles correspondentes a esse conjunto de valores. A despeito de seus inúmeros problemas, é inegável o fato de que esse "experimento" vem abrindo uma nova arena para outras experimentações sociais e técnicas, com possíveis repercussões em esferas ainda desconhecidas.

Assim, talvez o Bitcoin e, especialmente, o *Blockchain* possam, de modos que ainda não conhecemos, servir a razões políticas outras (para além daquelas que lhe deram origem e seguem a orientar seu funcionamento), mas, para isso, além de um diagnóstico crítico em relação àquilo que precisa ser devidamente evitado ou superado, como temos feito, será necessário, ainda, colocarmos em perspectiva para onde caminha o desenvolvimento relativamente imprevisível de tais tecnologias e de que modo esse é influenciado pelas lutas sociais, políticas e econômicas em curso.

Sob certo aspecto, talvez a trajetória de evolução técnico-institucional dos mercados de capitais possa nos oferecer algumas pistas sobre como os mercados de criptomoedas podem evoluir. Há cerca de quinze anos atrás, os mercados financeiros eram menos complexos e sofisticados tecnicamente. Contando ainda com pregões físicos e operadores viva-voz, os agentes compravam e vendiam os papéis e faziam eles próprios o acompanhamento dos movimentos de mercado. Atualmente, como se sabe, são computadores potentes, turbinados pelo aprendizado de máquina, e não mais diretamente aqueles operadores humanos, que processam os dados e executam as negociações; de modo que os *hedge funds*, grandes atores da *Finança Digitalizada* em nível global, estão baseados, sobremaneira, em negociações algorítmicas/quantitativas, conforme abordei em meu livro anterior. Muito indica que os mercados de criptomoedas vem evoluindo na mesma direção, com a introdução, em seus ambientes, de negociações algorítmicas e formas incipientes de "inteligência artificial". Devido à natureza ainda mais especulativa e menos regulamentada deste mercado, mas também por conta da rapidez dos avanços tecnológicos nesta área, é plausível dizer que esse processo pode ocorrer, aqui, de modo ainda mais rápido e intenso. Lembremos que àquela altura era possível a um pequeno investidor, por exemplo, arbitrar "manualmente" distintas moedas em diferentes espaços de negociação. Quando as negociações automatizadas disseminaram-se pelos mercados, isso se tornou muito mais difícil. Do mesmo modo, pequenos investidores e usuários nos ambientes de negociação de criptomoedas serão pressionados a competir com tais mecanismos, ou seja, precisarão dispor, de algum modo, de ferramentas de negociação quantitativa de alta velocidade e decisões automatizadas baseadas no processamento de grandes quantidades de dados. Uma vez que isso exige recursos consideráveis, como no caso anterior, os pequenos e médios investidores tendem a ser expulsos (ou a terceirizarem sua ação) daqueles espaços mais atrativos de especulação, o que conflui para ampliar ainda mais a concentração nestes mercados. As consequências deste processo podem levar a desdobramentos políticos no interior da comunidade de entusiastas, investidores e usuários de criptomoedas.

Mas sabemos também, por outro lado, que o Bitcoin pode ser, como tem sido, um recurso útil para movimentos sociais e ativistas progressistas que enfrentam a vigilância política e o estrangulamento econômico por parte de Estados autoritários. E, a despeito do que venha a ocorrer no futuro com esse experimento, é inegável que o Bitcoin vem abrindo caminho para outras formas e variantes de dinheiro digital ao fornecer uma tecnologia potente, o *Blockchain*, que pode ter, como vimos, inúmeras outras aplicações – inclusive como potencial ferramenta de auto-organização coletiva para além da dimensão monetária. O impacto do *Blockchain*, sob o qual está sustentado o Bitcoin, é ainda incerto, mas pode contribuir para transformações sensíveis nos mercados financeiros e na gestão monetária como um todo.

Um exemplo, como se disse, está na facilitação da criação e manutenção de moedas comunitárias e alternativas[299], mas outro ainda

---

[299] Conforme destacam Kostakis e Giotitsas (2014), vem surgindo uma infinidade de novas moedas digitais baseadas no Bitcoin, que visam justamente superar aqueles seus problemas que apresentamos anteriormente. A maioria delas está ancorada na crítica do sistema financeiro atual e busca inserir

mais expressivo é a possibilidade dos próprios Estados virem a emitir, a qualquer nível, seu dinheiro por meio de mecanismos digitais, criptografados e distribuídos, ou seja, a possibilidade de moedas nacionais totalmente digitais, criptomoedas soberanas, construídas com base em princípios políticos e econômicos diferentes daqueles que estruturam o Bitcoin. Para além do Petro venezuelano, vêm sendo debatidas, mesmo que em caráter ainda embrionário, propostas como o "dólar digital" (Casey e Vigna, 2015), a "Fedcoin", bem como outras possibilidades de criptomoedas emitidas por bancos centrais, aventadas por pesquisadores do Banco da Inglaterra (Bank of England, 2015) e do BIS (Bech e Garratt, 2017). Em junho de 2019, o Facebook anunciou a criação da Libra, a sua própria moeda digital "privada" – iniciativa que se depara com sérias dificuldades devido à previsível oposição de governos e órgãos reguladores em todo o mundo. No mesmo ano, poucos meses depois, cioso quanto a sua soberania monetária frente aos novos desenvolvimentos, e em consonância com a estratégia de internacionalização de sua moeda, o governo chinês anunciou a criação de sua própria moeda eletrônica emitida pelo Estado, uma espécie de "cripto-renminbi". Até aqui, as forças e fraquezas dessas ideias e iniciativas, seus erros e acertos, reforçam, de modo geral, a análise e os argumentos desenvolvidos neste livro.

---

valores sociais alternativos em sua estrutura. Exemplos de tais esforços são Openmoney e Open UDC, que oferecem a oportunidade para as comunidades criarem suas próprias moedas alternativas. Algumas dessas moedas estão manifestamente baseadas na confiança entre membros de uma certa comunidade de produtores e consumidores; outras permitem a eliminação (técnica), no interior do sistema, da possibilidade de cobrança de juros. Um exemplo curioso é o Solarcoin, que usa a produção de energia solar para estruturar a produção de moeda como forma de evitar os problemas de sustentabilidade do Bitcoin (mas, analogamente, acaba favorecendo os donos da tecnologia de energia solar em detrimento dos demais usuários). O sistema de pagamento aberto da Ripple, por seu turno, é uma iniciativa que permite enviar créditos (em XRP, a moeda da rede Ripple) para outros usuários ou ainda promessas de pagamento em outras moedas, diretamente por meio de sua rede. Como esses, há ainda outros inúmeros exemplos.

Quantos às potencialidades "emancipatórias" das criptomoedas, aprendemos que, se é legítimo aventá-las, cabe, neste particular, certa precaução e ceticismo bem informado. Citando sugestão apresentada pelo comentarista financeiro Max Keiser (2013) de que a Palestina adote o Bitcoin como moeda oficial em alternativa ao shekel israelense[300] (atualmente a moeda oficial nas Autoridades Palestinas de Gaza e da Cisjordânia), Ole Bjerg (2016, p. 63-4), por exemplo, parece se entusiasmar com a possibilidade (em verdade uma "inversão" da relação usual entre dinheiro e soberania do Estado) desta criptomoeda vir a atuar em chave contra-hegemônica, visto que, em suas palavras, "ao tornar os palestinos independentes da política monetária israelense, o Bitcoin, um dinheiro pós-fiduciário, funcionaria para criar a soberania palestina e não o contrário". Apesar de interessante em abstrato, o raciocínio[301] é concretamente equivocado. Pelas inúmeras razões que apresentei anteriormente, ao adotar o Bitcoin como moeda oficial é mais provável que a Palestina seja diretamente transportada para o caos monetário do que para a soberania monetária.

Vimos que as tecnologias, seja em sua produção, seja em seu uso passivo ou criativo, trazem embutidas em si conceitos, modelos, visões de mundo existentes ou projetadas. Apartadas de uma projeção de sociedade que compreenda a necessidade de igualdade material e dos mecanismos de justiça redistributiva, para além de uma igual-

---

[300] "A economia palestina é uma economia multibilionária que, infelizmente, beneficia principalmente pessoas de fora do país. Mas se o Bitcoin fosse adotado como moeda oficial, os palestinos seriam capazes de moldar seu próprio destino econômico e, ao fazê-lo, seu destino soberano. Em pouco tempo, a Palestina teria a moeda mais sólida do mundo, tão cobiçada e estável como ouro e prata. À medida que várias moedas fiduciárias, de papel, continuam sendo degradadas em países ao redor do mundo, a moeda da Palestina manteria seu poder de compra. O padrão de vida dos palestinos aumentaria ao ponto em que a moeda palestina do Bitcoin deixaria o shekel israelense envergonhado" (Keiser, 2013).

[301] Raciocínio análogo sustenta, em parte, o experimento venezuelano do Petro, com a diferença significativa de se tratar de uma criptomoeda sobre a qual o Estado tem ainda algum controle na gestão.

dade meramente formal, tais mecanismos tendem a reforçar, sob o capitalismo, as tendências competitivas, individualistas, centralizadoras e excludentes características das experiências de gestão da vida social centradas no mercado. No caso particular do Bitcoin, como vimos, determinismo tecnológico combinado à ideologia de mercado e, no interior desta, uma definição de dinheiro como coisa ou instrumento neutro, vem produzindo um conjunto de efeitos indesejados (e previsíveis) como concentração de poder e riqueza, exclusão e, no limite, o risco de eventual inoperância prática caso siga atado à equivocada e utópica projeção de sociedade que mobiliza.

É importante lembrar, uma vez mais que, no capitalismo, o Estado não pode existir sem o seu correlato em mercado, do mesmo modo que o mercado (longe de ser uma instituição racional, natural e ahistórica) não pode ser e funcionar como tal sem ter no Estado seu defensor, promotor e regulador; nas mais diversas formas que tais funções vêm assumindo ao longo da recente história deste modo de produção. Caberia falarmos aqui, então, de uma crítica do Estado-mercado ou do Mercado-Estado. A possibilidade de utilizar e desenvolver tais mecanismos em uma direção transformadora passa, pois, pela crítica não só do Estado, mas também da férrea e estrita racionalidade econômica imposta (em vinculação ao poder estatal) pelo mercado como modo de organização da vida social. A meio do caminho, centrada apenas em uma certa definição, simplista e equivocada, de Estado como ente abstrato, a ideologia libertária termina, como se fizesse uma "revolução", por reforçar os elementos fundamentais da hegemonia social e econômica capitalista.

Sob o capitalismo, um dado regime de acumulação é sempre levado a mobilizar um aparato correlato de repressão, disciplinamento e controle social. Se tal constatação segue válida, faz-se necessário destacar também, em seu interior, a especificidade de nossa conjuntura. Assim é que precisaremos conceder que, a despeito de qualquer política duvidosa que possa inspirá-los, é, em grande parte, correto o diagnóstico e legítimo o alerta emitido por movimentos de *hackers* e ciberativistas em todo o mundo (ainda que a ideologia libertária tenda a nos aproximar ao invés de nos afastar da distopia que denunciam). De fato, em nossa época, o aumento e intensificação dos fluxos de comunicação em todos os níveis têm amparado a penetração, em termos técnicos e político-ideológicos, de sofisticados mecanismos de controle e vigilância de massa; e a luta pelo poder frente, face ou entre os Estados e corporações não existe mais apartada do mundo digital, virtual, maquínico – que reúne humanos e não humanos, meio ambiente, redes e mundo físico.

Em meio a este quadro, recursos como a criptografia, artefatos diversos para a proteção da privacidade e identidade frente aos abusos cometidos pelo poder estatal e corporativo, mecanismos de administração descentralizada e colaborativa, todos podem eventualmente representar formas criativas e produtivas de dirigir a transformação social em um sentido mais comunitário e igualitário, em que a autonomia coletiva e individual jogue um papel importante na construção da liberdade social. A contribuição que tais mecanismos, mesmo que de modo restrito, vêm oferecendo à resistência de grupos, coletivos e comunidades contra o poder de Estados autoritários e grandes corporações é digna de nota. Frente à pretensão de privacidade total para o capital que acompanha a busca por transparência total para os cidadãos, por apropriação sem limites de dados públicos e privados para fins empresariais e pelo crescente processo de "socialização" capitalista quanto aos dados e informações, não há mais como conceber uma insurgência com real capacidade de reconfiguração estrutural da vida social sem considerar a necessidade de tais mecanismos. Por isso é que valores comunitaristas e comunitarizantes, em prol da soberania popular, bem como de uma atualizada e renovada crítica sistêmica ao capital, à forma valor, à propriedade privada e ao controle privado da produção social precisam, de algum modo, chegar também, ainda que não só, aos movimentos e comunidades de técnicos, *hackers* e ativistas da internet, algo que não tem ocorrido, até aqui, com a intesidade necessária.

De volta às fronteiras de nosso objeto de análise, sabemos que a tecnologia *Blockchain* poderá ser potencialmente apropriada por

Bancos Centrais para a emissão de moedas nacionais, por bancos privados e empresas na facilitação de suas transações e mesmo por cooperativas para seus pagamentos e transações internas. Ao menos até agora, o *Blockchain* é uma tecnologia aberta, podendo ser utilizada de modo público e/ou privado. Mas, como no caso mais amplo da internet, também aqui deve ocorrer uma acirrada disputa em torno da mercantilização da nova tecnologia, ou seja, entre aqueles que pretendem assegurar um fluxo contínuo de ganhos por meio da criação de direitos de propriedade e a maioria que procura se beneficiar das formas abertas e colaborativas de produção e disseminação de conhecimento e informações.

Frente a isso, ainda nas fronteiras dessa intrigante tecnologia que serve de base ao Bitcoin, alguém poderá se perguntar, por fim, sobre a possibilidade da construção de um mecanismo que sirva para controlar não apenas a produção de dinheiro, mas também sua dinâmica distributiva e seus impactos nas relações entre credores e devedores, ou seja, uma plataforma projetada para redistribuir a riqueza de forma equitativa – ou até mesmo, indo além, sobre a possibilidade do *Blockchain*, como tecnologia de gestão distribuída e colaborativa de informações, vir a ser utilizado em prol de formas ampliadas de governança comunista ou socialista[302]. Ainda que tal experimento mental seja estimulante, e certamente tentador, alargando as fronteiras da criação política, amparado nas conclusões deste trabalho seríamos levados a responder que, para além de qualquer disputa em torno da relevância técnica de tais ou quais plataformas, algoritmos e tecnologias que, bem-intencionadas ou não, pretendam-se acima da política, deve-se promover uma reafirmação ativa e transformadora do poder político sobre a economia e a técnica, já que em questão está um complexo de relações sociais que organizam e estruturam a vida socioprodutiva. É evidente que tal ressalva não pode servir para inviabilizar a especulação e mesmo a eventual implementação de projetos de inovação social, mas sim para alertar que, em meio a

---

[302] A esse respeito, ver, por exemplo, Huckle e White (2016).

lutas sociais, noções como justiça, igualdade, liberdade, entre outras, estão sempre, e inevitavelmente, sob disputa; algo que mesmo o mais fascinante dos algoritmos encontrará imensas dificuldades para resolver de uma vez por todas. Por isso, parece pouco provável que um processo apolítico, algorítmico e estritamente técnico de distribuição de riqueza possa ser alcançado. Que tecnologias diversas sirvam a esse propósito, não há nenhum óbice, pelo contrário, mas, novamente, tais ferramentas serão tão mais úteis quanto mais claramente submetidas estiverem a valores, princípios, horizontes e processos legitimados politicamente, que nos envolvam democraticamente a todos, desenvolvedores, técnicos, especialistas, usuários e cidadãos.

Posfácio

Fernanda Antônia da Fonseca Sobral
Departamento de Sociologia – Universidade de Brasília (UnB)
Vice-presidente da Sociedade Brasileira para o Progresso da Ciência (SBPC)

Foi um prazer e um desafio participar da banca da tese de doutorado de Edemilson Paraná, *Dinheiro e poder social: um estudo sobre o Bitcoin*, que agora se torna livro e sobre o qual tenho também a honra de refletir junto ao público. Naquele momento, tive prazer pelo que pude aprender e discutir, ainda que tenha tido o desafio de compreender um objeto tão complexo como o dinheiro, considerando que sou uma socióloga que trabalha sobretudo com produção de conhecimento e política de ciência e tecnologia.

Porém, esse é um dos principais méritos do livro de Edemilson Paraná. Ele transita entre Economia, Sociologia e Política. A teoria do dinheiro por ele construída, a partir de várias contribuições marxistas, chega à ideia de dinheiro como relação social, mostrando também outras dimensões e aspectos da materialidade social do dinheiro.

A interdisciplinaridade ou multidisciplinaridade é uma das principais tendências da produção do conhecimento no atual século, tanto pelo fato de várias disciplinas se associarem para tentar oferecer soluções para problemas básicos da sociedade, numa dimensão mais aplicada do conhecimento, como diante da complexidade de um objeto que, para sua explicação, requer que várias disciplinas também se associem. Este é o caso do presente livro, pois não se explica o dinheiro no capitalismo sem analisar o poder e nem se explica o poder no capitalismo sem falar em dinheiro.

E o Bitcoin? Trata-se de uma moeda digital, tecnologizada, que, segundo o autor, é um produto do capitalismo liberal caracterizado por um novo regime de acumulação dominado pela valorização financeira e suas formas sócio-regulatórias e ideológicas correspondentes, embora apareça também como baseada em uma ideologia libertária, antissistema e antiestatizante, como aquela trazida pelos movimentos de *hackers*, ciberativistas, criptoanarquistas e *cypherpunks*.

Ainda seguindo seu pensamento, essa criptomoeda surgiu a partir de um conjunto de desenvolvimentos históricos, socioeconômicos e ideológicos. Porém, se as ideias neoliberais, fruto da teoria econômica ortodoxa, constituem a base de sua sustentação ideológica-programática, as criptomoedas decorrem também de outros andamentos de ordem cognitiva (os avanços da criptografia e da matemática dos algoritmos, por exemplo) e do desenvolvimento das tecnologias de informação e comunicação, que possibilitaram o grande aumento do processamento computacional.

Assim, mais uma vez, fica demonstrado que certos avanços tecnológicos são resultado do contexto econômico e político, mas também de certos avanços no conhecimento. Ou seja, esse dinheiro que incorpora tecnologia, além de ser fruto do poder econômico e político, também representa o poder da tecnologia.

Concluindo, posso afirmar que o livro de Edemilson Paraná irá se tornar uma referência na análise das novas facetas apresentadas pelo capitalismo na contemporaneidade.

Referências

AGAMBEN, G. *Estado de exceção: homo sacer*, II, 1. São Paulo: Boitempo, 2011.

AGLIETTA, M. *A Theory of Capitalist Regulation*. New York and London: Verso, 1979.

AGLIETTA, M.; ORLÉAN, A. *A Violência da Moeda*. São Paulo: Brasiliense, 1990.

_____.; ANDREAU, J.; ANSPACH, M. Introduction. In: AGLIETTA, M.; ORLÉAN, A. (eds.). *La Monnaie Souveraine*. Paris: Odile Jacob, 1998, p. 9-31.

_____.; ORLÉAN, A. *La Monnaie Entre Violence et Confiance*. Paris: Odile Jacob, 2002.

ALTHUSSER, L. *Ideologia e aparelhos ideológicos de Estado*. Lisboa: Editorial Presença; São Paulo: Martins Fontes, 1974.

_____. *A Favor de Marx*. Rio de Janeiro: Zahar Editores, 1979.

_____. *Machiavelli and Us*. Ed. MATHERON, F. London, New York: Verso, 1999.

_____. *Philosophy of the Encounter*. Later Writings 1978-86. London: Verso, 2006.

_____.; BALIBAR, E.; ESTABLET, R.; MACHEREY, P.; RANCIÈRE, J. *Ler o capital*, v. II. Rio de Janeiro: Zahar editores, 1980.

ANDERSON, P. Balanço do neoliberalismo. In: SADER, E.; GENTILI, P. (Org.). *Pós- neoliberalismo: as políticas sociais e o Estado democrático*. Rio de Janeiro, Paz e Terra, 1995.

ANDROULAKI, E.; O KARAME, G.; ROESCHLIN, M.; SCHERER, T.; CAPKUN, S. Evaluating User Privacy in Bitcoin. *IACR Cryptology ePrint Archive*, 596, 2012.

ARTHUR, C. J. Money and the form of value. In: BELLOFIORE, R.; TAYLOR, N. (eds.). *The Constitution of Capital*. Basingstoke/New York: Palgrave Macmillan, 2004, cap. 2.

_____. Value and Money. In: MOSELEY, F. (Ed.). *Marx's Theory of Money*: Modern Appraisals. New York: Palgrave Macmillan, 2005, p. 111-123.

ASSANGE, J.; APPELBAUM, J.; MULLER-MAGUHN, A.; ZIMMERMANN, J. *Cypherpunks*: liberdade e o futuro da internet. São Paulo: Boitempo, 2013.

BABAIOFF, M.; DOBZINSKI, S., OREN, S.; ZOHAR, A. On Bitcoin and Red Balloons. *Proceedings of the 13th ACM Conference on Electronic Commerce* (EC'12), Valencia, Spain, 56-73, 2012.

BALIBAR, E. *Cinco estudos do materialismo histórico*. Lisboa: Editorial Presença, 1975.

_____. Self-criticism. An answer to questions from Theoretical Practice. *Theoretical Practice*, 7-8, p. 56-72, 1973.

_____. *La philosophie de Marx*. Paris: La Découverte, 1993.

_____. *Lieux et noms de la vérité*. Paris: L'Aube, 1994.

_____. *La crainte des masses*. Politique et philosophie avant et après Marx, Paris: Galilée, 1997.

BANK OF ENGLAND. One Bank Research Agenda. *Discussion Paper*. London: Bank of England, 2015. Disponível em: https://www.bankofengland.co.uk/-/media/boe/files/research/one-bank-research-agenda---summary.pdf?la=en&hash=B2C820FBF6A960C4A625C2DAB-5B5B6CE4FEDF120. Acesso em: 20 jan. 2020.

BARAN, P.; SWEEZY, P. *Capitalismo Monopolista*. Rio de Janeiro: Zahar, 1974.

BARBER, S.; BOYEN, X, SHI, E.; UZUN, E. Bitter to better: How to make Bitcoin a better currency. In: KEROMYTIS, A. D. (ed.) *Financial Cryptography and Data Security*. Berlin: Springer, p. 399-414, 2012.

BARBROOK, R.; CAMERON, A. The Californian Ideology. *Science as Culture* 6, n.1, p. 44-72, 1996.

BARRATT, M. J. Silk road: eBay for drugs. *Addiction*, 107(3), p. 683-684, 2012.

BECH, M.; GARRATT, R. Central bank cryptocurrencies. *BIS Quarterly Review*, p. 55-70, September, 2017.

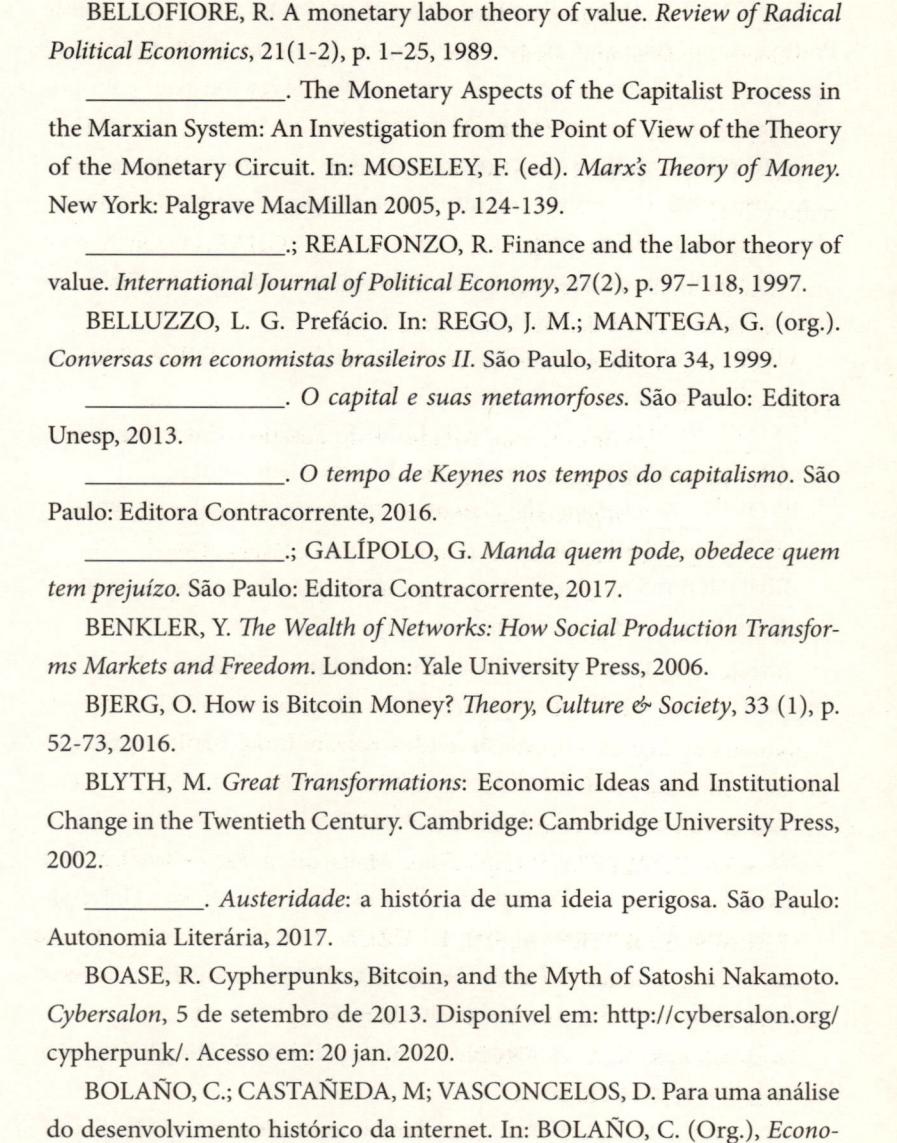

BELLOFIORE, R. A monetary labor theory of value. *Review of Radical Political Economics*, 21(1-2), p. 1-25, 1989.

_____. The Monetary Aspects of the Capitalist Process in the Marxian System: An Investigation from the Point of View of the Theory of the Monetary Circuit. In: MOSELEY, F. (ed). *Marx's Theory of Money*. New York: Palgrave MacMillan 2005, p. 124-139.

_____.; REALFONZO, R. Finance and the labor theory of value. *International Journal of Political Economy*, 27(2), p. 97-118, 1997.

BELLUZZO, L. G. Prefácio. In: REGO, J. M.; MANTEGA, G. (org.). *Conversas com economistas brasileiros II*. São Paulo, Editora 34, 1999.

_____. *O capital e suas metamorfoses*. São Paulo: Editora Unesp, 2013.

_____. *O tempo de Keynes nos tempos do capitalismo*. São Paulo: Editora Contracorrente, 2016.

_____.; GALÍPOLO, G. *Manda quem pode, obedece quem tem prejuízo*. São Paulo: Editora Contracorrente, 2017.

BENKLER, Y. *The Wealth of Networks: How Social Production Transforms Markets and Freedom*. London: Yale University Press, 2006.

BJERG, O. How is Bitcoin Money? *Theory, Culture & Society*, 33 (1), p. 52-73, 2016.

BLYTH, M. *Great Transformations*: Economic Ideas and Institutional Change in the Twentieth Century. Cambridge: Cambridge University Press, 2002.

_____. *Austeridade*: a história de uma ideia perigosa. São Paulo: Autonomia Literária, 2017.

BOASE, R. Cypherpunks, Bitcoin, and the Myth of Satoshi Nakamoto. *Cybersalon*, 5 de setembro de 2013. Disponível em: http://cybersalon.org/cypherpunk/. Acesso em: 20 jan. 2020.

BOLAÑO, C.; CASTAÑEDA, M; VASCONCELOS, D. Para uma análise do desenvolvimento histórico da internet. In: BOLAÑO, C. (Org.), *Economia Política da Internet*. São Cristóvão: Editora UFS, 2007, p. 165-226.

BOLTANSKI, L.; CHIAPELLO, E. *O Novo Espírito do Capitalismo*. São Paulo: Martins Fontes, 2009.

BORCHGREVINK, J. Ron Paul Loves His Own Ron Paul Coin and Is Positive About Bitcoin. *CryptoCoinsNews*, 16 de janeiro, 2014. Disponível em: https://www.cryptocoinsnews.com/ron-paul-loves-ron-paul-coin-positive-bitcoin/. Acesso em: 20 jan. 2020.

BOURDIEU, P. The essence of neoliberalism. *Le Monde Diplomatique*, dezembro, 1998. Disponível em: http://mondediplo.com/1998/12/08Bourdieu. Acesso em: 20 jan. 2020.

BOYER, R. *The regulation school:* a critical introduction. New York: Columbia University Press, 1990.

BRITO, J.; CASTILLO, A. *Bitcoin: A Primer for Policymakers*. Mercatus Center; George Mason University, 2013.

BRÖKLING, U.; KRASMANN, S.; LEMKE, T. (Eds.). *Governmentality:* current issues and future challenges. London: Routledge, 2011.

BROWN, W. *Undoing the Demos: Neoliberalism's Stealth Revolution*. New York: Zone Books, 2015.

BRUNHOFF, S. de. *La oferta de moneda*. Crítica de un concepto. Buenos Aires: Editorial Tiempo Contemporaneo, 1975.

_____. Crise Capitalista e Política Econômica. In. POULANTZAS, N. (Ed.): *Estado em Crise*. Rio de Janeiro: Graal, 1977.

_____. *A Política Monetária:* Um Ensaio de Interpretação Marxista. Rio de Janeiro: Paz e Terra, 1978a.

_____. *A Moeda Em Marx*. Rio de Janeiro: Paz e Terra, 1978b.

_____. *Les rapports d'argent*. Grenoble: Presses Universitaires de Grenoble/François Maspero, 1979.

_____. *Estado e Capital:* Uma Análise da Política Econômica. Rio de Janeiro: Forense Universitária, 1985.

_____. *A hora do mercado:* crítica do liberalismo. São Paulo: Editora Unesp, 1991.

_____. Marx's Contribution to the Search for a Theory of Money. In: MOSELEY, F. (Ed.). *Marx's Theory of Money:* Modern Appraisals. New York: Palgrave Macmillan, 2005, p. 209-221.

BURCHELL, G.; GORDON, C.; MILLER, P. (Eds.). *The Foucault effect:* studies in governmentality. Chicago: University of Chicago Press, 1991.

BUSTILLOS, M. Inside the Fight Over Bitcoin's Future. *The New Yorker*, 25 de agosto, 2015. Disponível em: http://www.newyorker.com/business/currency/inside-the-fight-over-bitcoins-future/. Acesso em: 20 jan. 2020.

BUTERIN, V. DAOs, DACs, Das, and More: An Incomplete Terminology Guide. *Ethereum Blog*, 06 de maio, 2014. Disponível em: https://blog.ethereum.org/2014/05/06/daos-dacs-das-and-more-an-incomplete-terminology-guide/. Acesso: 20 jan. 2020.

CALNITSKY, D. Economic Sociology as Disequilibrium Economics: A Contribution to the Critique of the New Economic Sociology. *The Sociological Review*, v. 62, n. 3, p. 565 - 592, agosto, 2014.

CAMPBELL, M. Marx's theory of money: a defense. In: MOSELEY, F.; CAMPBELL, M. (eds). *New Investigations of Marx's Method*. Atlantic Highlands, NJ: Humanities Press) 1997, p. 89–120.

_____. Money in the circulation of capital. In: ARTHUR, C.J.; REUTEN, G. (eds). *The Circulation of Capital: Essays on Volume II of Marx's Capital*. London/New York: Macmillan/St Martin's Press, 1998, p. 129–58.

_____. The Credit System. In: CAMPBELL, M.; REUTEN, G. (eds). *The Culmination of Capital; Essays on Volume III of Marx's 'Capital'*. Basingstoke/New York, Palgrave–Macmillan, 2002, p. 212–27.

_____. Marx's Explanation of Money's Functions: Overturning the Quantity Theory. In: MOSELEY, F. (ed). *Marx's Theory of Money*. New York: Palgrave MacMillan 2005, p. 143–159.

CARCANHOLO, R. A. O capital especulativo e a desmaterialização do dinheiro. In: *Revista da SEP*, n. 8, dezembro, p. 26-45, 2001.

CARNOY, M. *Estado e Teoria Política*. Campinas: Papiros, 1986.

CASTELLS, M. *A Sociedade em rede*. A era da informação: economia, sociedade e cultura; v. 1. São Paulo: Paz e Terra, 1999.

CERRUTI, B. A. *Dear Milton Friedman:* A Decade of Lessons from an Economic Master. A Rational Advocate/Lulu Press, 2014.

CHAUM, D. 1983. Blind Signatures for Untraceable Payments. In: CHAUM, D.; RIVEST, R. L.; SHERMAN, A. T (eds). *Advances in Cryptology Proceedings of Crypto 82*. New York: Springer, 1983, p. 199-203.

CHESNAIS, F. Introdução geral. In: _____ (org.). *A mundialização financeira*: gênese, custos e riscos. São Paulo: Xamã, 1998, p 11-36.

_____. Nova economia: uma conjuntura específica da potência hegemônica no contexto da mundialização do capital. *Revista da Sociedade Brasileira de Economia Política*, Rio de Janeiro, 7 Letras, n. 9, p. 53-85, dez., 2001.

CHOMSKY, N. Creating the Horror Chamber. *Jacobin*, 29 de julho, 2015. Disponível em: https://www.jacobinmag.com/2015/07/chomsky-interview-citizens-united-democracy-higher-education/. Acesso em: 20 jan. 2020.

CHRISTIN, N. Traveling the Silk Road: A Measurement Analysis of a Large Online Anonymous Marketplace. *Proceedings of the 22nd International World Wide Web Conference (WWW'13)*, p. 213–24. Rio de Janeiro, Brasil, maio, 2013.

COLLINS, R. Review of M. Mayer, The Bankers. *American Journal of Sociology*, 85, p. 190-4, 1979.

CORAZZA, G. Marx e Keynes sobre dinheiro e economia monetária. *Revista da SEP*, dezembro, n. 3, p. 45-58, 1998.

DAI, W. *B-money*. 1998. Disponível em: http://www.weidai.com/bmoney.txt. Acesso em: 20 jan. 2020.

DALE, G. Lineages of Embeddedness: On the Antecedents and Successors of a Polanyian Concept. *Journal of Economics*, 70 (2), p. 306-339, 2011.

DARDOT, P.; LAVAL, C. *A Nova Razão do Mundo*. São Paulo: Boitempo, 2016.

DIMOULIS, D.; MILIOS, J. Commodity Fetishism vs. Capital Fetishism Marxist Interpretations vis-à-vis Marx's Analyses in Capital. *Historical Materialism*, v. 12:3, p. 3-42, 2004.

DODD, N. *A Sociologia do Dinheiro*. Rio de Janeiro: Editora Fundação Getúlio Vargas, 1997.

_____. Reiventing moneis in Europe. *Economy and Society*, v.34, n.4, November, p. 558-583, 2005.

_____. *The Social Life of Money*. Princeton, NJ: Princeton University Press, 2014.

_____. The Social Life of Bitcoin. *Theory, Culture & Society*, 0 (0), p. 1–22, 2017.

DUIVESTEIN, S. Bitcoin 2.0 Enables Autonomous, Leaderless Organizations. *Sogeti Labs*, 12 de março, 2015. Disponível em: http://labs.sogeti.com/dawn-decentralized-autonomous-corporations/. Acesso em: 20 jan. 2020.

DUMÉNIL; G.; LÉVY, D. *Capital Resurgent*: Roots of the Neoliberal Revolution. Cambridge, MA; London: 2004.

DUPONT, Q. The Politics of Cryptography: Bitcoin and the Ordering Machines. *Journal of Peer Production*, 4, jan, 2014. Disponível em: http://peerproduction.net/issues/issue-4-value-and-currency/peer-reviewed-articles/the-politics-of-cryptography-bitcoin-and-the-ordering-machines/. Acesso em 20 jan. 2020.

DUSSEL, E. *Towards an Unknown Marx*. A Commentary on the Manuscripts 1861-63. London: Routledge, 2001.

EICHENGREEN, B. *Golden Fetters*: The Gold Standard and the Great Depression 1919 - 1939. New York: Oxford University Press, 1996.

_____. *Globalizing Capital:* A History of the International Monetary System. Princeton, NJ: Princeton University Press, 1998.

_____. *Privilégio Exorbitante*: a ascensão e queda do dólar e o futuro do sistema monetário internacional. Rio de Janeiro: Elsevier, 2011.

ELSON, D (ed.). *Value, The Representation of Labour in Capitalism*. London: CSE Books, 1979.

EYAL, I.; SIRER, E. G. Majority is not Enough: Bitcoin Mining is Vulnerable. *arXiv:1311.0243*, novembro, 2013. Disponível em: http://arxiv.org/abs/1311.0243. Acesso em: 20 jan. 2020.

FALKVINGE, R. Bitcoin's Vast Overvaluation Appears Partially Caused by (Usually) Illegal Price-Fixing. *Falkvinge.net*, 13 de setembro, 2013. Disponível em: https://falkvinge.net/2013/09/13/bitcoins-vast-overvaluation-seems-to-be-caused-by-usually-illegal-price-fixing/. Acesso em: 20 jan. 2020.

FELTEN, E. Bitcoin Mining Now Dominated by One Pool. *Freedom to Tinker*, 16 de junho de 2014. Disponível em: https://freedom-to-tinker.com/2014/06/16/bitcoin-mining-now-dominated-by-one-pool/. Acesso em 20 jan. 2020.

FERNHOLZ, T. Silk Road collected 9.5 million bitcoin – and only 11.75 million exist. *Quartz*, 02 de outubro, 2013. Disponível em: http://qz.com/131084/silk-road-collected-9-5-million-bitcoin-and-only-11-75-million-exist/. Acesso em: 20 jan. 2020.

FEVRE, R. *Individualism and Inequality:* The Future of Work and Politics. Cheltenham, Northampton: Edward Elgar, 2016.

FILIPPI, P. de; LOVELUCK, B. The invisible politics of Bitcoin: governance crisis of a decentralised infrastructure. *Internet Policy Review*, v.5, n.3, set., 2016.

FINE, B. (ed.). *The Value Dimension, Marx versus Ricardo and Sraffa*. London: Routledge & Kegan Paul, 1986.

_____.; HARRIS, L. *Rereading Capital*, London: Macmillan, 1979.

_____.; LAPAVITSAS, C. Markets and money in social theory: what role for economics? *Economy and Society*, v. 29, n. 3, August, p. 357–382, 2000.

FOLEY, D. Marx's Theory of Money in Historical Perspective. In: MOSELEY, F. (ed). *Marx's Theory of Money*. New York: Palgrave MacMillan 2005, p. 36–49.

FOUCAULT, M. *Nascimento da biopolítica*. Curso dado no Collège de France, 1978-1979. São Paulo: Martins Fontes, 2008.

_____ . *Dits et écrits*. Vol. II: 1976-1988. Paris: Gallimard, 2001.

FRIEDMAN, M. *Why Government Is the Problem*. Stanford, California: Hoover Institution Press, 1993.

_____. *Dollars and Deficits:* Inflation, Monetary Policy and the Balance of Payments. Englewood Cliffs, NJ: Prentice Hall, 1968.

FRISBY, D. *Bitcoin*: The Future of Money? London: Unbound Books, 2014.

GANSSMANN, H. The emergence of credit money. In: BELLOFIORE, R. (ed.) *Marxian Economics*: A Reappraisal, v. I: Method, Value, and Money. London: Palgrave, 1998.

GEMICI, K. Karl Polanyi and the Antinomies of Embeddedness. *Socio-Economic Review*, 6 (1), p. 5-33, 2007.

GERMER, C.M. Credit money and the functions of money in capitalism. *International Journal of Political Economy*, 27(1), p. 43–72, 1997.

_____. The commodity nature of money in Marx's theory. In: MOSELEY, F. (ed). *Marx's Theory of Money*. New York: Palgrave MacMillan 2005, p. 21-35.

GOLDFARB, R. (ed). *After Snowden:* privacy, secrecy and security in the information age. New York: Thomas Dunne Books, St. Martin's Press, 2015.

GOLUMBIA, D. Cyberlibertarianism: The Extremist Foundations of 'Digital Freedom'. *Palestra concedida à Clemson University*, setembro de 2013. Disponível em: http://www.uncomputing.org/wp-content/uploads/2014/02/cyberlibertarianism-extremist-foundations-sep2013.pdf. Acesso em: 20 jan. 2020.

_____. Crowdforcing: when what I 'share' is yours. *Uncomputing*, 10 de junho, 2015. Disponível em: http://www.uncomputing.org/?p=1658. Acesso em: 20 jan. 2020.

_____. *The Politics of Bitcoin:* Software as Right-Wing Extremism. Minneapolis: University of Minnesota Press, 2016.

GRAEBER, D. *Debt: The First 5,000 Years*. New York: Melville House Publishing, 2011.

GRAMSCI, A. *Selections from the Prision Notebooks*. New York: International Publishers, 1971.

_____. *Cadernos do cárcere*. V. 3. Rio de Janeiro: Civilização Brasileira, 2000.

GRANOVETTER, M. Economic Action and Social Structure: The Problem of Embeddedness. *American Journal of Sociology,* 91 (3), p. 481-510, 1985.

GRAZIANI, A. The Marxist theory of money. *International Journal of Political Economy*, 27(2): p. 26–50, 1997.

GRINBERG, R. Bitcoin: An Innovative Alternative Digital Currency. *Hastings Science & Technology Law Journal*, 4(1), p.159–208, 2011.

GRUPPI, L. *Tudo começou com Maquiavel*. Porto Alegre: LP&M, 1996.

GUTTMANN, R. *How Credit-Money Shapes the Economy:* The United States in a Global System. Armonk, NY: Sharpe, 1994.

HART, K. *Money in an Unequal World*. New York: Texere, 2001.

HARVEY, D. *O neoliberalismo:* história e implicações. São Paulo: Edições Loyola. 2008.

HAYEK, F. A. The Use of Knowledge in Society. *American Economic Review* - American Economic Association. XXXV, n. 4., p. 519-30, set., 1945.

_____. *Denationalisation of Money:* The Argument Refined. London: Institute of Economic Affairs, 1976.

_____. *O caminho da servidão.* São Paulo: Instituto Ludwig von Mises Brasil, 2010.

HEARN, M. Why is Bitcoin forking? *Medium,* 15 de agosto, 2015. Disponível em: https://medium.com/faith-and-%20future/why-is-bitcoin-forking-d647312d22c1. Acesso em 20 jan. 2020.

HEINRICH, M. *An Introduction to the Three Volumes of Karl Marx's Capital.* New York: Monthly Review Press, 2004.

HILL, K. *Secret Money:* Living on Bitcoin in the Real World. Forbes e-book, 2013.

HORTA, I. B. *O desenvolvimento da internet e os grandes bancos*: um estudo a partir das iniciativas do Bradesco. Dissertação (Mestrado) – Faculdade de Comunicação, Universidade de Brasília, Brasília, 2017.

HUCKLE, S.; WHITE M. Socialism and the Blockchain. *Future Internet,* 8, 49, 2016. Disponível em: www.mdpi.com/1999-5903/8/4/49/pdf. Acesso em: 20 jan. 2020.

INGHAM, G. Money is a social relation. *Review of Social Economy*, 54(4): 507–29, 1996.

_____. On the 'underdevelopment' of the sociology of money. *Acta Sociologica,* 41(10), p. 3-18, 1998.

_____. Fundamentals of a theory of money: Untangling Fine, Lapavitsas and Zelizer. *Economy and Society,* v. 30, n.3, August, p. 304-323, 2001.

_____. *The Nature of Money.* Cambridge: Polity Press, 2004.

_____. Further reflections on the ontology of money: responses to Lapavitsas and Dodd. *Economy and Society,* v. 35, n.2, May, p. 259-278, 2006.

ITOH, M. The New Interpretation and the Value of Money. In: MOSELEY, F. (ed). *Marx's Theory of Money*. New York: Palgrave MacMillan 2005, p. 117-191.

_____.; LAPAVITSAS, C. *Political Economy of Money and Finance*. New York: St. Martin's Press, 1999.

JESSOP, B. *Nicos Poulantzas*: marxist theory and political strategy. London: Macmillan, 1985.

_____. *State Theory*: Putting the Capitalist State in Its Place. Cambridge (UK): Polity, 1990.

_____. *The future of the capitalist state*. Cambridge: Polity Press, 2002.

_____. Estratégias de acumulação, formas estatais e projetos hegemônicos. In: *Revista Ideias*. Ano 14, (1/2), 2007.

_____. The State. In: FINE, B.; SAAD-FILHO, A. *The Elgar Companion to Marxist Economics*. Cheltenham, UK; Northampton, MA, US: Edward Elgar, 2012, p. 331-340, 2012.

_____. Finance-dominated accumulation and post-democratic capitalism. In: FADDA, S.; TRIDICO, P. (eds). *Institutions and Economic Development after the Financial Crisis*. London: Routledge, 2013, p. 83-105.

KAMINSKA, I. Democratising Finance: Vision for Bitcoin is Beginning to Fade. *Financial Times*, 3 de fevereiro, 2015. Disponível em: https://www.ft.com/content/f5937b80-7ee8-11e4-b83e-00144feabdc0. Acesso em 20 jan. 2020.

KARLSTRØM, H. Do libertarians dream of electric coins? The material embeddedness of Bitcoin. Distinktion: *Scandinavian Journal of Social Theory*, 15 (1), p. 23-46, 2014.

KEISER, M. Should Palestine switch from the shekel to Bitcoin? *RT*, 21 de maio, 2013. Disponível em: https://www.rt.com/op-ed/palestine-switch-to-bitcoin-558/. Acesso em: 20 jan. 2020.

KEYNES, J. M. *A Teoria Geral do Emprego, do Juro e da Moeda*. Coleção Os Economistas. São Paulo: Editora Nova Cultural, 1996.

_____. *A Treatise on Money*, v.1, The pure theory of money. Cambridge, UK: Cambridge University Press, 2013.

KINDLEBERGER, C. P.; ALIBER, R. Z. *Manias, Pânicos e Crises*: Uma História Das Crises Financeiras. São Paulo: Saraiva, 2013.

KLEIN, N. *The shock doutrine*: The rise of disaster capitalism. New York: Metropolitan Books, 2007.

KNAFO. Value-form approach. In: FINE, B.; SAAD-FILHO, A. (eds.). *The Elgar Companion to Marxist Economics*. Cheltenham/Northhampton: Edward Elgar Publishing, 2012, p. 367-372.

KNAPP, G. F. *The State Theory of Money*. New York: Augustus M. Kelley, 1973.

KNOOR-CETINA, K.; PREDA, A. (eds). *The Sociology of Financial Markets*. Oxford: Oxford University Press, 2005.

_____. *The Oxford Handbook of the Sociology of Finance*. New York: Oxford University Press, 2013.

KOSTAKIS, V.; GIOTITSAS, C. The (a)political economy of Bitcoin. *TripleC: Communication, Capitalism & Critique*, 12(2): 431–440, 2014.

_____.; BAUWENS, M. *Network Society and Future Scenarios for a Collaborative Economy*. Basingstoke, UK: Palgrave Macmillan, 2014.

KRIPPNER, G. R. The Elusive Market: Embeddedness and the Paradigm of Economic Sociology. *Sociology The Journal Of The British Sociological Association*, 30 (6), p. 775-810, 2001.

KROLL, J. A.; DAVEY, I. C.; FELTEN, E. W. The Economics of Bitcoin Mining, or Bitcoin in the Presence of Adversaries. *The Twelfth Workshop on the Economics of Information Security*, Washington, DC, 2013.

LABICA, G. Fétichisme (de la marchandise). In: Georges LABICA, G.; BENSUSSAN, G. (eds). *Dictionnaire critique du marxisme*. Paris: PUF, 1985.

LAPAVITSAS, C. Money and the analysis of capitalism: The significance of commodity money. *Review of Radical Political Economy*, 32(4): p. 631–656, 2000.

_____. The theory of credit money: A structural analysis. *Science and Society*, 55(3), p. 291–322, 1991.

_____. The social relations of money as universal equivalent: a response to Ingham. *Economy and Society*, v. 34, n. 3, p. 389-403, 2005a.

_____. The Universal Equivalent as Monopolist of the Ability to Buy. In: MOSELEY, F. (ed). *Marx's Theory of Money*. New York: Palgrave MacMillan, 2005b, p. 95-110.

_____.; SAAD-FILHO, A. The Supply of Credit Money and Capital Accumulation: a Critical View of Post-Keynesian Analysis. *Research in Political Economy*, 18, p. 309–334, 2000.

LESSIG, L. *Code*. Version 2.0. New York: Basic Books, 2006.

LEVY, S. *Crypto*: How the Code Rebels Beat the Government-Saving Privacy in the Digital Age. Penguin, 2001.

LIPIETZ, A. *The Enchanted World*: Inflation, Credit and the World Crisis. London: Verso, 1985.

LIKITKIJSOMBOON, P. *Marx's Theory of Money*: A Critique, PhD thesis, Cambridge University, May 1990.

_____. Marx's Anti-Quantity Theory of Money: A Critical Evaluation. In: MOSELEY, F. (ed). *Marx's Theory of Money*. New York: Palgrave MacMillan, 2005, p. 160–176.

LOPP, J. Bitcoin and the Rise of the Cypherpunks. *CoinDesk*, 9 de abril, 2016. Disponível em: https://www.coindesk.com/the-rise-of-the-cypherpunks/. Acesso em 20 jan. 2020.

LOSURDO, D. *Liberalism*: A Counter-History. London, New York: Verso, 2011.

MALCOLM, J. Internet Freedom in a World of States. Paper presented at *WSIS+10 Review*, February 27, 2013. Disponível em: http://www.intgovforum.org/cms/wks2013/workshop_background_paper/64_1367863304.pdf. Acesso em: 20 jan. 2020.

MALMO, C. Bitcoin Is Unsustainable. *Vice Motherboard*, 29 de junho de 2015. Disponível em: https://motherboard.vice.com/en_us/article/ae3p7e/bitcoin-is-unsustainable. Acesso em: 20 jan 2020.

MARTINS, S.; YANG, Y. Introduction to Bitcoins: A Pseudo-anonymous Electronic Currency System. CASCON '11 *Proceedings of the 2011 Conference of the Center for Advanced Studies on Collaborative Research*, 2011, p. 349–350. Disponível em: https://dl.acm.org/citation.cfm?id=2093944&dl=ACM&coll=DL. Acesso em: 20 jan 2020.

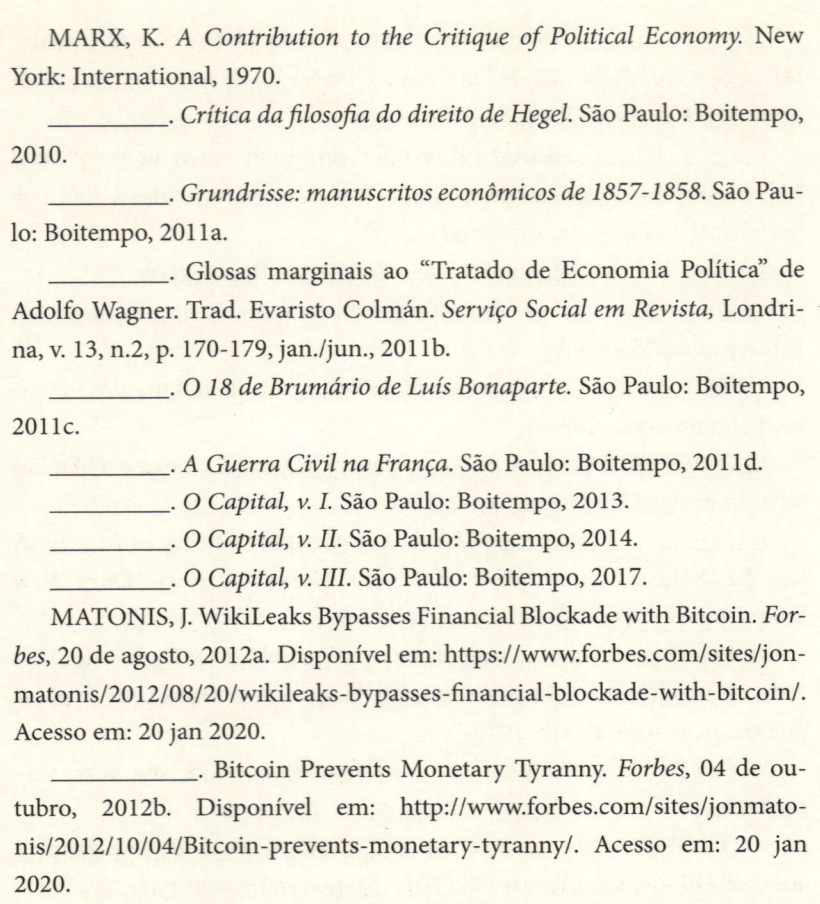

MARX, K. *A Contribution to the Critique of Political Economy*. New York: International, 1970.

_____. *Crítica da filosofia do direito de Hegel*. São Paulo: Boitempo, 2010.

_____. *Grundrisse: manuscritos econômicos de 1857-1858*. São Paulo: Boitempo, 2011a.

_____. Glosas marginais ao "Tratado de Economia Política" de Adolfo Wagner. Trad. Evaristo Colmán. *Serviço Social em Revista*, Londrina, v. 13, n.2, p. 170-179, jan./jun., 2011b.

_____. *O 18 de Brumário de Luís Bonaparte*. São Paulo: Boitempo, 2011c.

_____. *A Guerra Civil na França*. São Paulo: Boitempo, 2011d.

_____. *O Capital, v. I*. São Paulo: Boitempo, 2013.

_____. *O Capital, v. II*. São Paulo: Boitempo, 2014.

_____. *O Capital, v. III*. São Paulo: Boitempo, 2017.

MATONIS, J. WikiLeaks Bypasses Financial Blockade with Bitcoin. *Forbes*, 20 de agosto, 2012a. Disponível em: https://www.forbes.com/sites/jonmatonis/2012/08/20/wikileaks-bypasses-financial-blockade-with-bitcoin/. Acesso em: 20 jan 2020.

_____. Bitcoin Prevents Monetary Tyranny. *Forbes*, 04 de outubro, 2012b. Disponível em: http://www.forbes.com/sites/jonmatonis/2012/10/04/Bitcoin-prevents-monetary-tyranny/. Acesso em: 20 jan 2020.

MAURER B, NELMS, TC; SWARTZ. L.When perhaps the real problem is money itself!: The practical materiality of Bitcoin. *Social Semiotics*, 23(2), p. 261–277, 2013.

McCHESNEY, R. W. *Digital Disconnect*. New York: The New Press, 2013.

MEIKLEJOHN S., POMAROLE, M.; JORDAN, G.; LEVCHENKO, K.; MCCOY, D.; VOELKER, G. M.; SAVAGE, S. A fistful of bitcoins: Characterizing payments among men with no names. In: *Proceedings of the 2013 Conference on Internet Measurement Conference*. New York: ACM, p. 127–40, 2013.

_____.; ORLANDI, C. Privacy-Enhancing Overlays in Bitcoin. *Financial Cryptography and Data Security Nineteenth Annual Conference*, 2015. Disponível em: http://fc15.ifca.ai/. Acesso em 20 jan 2020.

MILIOS, J. Rethinking Marx's Value-Form Analysis from an Althusserian Perspective. *Rethinking Marxism:* A Journal of Economics, Culture & Society, v. 21, n. 2, p. 260-274, 2009.

_____.; DIMOULIS, D.; ECONOMAKIS, G. *Karl Marx and the Classics*. An Essay on Value, Crises, and the Capitalist Mode of Production, Aldershot: Ashgate, 2002.

MILL, J. S. *Sobre a Liberdade*. Clássicos do Pensamento Político, v. 22. Petrópolis, RJ: Vozes, 1991.

MIROWSKI, P. Posface: Defining Neoliberalism. In: MIROWSKI, P.; PLEHWE, D. (eds.). *The Road From Mont Pèlerin:* The Making of the Neoliberal Thought Collective. Cambridge, MA: Harvard University Press, 2009, p. 417 – 455.

_____. *Never Let a Serious Crisis Go to Waste:* How Neoliberalism Survived the Financial Meltdown. New York: Verso Books, 2014.

MOLLO, M.L.R. *Monnaie, valeur et capital fictif*. Thèse de Doctorat, Université de Paris X – Nanterre, 1989.

_____. A relação entre Moeda e Valor em Marx. *Revista de Economia Política*, vol. 11, n.2, abril-junho, p. 40-59, 1991.

_____. A questão da complementariedade das funções da moeda: aspectos teóricos e a realidade das hiperinflações. *Ensaios FEE*, v. 14, n.1, p. 117-143, 1993.

_____. As controvérsias monetárias do século XIX. *Ensaios FEE*, (15) 1, p. 80-97, 1994.

_____. A importância analítica da moeda em Marx e Keynes. *Análise Econômica*, ano 16, n. 29, março, p. 5-20, 1998.

_____. A concepção marxista de Estado: considerações sobre antigos debates com novas perspectivas. *Economia*, Niterói - Rio de janeiro, v. 2, n. 2, p. 347-389, Jul./Dez, 2001.

_____. Ortodoxia e Heterodoxia Monetárias: a questão da neutralidade da moeda. *Revista de Economia Política*, vol. 24, n. 3 (95), julho-setembro, 2004.

_____. Valor e Dinheiro nos Grundrisse: uma discussão contemporânea. In: DE PAULA (Org.). *O Ensaio Geral*: Marx e Crítica da Economia Política (1857-1858). Belo Horizonte: Editora Autentica, 2010.

_____. Aula Magna: 'Sobre a Importância Analítica da Moeda'. *44º Encontro Nacional de Economia - ANPEC*, Foz do Iguaçu - PR, mimeo, 2016.

_____. La monnaie comme rapport social dans la pensée hétérodoxe française. In: DURAND, C. (org.). *Penser la monnaie et la finance avec Marx*. Paris: PUR, 2018.

MOROZOV, E. *The net delusion*: the dark side of internet freedom. New York: Public Affairs, 2011.

MOSELEY, F. The "monetary expression" of labor in the case of non-commodity money. Texto para discussão. *Mount Holyoke College*, nov. 2004. Disponível em: http://www.mtholyoke.edu/~fmoseley/Working_Papers_PDF/melt.pdf. Acesso em: 20 jan 2020.

MOSELEY, F (ed.). *Marx's Theory of Money*: Modern Appraisals. New York: Palgrave Macmillan, 2005a.

_____. Introduction. In: MOSELEY, F. (ed.) *Marx's Theory of Money*. New York: Palgrave MacMillan 2005b, p. 1-18.

_____. Money has no Price: Marx's Theory of Money and the Transformation Problem. In: MOSELEY, F. (ed.) *Marx's Theory of Money*. New York: Palgrave MacMillan 2005c, p. 192–208.

_____. Marx's theory of money as the measure of value: a critique of Reuten's interpretation "Value-Form" Interpretation of Part 1 of Volume 1 of Capital. Texto para discussão. *Mount Holyoke College*, 2010. Disponível em: http://www.mtholyoke.edu/~fmoseley/Working_Papers_PDF/measure.pdf Acesso em: 20 jan. 2020.

_____. The determination of 'monetary expression of labor time' (MELT) in the case of non-commodity money. In: *Review of Radical Political Economics*, vol. 43 (1), p. 95-105, 2011.

MÖSER, M. Anonymity of Bitcoin Transactions An Analysis of Mixing Services. *Münster Bitcoin Conference (MBC)*, 2013. Disponível em: https://www.wi.uni-muenster.de/sites/wi/files/public/department/itsecurity/mbc13/mbc13-moeser-paper.pdf. Acesso em 20 jan. 2020.

MURRAY, P. Money as Displaced Social Form: Why Value cannot be Independent of Price. In: MOSELEY, F. (ed). *Marx's Theory of Money*. New York: Palgrave MacMillan, 2005, p. 50–64.

NAKAMOTO, S. Bitcoin: A peer-to-peer electronic cash system, 2008. Disponível em: https://bitcoin.org/bitcoin.pdf. Acesso em: 20 jan. 2020.

_____. Bitcoin Open Source Implementation of P2P Currency. *P2P Foundation*, 11 de fevereiro, 2009. Disponível em: http://p2pfoundation.ning.com/forum/topics/bitcoin-open-source. Acesso em: 20 jan. 2020.

NELSON, A. Marx's Objections to Credit Theories of Money. In: MOSELEY, F. (ed). *Marx's Theory of Money*. New York: Palgrave MacMillan, 2005, p. 65–77.

OFFE, C. Dominação de classe e sistema político: sobre a seletividade das instituições políticas. In: *Problemas estruturais do Estado capitalista*. Rio de Janeiro: Tempo Brasileiro, 1984, p. 140-77.

OLMA, S. Never Mind the Sharing Economy: Here's Platform Capitalism. *Institute of network Cultures*, 16 de outubro, 2014. Disponível em: http://networkcultures.org/mycreativity/2014/10/16/never-mind-the-sharing-economy-heres-platform-capitalism/. Acesso em: 20 jan. 2020.

O'NEIL, C. *Weapons of math destruction:* how big data increases inequality and threatens democracy. New York: Crown, 2016.

OTAR, O. Mining consolidation: The bitcoin guillotine. *Bitcoin News Channel*, 20 de dezembro de 2015. Disponível em: http://bitcoinnewschannel.com/2015/12/20/mining-consolidation-the-bitcoin-guillotine/. Acesso em: 17 mai. 2018.

PAGLIERY, J. *Bitcoin*: And the Future of Money. Chicago: Triumph Books, 2014.

PAHL, H. On the Unity and Difference of Finance and the Economy – Investigations for a New Sociology of Money. In: Torsten Strulik, Helmut Willke (Orgs.). *Governance in a Knowledge-Intensive Financial System*. Towards a Cognitive Mode in Global Finance. Frankfurt/M., New York: Campus, 2006, p. 70 -103.

PARANÁ, E. Racionalidade e Técnica em Marcuse e Habermas: saídas para o dilema da jaula de ferro? *Pós – Revista Brasiliense de Pós-Graduação em Ciências Sociais*, Brasília, v. 13, n. 2, p. 151-168, 2014.

_____. *A Finança Digitalizada*: capitalismo financeiro e revolução informacional. Florianópolis: Insular, 2016.

_____. Economia e racionalidade: a questão da técnica em Karl Marx e Max Weber. *Lutas Sociais*, v. 21, n. 39, jul./dez., p. 21-35, 2017a.

_____. A digitalização do mercado de capitais no Brasil: tendências recentes. Boletim de Economia e Política Internacional, BEPI, n. 23, mai./ago., p. 43-71., 2017b.

_____. *Dinheiro e poder social*: um estudo sobre o bitcoin. 2018. 275 f. Tese (Doutorado em Sociologia) – Universidade de Brasília, Brasília, 2018.

PAPAFOTIOU, D.; SOTIRIS, P. Althusser and value-form theory: a missed encounter? Paper presented at the *13th Historical Materialism Conference*, London, 10-13 November, 2016.

PARSONS, T. *The Social System*. New York: Free Press, 1950.

PATRON, T. *The Bitcoin Revolution*: An Internet of Money. Diginomics, 2015.

PAULANI, L. M. *Do conceito de dinheiro e do dinheiro como conceito*. Tese (Doutorado) – IPE, Universidade de São Paulo, São Paulo, 1992.

_____. Sobre dinheiro e valor: Uma critica as posições de Brunhoff e Mollo. *Revista de Economia Politica*, 14(3), p. 67–77, 1994.

_____. *Modernidade e discurso econômico*. São Paulo: Boitempo, 2005.

_____. A autonomização das formas verdadeiramente sociais na teoria de Marx: comentários sobre o dinheiro no capitalismo contemporâneo. *Revista Economia*, vol. 12 (1), p. 49 -70, 2011.

PIKETTY, T. *Capital in the Twenty First Century*. Harvard, MA: Harvard University Press, 2014.

POLANYI, K. *A Grande Transformação*: as origens de nossa época. Rio de Janeiro: Campus, 2000.

POPPER, N. *Digital Gold*: Bitcoin and the Inside Story of the Misfits and Millionaires Trying to Reinvent Money. New York: HarperCollins, 2015.

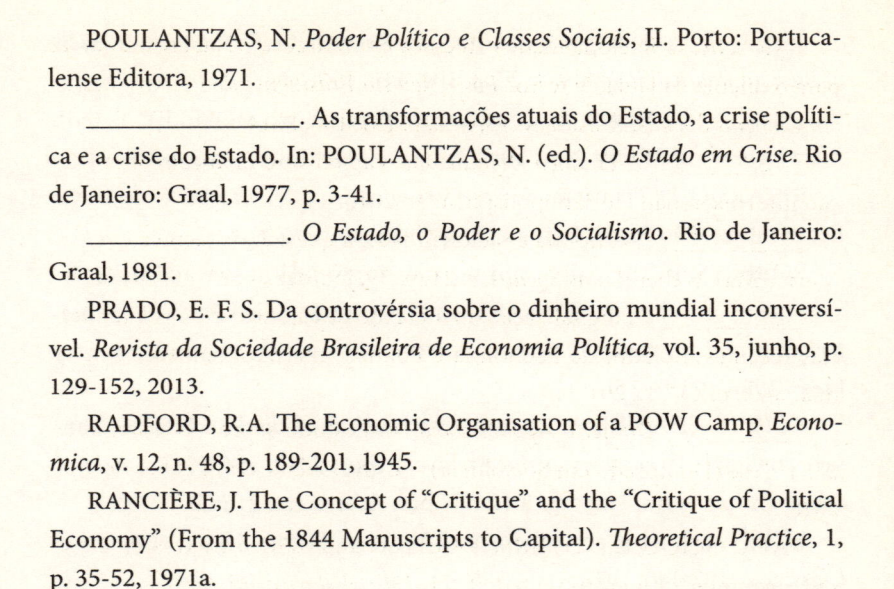

POULANTZAS, N. *Poder Político e Classes Sociais*, II. Porto: Portucalense Editora, 1971.

_____. As transformações atuais do Estado, a crise política e a crise do Estado. In: POULANTZAS, N. (ed.). *O Estado em Crise*. Rio de Janeiro: Graal, 1977, p. 3-41.

_____. *O Estado, o Poder e o Socialismo*. Rio de Janeiro: Graal, 1981.

PRADO, E. F. S. Da controvérsia sobre o dinheiro mundial inconversível. *Revista da Sociedade Brasileira de Economia Política*, vol. 35, junho, p. 129-152, 2013.

RADFORD, R.A. The Economic Organisation of a POW Camp. *Economica*, v. 12, n. 48, p. 189-201, 1945.

RANCIÈRE, J. The Concept of "Critique" and the "Critique of Political Economy" (From the 1844 Manuscripts to Capital). *Theoretical Practice*, 1, p. 35-52, 1971a.

_____. The Concept of "Critique" and the "Critique of Political Economy" (From the 1844 Manuscripts to Capital). *Theoretical Practice*, 2, p. 30-49, 1971b.

_____. The Concept of "Critique" and the "Critique of Political Economy" (From the 1844 Manuscript to Capital). *Economy and Society*, v. 5, n. 3, p. 352 -376, 1976.

REBELLO, J. T. *Money, Reality, and Value*: Non-Commodity Money in Marxian Political Economy. University of Massachussets. *Dissertations*. Paper 660, 2012.

REDMAN, J. An Introduction to the Cypherpunk Tale. *Bitcoin.com*, 30 de agosto, 2015. Disponível em: https://news.bitcoin.com/introduction-cypherpunk-tale/. Acesso em 20 jan. 2020.

REID, F.; HARRIGAN, M. An Analysis of Anonymity in the Bitcoin System. *2011 IEEE Third Int'l Conference on Privacy, Security, Risk and Trust and 2011 IEEE Third Int'l Conference on Social Computing*, October, p. 1318-1326, 2011.

REUTEN, G. The money expression of value and the credit system: a value- form theoretic outline. *Capital & Class*, 35, p. 121–41, 1988.

_____. Conceptual collapses. a note on value-form theory. *Review of Radical Political Economics*, 27, p. 104–110, 1995.

_____. Money as Constituent of Value. In: MOSELEY, F. (ed). *Marx's Theory of Money*. New York: Palgrave MacMillan, 2005, p. 78–94.

RICARDO, D. *Princípios de Economia Política e Tributação*. Coleção Os Economistas. São Paulo: Editora Nova Cultural, 1996.

ROBERTS, B. The visible and the measurable: Althusser and the Marxian theory of value. In: CALLARI, A.; RUCCIO, D. (eds.) *Postmodern materialism and the future of Marxian theory*. Hanover: Wesleyan University Press, 1996, p. 193-211.

RON, D.; SHAMIR, A. Quantitative Analysis of the Full Bitcoin Transaction Graph. *Cryptology ePrint Archive*, Report 2012, 584, 2012. Disponível em: http://eprint.iacr.org/2012/584.pdf. Acesso em: 21 mai. 2018.

RUBIN, I. I. Abstract Labour and Value in Marx's System. *Capital & Class*, 5, p. 107-140, 1978.

_____. *A Teoria Marxista do Valor*. São Paulo: Editora Polis, 1987.

SAAD-FILHO, A. *The Value of Marx:* Political economy for contemporary capitalism. London and New York: Routledge, 2002.

_____.; JOHNTSON, D. Introduction. In: *Neoliberalism*: A Critical Reader. London: Pluto Press, 2005.

SAFATLE, V. *Fetichismo*: colonizar o Outro. Rio de Janeiro: Civilização Brasileira, 2010.

SCHILLER, D. *A globalização e as novas tecnologias*. Lisboa: Editorial Presença, 2002.

SCHUMPETER, J. A. *History of Economic Analysis*. London: George Allen & Unwin, 1986.

SHAIKH, A. *Capitalism*: Competition, Conflict, Crises. New York: Oxford University Press, 2016.

SILVA, L.T.; PARANÁ, E.; PIMENTA, A. M. A dupla superação do "Sujeito" pela crítica marxista da economia política. *Lutas Sociais*, São Paulo, v.20, n.37, jul./dez., p. 23-36, 2016.

_____.; PARANÁ, E.; PIMENTA, A. M. A atualidade do anti-humanismo teórico: Luhmann e Althusser frente à problemática da diferenciação/integração social. *Mediações* – Revista de Ciências Sociais, Londrina, v. 22 n. 1, p. 270-300, jan./jun., 2017.

_____.; PARANÁ, E.; PIMENTA, A. M. De *Aparelhos Ideológicos de Estado* ao *Nascimento da Biopolítica*, e volta. Trabalho submetido ao *IX Colóquio Internacional Marx Engels*, Campinas - SP, GT 4 - Economia e Política. Aprovado. 2018.

SIMMEL, G. *Questões fundamentais de sociologia*: indivíduo e sociedade. Rio de Janeiro: Zahar, 2006.

SIMMEL, G. *The Philosophy of Money*. London; New York: Routledge, 2011.

SLEE, T. *What's Yours Is Mine*: Against the Sharing Economy. New York: O/R Books, 2015.

SMITH, T. Towards a Marxian Theory of World Money. In: MOSELEY, F. (ed.) *Marx's Theory of Money*. New York: Palgrave MacMillan, 2005, p. 222-235.

SOTIRIS, P. Althusserianism and Value-form Theory: Rancière, Althusser and the Question of Fetishism. In: RUDA, F.; HAMZA, A. (eds.). *Crisis and Critique:* Reading Capital and For Marx: 50 Years Later, Volume 2, issue 2, p. 166-193, 2015.

SRNICEK, N. *Platform Capitalism*. Cambridge, UK, Malden, US: Polity Press, 2017.

STREECK, W. The crises of democratic capitalism. *New Left Review*, n. 71, sept/oct, p. 5-29, 2011.

_____; SCHÄFER, A. (eds). *Politics in the Age of Austerity*. London: Polity, 2013.

SWEDBERG, R. Markets as Social Structures. In: *The Handbook of Economic Sociology*. Smelser, N.; Swedberg, R. (eds.). New York: Sage Publications, p. 255–282, 1994.

_____. Sociologia econômica: hoje e amanhã. *Tempo Social*, revista de sociologia da USP, v. 16, n. 2, novembro, p. 7-34, 2004.

_____. *Max Weber and the Idea of Economic Sociology*. Princeton, NJ: Princeton University Press, 2000.

SZABO, N. *Smart Contracts: Building Blocks for Digital Markets*. 1996. Disponível em: http://www.fon.hum.uva.nl/rob/Courses/InformationInSpeech/CDROM/Literature/LOTwinterschool2006/szabo.best.vwh.net/smart_contracts_2.html. Acesso em: 20 jan. 2020.

THERBORN, G. *Science, class and society*: on the formation of sociology and historical materialism. London: Verso, 1980.

TURNER, F. *From Counterculture to Cyberculture*: Stewart Brand, the Whole Earth Network, and the Rise of Digital Utopianism. Chicago: University of Chicago Press, 2008.

VAROUFAKIS, Y. Bitcoin and the Dangerous Fantasy of 'Apolitical' Money. *Yanis Varoufakis,* Thoughts for the post-2008 world, 22 de abril, 2013. Disponível em: https://www.yanisvaroufakis.eu/2013/04/22/bitcoin-and-the-dangerous-fantasy-of-apolitical-money/. Acesso em: 20 de jan. 2020.

VIGNA, P.; CASEY, M. J. *The Age of Cryptocurrency*: How Bitcoin and Digital Money Are Challenging the Global Economic Order. New York: St. Martin's Press, 2015.

VROEY, M. de. La Théorie Marxiste de la Valeur, Version Travail Abstrait, Un Bilan Critique. In DOSTALER, G.; LAGUEUX, M. (eds). *Un Echiquier Centenaire, Théorie de la Valeur et Formation des Prix*. Paris: La Découverte, 1985.

WEBER, M. *Economy and Society*. Berkeley and Los Angeles: University of California Press, 1978.

_____. *Ensaios de sociologia*. Rio de Janeiro: Zahar, 1982.

_____. *A ética protestante e o "espírito" do capitalismo*. São Paulo: Companhia das Letras, 2004.

WEBER, S. *The Success of Open Source*. Cambridge: Harvard University Press, 2004.

WEEKS, J. *The Irreconcilable Inconsistencies of Neoclassical Macroeconomics: A false paradigm*. London; New York: Routledge, 2012.

WEINER, K. Paul Krugman Is Wrong: Bitcoin Isn't Evil, But Monetary 'Stimulus' Is. *Forbes*, 30 de dezembro, 2013. Disponível em: https://www.forbes.com/sites/realspin/2013/12/30/paul-krugman-is-wrong-bitcoin-isnt-evil-but-monetary-stimulus-is/. Acesso em: 20 jan. 2020.

WINNER, L. Cyberlibertarian Myths and the Prospects for Community. *ACM SIGCAS*: Computers and Society, 27, no. 3, p. 14–19, 1997.

WOOD, E. M. *Democracia contra capitalismo*: a renovação do materialismo histórico. São Paulo: Boitempo, 2011.

WRAY, R. (ed.). *Credit and State Theories of Money*. Cheltenham: Edward Elgar, 2004.

ZELIZER, V. A. *The Social Meaning of Money*: Pin Money, Paychecks, Poor Relief, and Other Currencies. Princeton, NJ: Princeton University Press, 1997.

_____. Fine Tuning the Zelizer View. *Economy and Society*, v.29, n.3, August, p. 383-389, 2000.

_____. Missing monies: comment on Nigel Dodd, 'Reinventing monies in Europe'. *Economy and Society*, n. 34, v.4, p. 584-588, 2005.

ZIMMERMANN, P. *Why I Wrote PGP*. 1991. Disponível em: http://www.philzimmermann.com/EN/essays/WhyIWrotePGP.html. Acesso em: 20 jan. 2020.

ZUCMAN, G. *The Hidden Wealth of Nations*: The Scourge of Tax Havens. Chicago: The University of Chicago Press, 2015.

Sobre o autor

Edemilson Paraná é professor adjunto do Departamento de Ciências Sociais da Universidade Federal do Ceará (UFC). Professor permanente dos Programas de Pós-graduação em Sociologia da UFC e em Estudos Comparados sobre as Américas da Universidade de Brasília (UnB). Atuou como pesquisador no Instituto de Pesquisa Econômica Aplicada (IPEA) e realizou estágio pós-doutoral nos Departamentos de Economia e de Estudos Latino-Americanos da UnB. É mestre e doutor em Sociologia pela UnB, com período sanduíche realizado na SOAS/University of London. Além de outros trabalhos publicados nas áreas de Sociologia Econômica, Economia Política e Teoria Social, é autor do livro "A Finança Digitalizada: capitalismo financeiro e revolução informacional" (Insular, 2016)/ "Digitalized Finance: financial capitalism and informational revolution" (Brill, 2019/Haymarket, 2020).

Leia também:

No livro *Austeridade – A História de Uma Ideia Perigosa*, Mark Blyth oferece ao leitor uma sólida argumentação construída a partir de uma constatação tão óbvia quanto ausente das análises dos economistas convencionais. Blyth desvela as razões das políticas de austeridade que se seguiram à crise de 2008. "A Europa precisa ser austera porque os balanços financeiros dos Estados nacionais têm que funcionar como amortecedores de choques para o conjunto do sistema...Primeiro ocorreu a crise bancária, depois uma crise das dívidas soberanas. Mas isso é o efeito, não a causa".

O que acontece quando você vai contra o establishment? Nesse relato contundente e pessoal em *Adultos na Sala – Minha Batalha Contra o Establishment*, Yanis Varoufakis, o economista dissidente que se tornou um ícone mundial antiausteridade, conta como travou uma das mais espetaculares e controversas batalhas na história política recente com implicações globais quando, como ministro das Finanças Grego, tentou renegociar a relação vassala do seu país com a União Europeia.

Apesar do apoio massivo do povo grego e da racionalidade de seus argumentos, ele conseguiu apenas provocar a fúria das elites política, financeira e midiática. A verdadeira história do que aconteceu é, entretanto, desconhecida pelo grande público — principalmente porque o que realmente interessa ocorreu nos bastidores a portas fechadas.

O projeto gráfico desse livro
foi desenvolvido por sobinfluencia

sobinfluencia.com